百喻经译注

尊者僧伽斯那　撰
萧齐天竺三藏求那毗地　译
王孺童　译注

中華書局

图书在版编目(CIP)数据

百喻经译注 / 王孺童译注. —北京：中华书局，2012.7

（国民阅读经典）

ISBN 978-7-101-08636-2

Ⅰ.百… Ⅱ.王… Ⅲ.①佛经…②百喻经-译文③百喻经-注释 Ⅳ.B942.1

中国版本图书馆 CIP 数据核字(2012)第 066152 号

书　　名	百喻经译注
撰　　者	尊者僧伽斯那
译　　者	萧齐天竺三藏求那毗地
译 注 者	王孺童
丛 书 名	国民阅读经典
责任编辑	刘树林
出版发行	中华书局 （北京市丰台太平桥西里 38 号 100073） http://www.zhbc.com.cn E-mail:zhbc@zhbc.com.cn
印　　刷	北京天来印务有限公司
版　　次	2012 年 7 月北京第 1 版 2012 年 7 月北京第 1 次印刷
规　　格	开本/880×1230 毫米 1/32 印张 14½ 字数 200 千字
印　　数	1-10000 册
国际书号	ISBN 978-7-101-08636-2
定　　价	33.00 元

出版说明

在二十一世纪的当代中国，国民的阅读生活中最迫切的事情是什么？我们的回答是：阅读经典！

在承担着国民基础知识体系构建的中国基础教育被功利和应试扭曲了的今天，我们要阅读经典；当数字化、网络化带来的“信息爆炸”占领人们的头脑、占用人们的时间时，我们要阅读经典；当中华民族迈向和平崛起、民族复兴的伟大征程时，我们更要阅读经典。

经典是我们知识体系的根基，是精神世界的家园，是走向未来的起点。这就是我们编选这套《国民阅读经典》丛书的缘起，也因此决定了这套丛书的几个特点：

首先，入选的经典是指古今中外人文社科领域的名著。世界的眼光、历史的观点和中国的根基，是我们编选这套丛书的三个基本的立足点。

第二，入选的经典，不是指某时某地某一专业领域之内的重要著作，而是指历经岁月的淘洗、汇聚人类最重要的精神创造和知识积累的基础名著，都是人人应读、必读和常读的名著。我们从中精选出一百部，分辑出版。

第三，入选的经典，我们坚持优中选优的原则，尽量选择最好的版本，选择最好的注本或译本。

我们真诚地希望，这套经典丛书能够进入你的生活，相伴你的左右。

中华书局编辑部

二〇一二年四月

目录

Baiyujing Yizhu

凡 例

一、本书以日本《大正藏》本为底本，采用《金藏》（仅存卷二、卷三）、《高丽藏》、《资福藏》、《碛砂藏》、《普宁藏》、《洪武南藏》、《永乐南藏》、《永乐北藏》、《径山藏》、《清藏》及金陵刻经处本（简称“金陵”本）对校，并以他书辅校。辅校者，与诸本不同处，方出校记。

二、凡底本误或两可者，均出校记说明。两可者，从底本。

三、在同一篇譬喻中出现相同问题时，只在第一次出现处出校记，并在校记中标明“下同”。在不同譬喻中出现相同问题时，均出校记。

四、原文中之注释文字，底本作双行夹注小字，今改为单行小字。

五、凡缺笔、异型字，均径改为标准字体，不出校记。

六、诸本分卷不同，今从四卷本。诸本分卷同异，详见书后研究之文，书中不再出校。

七、本书各卷卷首均列撰者、译者名姓，今移置书前存之，其余删去。

八、本书各卷卷首原列本卷标题，现一律删去，移作书前目录。

九、每篇譬喻标题下，底本及《金藏》、《高丽藏》本无序号；其余诸本因分卷为二，故每卷均从一而排，今从“一”统排至“九八”。又“序品”及“跋偈”之题，诸本原无，今为便于标目而加之。

一〇、为了便于理解文义，对原文中之佛教名相及古汉语字词，只在第一次出现时加以适当注释，不重复注释。凡校、注同时者，先校后注。

一一、本书为释家内典，故亦援引内典以为注释。凡所引之内典，皆以日本《大正藏》及《卍续藏》本为准。

一二、译文以直译为主，在文义不通时，略作修饰。

一三、凡他书引用或有同类之内容，收于相应譬喻后之“附录”中，以备参考。

序　品

闻如是[①]，一时佛在王舍城[②]，在鹊封竹园[③]，与诸大比丘[④]、菩萨摩诃萨及诸八部三万六千人俱[⑤]。

是时，会中有异学梵志五百人俱[⑥]，从座而起，白佛言："吾闻佛道洪深，无能及者，故来归问，唯愿说之。"佛言："甚善。"

问曰："天下为有为无？"

答曰："亦有亦无。"

梵志曰："如今有者，云何言无？如今无者，云何言有？"

答曰："生者言有，死者言无，故说或有或无。"

问曰："人从何生？"

答曰："人从谷而生。"

问曰："五谷从何而生[⑦]？"

答曰："五谷从四大火风而生[⑧]。"

问曰："四大火风从何而生？"

答曰："四大火风从空而生[⑨]。"

问曰："空从何生？"

答曰："从无所有生[⑩]。"

问曰："无所有从何而生？"

答曰："从自然生[⑪]。"

问曰："自然从何而生？"

答曰："从泥洹而生[⑫]。"

问曰："泥洹从何而生？"

佛言："汝今问事，何以尔深？泥洹者，是不生不死法[⑬]。"

问曰：“佛泥洹未？”

答曰：“我未泥洹。”

“若未泥洹，云何得知泥洹常乐[14]？”

佛言：“我今问汝，天下众生[15]，为苦为乐[16]？”

答曰：“众生甚苦。”

佛言：“云何名苦？”

答曰：“我见众生死时，苦痛难忍，故知死苦。”

佛言：“汝今不死，亦知死苦。我见十方诸佛[17]，不生不死，故知泥洹常乐。”

五百梵志心开意解[18]，求受五戒[19]，悟须陀洹果[20]，复坐如故。

佛言：“汝等善听，今为汝广说众喻。”[21]

【校注】

①闻如是：梵 evaṃ mayā śrutaṃ，指如是我闻，即信成就与闻成就。明一如《大明三藏法数》卷一九：“六成就者，即如是我闻等六事，乃诸经之通序也。佛将入灭，阿难问云：‘世尊灭后，诸经之首，当安何语？’佛答言：‘当安如是我闻，一时佛在某处，为某众等。’盖言佛所说法，以此六事和合，方能成就，故名六成就。信，即如是也。言如是者，乃诸经之法体也。《大智度论》云：‘佛法大海，唯信能入。’信者，言是事如是；不信者，言是事不如是。谓如是之法，是佛所说，信受不疑，故名信成就。闻，即我闻也。言我闻者，谓如是之法，阿难自言我曾亲从佛闻，故名闻成就。”

②“在”，金陵本作“住”。一时：梵 ekasmiṃ samaye，指佛说经之

时，即时成就。明一如《大明三藏法数》卷一九："时，即一时也。言一时者，法王启运嘉会之时也。谓众生有缘，能感佛即现身垂应，感应道交，不失其时，故名时成就。"

佛：梵 buddha，指释迦牟尼（梵 Śākya-muni），即主成就。明一如《大明三藏法数》卷一九："主，即佛也。佛，梵语具云佛陀，华言觉，即自觉觉他，觉行圆满也。谓佛为世间、出世间说法化导之主，故名主成就。"

王舍城：梵 Rājagṛha，指古印度摩竭陀国（梵 Magadha）之都城，位于今印度比哈尔邦（Behar）巴特那（Patna）南之拉遮基尔（Rajgir）。唐玄奘译《大唐西域记》卷九《摩伽陀国》："石柱东北不远，至曷罗阇姞利呬城，唐言王舍。外郭已坏，无复遗堵。内城虽毁，基址犹峻，周二十余里，面有一门。初，频毗娑罗王都在上茆宫城也。编户之家，频遭火害，一家纵逸，四邻罹灾，防火不暇，资产废业。众庶嗟怨，不安其居。王曰：'我以不德，下民罹患。修何德可以禳之？'群臣曰：'大王德化邕穆，政教明察。今兹细民不谨，致此火灾。宜制严科，以清后犯。若有火起，穷究先发，罚其首恶，迁之寒林。寒林者，弃尸之所，俗谓不祥之地，人绝游往之迹。今迁于彼，同夫弃尸，既耻陋居，当自谨护。'王曰：'善。'宜遍宣告居人。顷之，王宫中先自失火，谓诸臣曰：'我其迁矣。'乃命太子监摄留事，欲清国宪，故迁居焉。时吠舍厘王闻频毗娑罗王野处寒林，整集戎旅，欲袭不虞，边候以闻，乃建城邑。以王先舍于此，故称王舍城也，官属、士庶咸徙家焉。或云：至未生怨王乃筑此城，未生怨太子既嗣王位，因遂都之。逮无忧王迁都波吒厘城，以王舍城施婆罗门。故今城中无复凡民，唯婆罗门减千家耳。"明一如《大明三藏法数》卷二四："此城往昔由千王共居，故名王舍。"

③鹊封竹园：指迦兰陀竹园（梵 Kāraṇḍa-veṇūvana）。南宋法云《翻译名义集》卷二《畜生篇》："迦兰陀，此云好声鸟，形如鹊，群栖竹林。"辽希麟《续一切经音义》卷四："迦兰陁，梵语也。或云迦兰多，或云迦兰铎迦，此云好声鸟。谓此竹林多栖此鸟，故以为名。在王舍城也。"故又作"鹊园"。唐道宣《广弘明集》卷二〇《法义篇》引梁元帝《内典碑铭集序》："鹊园能诱，马苑弘宣。白林将谢，青树已列。"唐义净《南海寄归内法传》卷一《水有二瓶》："至如王城、觉树、鹫岭、鹿园，娑罗鹤变之所，萧条鹊封之处。"西晋若罗严译《佛说时非时经》："如是我闻，一时佛在王舍城鹊封竹园。"

案"住王舍城，在鹊封竹园"，即处成就。明一如《大明三藏法数》卷一九："处，即佛说法之处也。谓或在天上，或在人间，或摩竭提国，或舍卫国等，即是其处，故名处成就。"

④大比丘：指年长德高之比丘。参"（三）以梨打头破喻"校注⑤。

⑤菩萨摩诃萨：梵 bodhisattva mahāsattva，为"菩提萨埵摩诃萨埵"之简称。隋吉藏《维摩经义疏》卷一《佛国品》："具足梵音云，菩提萨埵摩诃萨埵。但为存略，如向所标。'菩提'为道心，'萨埵'云众生，谓道心众生。'摩诃'为大，谓大众生也。以具足慧故名为'菩萨'，具方便慧云'摩诃萨'；具智慧故名为'菩萨'，具福德故名为'摩诃萨'；又具般若故云'菩萨'，具大悲故名'摩诃萨'。"唐窥基《阿弥陀经疏》："'菩提'谓无上智慧，亦名为觉，亦名为道。'萨埵'言众生，或言大心，或云勇猛心。'摩诃'言大，是人为无上智慧道故，发生大勇猛心故。"唐澄观撰《大方广佛华严经疏》卷五："具云菩提萨埵摩诃萨埵，今从略耳，然有三释：一、'菩提'是所求佛果，'萨埵'是所化众生，即悲智所缘

之境，从境立名，故名菩萨。二、'菩提'是所求之果，'萨埵'是能求之人，能所合目，故名菩萨。三、'萨埵'此云勇猛，谓于大菩提勇猛求故。'摩诃'云大，大有四义：一者、愿大，求大菩提故；二、行大，二利成就故；三、时大，经三无数劫故；四、德大，具足一乘诸功德故。"

八部：梵 aṣṭau nikāyāḥ，指守护佛法之八部鬼神。即：提婆（梵 deva，天）、那伽（梵 nāga，龙）、夜叉（梵 yakśa）、乾闼婆（梵 gandharva）、阿修罗（梵 asura）、迦楼罗（梵 garuḍa）、紧那罗（梵 kiṃ nara）、摩睺罗伽（梵 mahoraga）。明一如《大明三藏法数》卷二五："夫佛之垂化也，道济百灵；法之传世也，慈育万有。三乘贤圣，既肃尔以归依；八部鬼神，亦森然而翊卫。故诸经中，多列八部之众也。一、天：天者，天然自然，乐胜身胜，清净光明，尊胜无比，故名为天。列位虽多，必以大梵帝释为首。盖大梵是大千世界之主，帝释是三十三天之主故也。二、龙：龙者神灵之物，《孔雀经》及《大云》等经，各列诸龙并龙王名字不一，皆言其能护持佛法也。三、夜叉：梵语夜叉，华言勇健，亦名暴恶。有三种：一者在地，二者在虚空，三者在天。地夜叉不能飞腾，虚空与天二夜叉，皆能飞行也。四、乾闼婆：梵语乾闼婆，华言香阴。阴，即身也。不啖酒肉，惟香资阴，故名香阴。是帝释天主乐神，在须弥山南，金刚窟住。天主欲作乐时，即上天也。五、阿修罗：梵语阿修罗，华言无端正，以男多丑而女端正故，又云非天。谓此神果报最胜，邻次诸天，而行非天也。其所居宫殿、城郭、器用，降于地居天一等。亦有婚姻男女，法式略如人间。六、迦楼罗：梵语迦楼罗，华言金翅，即金翅鸟神，其翮金色故也。两翅相去三百三十六万里，颈有如意珠，以龙为食。七、紧那罗：梵语紧那罗，华言疑神。似人而头有角，亦帝释天主乐神也。八、摩睺罗伽：梵语摩睺罗伽，华言大腹行。罗什法师云：'是地龙而腹行。'又云：'是大蟒神而腹行也。'"

案"与诸大比丘、菩萨摩诃萨及诸八部三万六千人俱"，即众成就。明一如《大明三藏法数》卷一九："众，即菩萨、二乘、天仙等诸大众也。谓佛说法，必有菩萨等大众云集同听，故名众成就。"

⑥异学梵志：梵 brahmacārin，指非佛教之出家修道者。后秦佛陀耶舍、竺佛念译《长阿含经》卷一二《清净经》："彼异学梵志智异，智观亦异，所言虚妄。"龙树造、后秦鸠摩罗什译《大智度论》卷五六《释灭诤乱品》："梵志者，是一切出家外道，若有承用其法者，亦名梵志。梵志爱著其法，闻实相空法不信。"

⑦五谷：梵 pañca sasya，指五种谷物。唐慧琳《一切经音义》卷四一："五谷者，黍、稷、麻、麦、菽。广说如《礼记疏》。《锦带前书》云：'一、粱，二、稷，三、麻，四、麦，五、豆，是为五谷也。'"唐阿地瞿多译《陀罗尼集经》卷一《释迦佛顶身印》："五谷者，大麦、小麦、小豆、稻谷、胡麻。"卷九《乌枢沙摩掷法印咒》："言五谷者，一、粟，二、大麦，三、青稞，四、小豆，五、稻谷。"

⑧四大：梵 catvāri mahā-bhūtāni，指构成人体及世间物质的四种基本元素。明一如《大明三藏法数》卷一三："四大者，谓人之身，揽外地水火风四大，而成内身四大。因对色香味触四微，故称为四大也。一、地大：地以坚碍为性。谓眼、耳、鼻、舌、身等名为地大，若不假水，则不和合。经云：'发、毛、爪、齿、皮、肉、筋、骨等，皆归于地。'是也。二、水大：水以润湿为性。谓唾、涕、津、液等名为水大，若不假地，即便流散。经云：'唾、涕、脓、血、津、液、涎、沫、痰、泪、精气、大小

便利皆归于水。'是也。三、火大：火以燥热为性。谓身中暖气，名为火大。若不假风，则不增长。经云：'暖气归火。'是也。四、风大：风以动转为性。谓出入息及身动转，名为风大。此身动作，皆由风转。经云：'动转归风。'是也。"

⑨空：梵 śūnya，指一切诸法因缘起而有，故本性皆空。后秦鸠摩罗什译《维摩诘所说经》卷上《弟子品》："诸法究竟无所有是空义。"龙树造、青目释、后秦鸠摩罗什译《中论》卷四《观四谛品》："众因缘生法，我说即是空。何以故？众缘具足和合而物生，是物属众因缘，故无自性。无自性故空，空亦复空。"参"（九四）摩尼水窦喻"校注⑤。

⑩无所有：梵 abhāva，指空无所有。北凉昙无谶译《大般涅槃经》卷五《如来性品》："空空者，名无所有。"卷三一《师子吼菩萨品》："一切无故，名无所有。"道略集《杂譬喻经》："无所有者，法之真也。"

⑪自然：梵 svayam，指没有人为造作之本然状态。龙树造、后秦鸠摩罗什译《大智度论》卷六五《释诸波罗蜜品》："实相自然，不由他作，故名自然。"

⑫泥洹：指涅槃。见"（五五）愿为王剃须喻"校注⑦。

⑬法：梵 dharma，指一切事理。东晋慧远《大乘义章》卷一〇《三归义》："所言法者，外国正音，名为达摩，亦名昙无。本是一音，传之别耳。此翻名法，法义不同，泛释有二：一、自体名法，如《成实》说，所谓一切善、恶、无记、三聚法等；二、轨则名法，辨彰行仪，能为心轨，故名为法。今三宝中，所论法者，轨则名法。"

⑭乐：梵 sukha，指身心适悦之状态。舍利子造、唐玄奘译《阿毗达磨集异门足论》卷一八《八法品》："云何名乐？答：顺乐受触所触故，

生身及心乐，是平等受受类所摄，是名为乐。”明一如《大明三藏法数》卷二六：“乐，即欢悦之意。谓或遇好缘好境，身心皆得欢悦。《要览》云：‘适悦身心曰乐。’是也。”

⑮众生：梵 sattva，指世间一切有情生物。后秦佛陀耶舍、竺佛念译《长阿含经》卷二二《世记经世本缘品》：“尔时，无有男女、尊卑、上下，亦无异名，众共生世，故名众生。”南朝宋求那跋陀罗译《杂阿含经》卷六：“佛告罗陀：‘于色染著缠绵，名曰众生；于受、想、行、识染著缠绵，名曰众生。”明一如《大明三藏法数》卷三五：“谓于五阴等法和合中，妄计众共而生，故名众生。”

⑯苦：梵 duḥkha，指身心逼迫之状态。舍利子造、唐玄奘译《阿毗达磨集异门足论》卷一八《八法品》：“云何名苦？答：顺苦受触所触故，生身及心苦，不平等受受类所摄，是名为苦。”明一如《大明三藏法数》卷二六：“苦，即逼迫之义。谓或遇恶缘恶境，身心受其逼迫。《要览》云：‘逼恼身心曰苦。’是也。”参“（九四）摩尼水窦喻”校注⑤。

⑰十方：梵 daśa dissaḥ，指四方、四维及上、下等十个方位。西晋竺法护译《佛说阿惟越致遮经》卷上《不退转法轮品》：“东方、南方、西方、北方，东南、西南、西北、东北，上方、下方，时于十方，各如恒沙诸佛之土。”

⑱心开意解：指听闻佛法而信心具足。明一如《大明三藏法数》卷一二：“谓在家之人，于如来所，起敬信心，闻胜妙法，心开意解，不生疑谤，信根坚固，是名信具足。”

⑲五戒：梵 pañca śīlāni，指在家佛弟子所应受持之五条戒律。明一如《大明三藏法数》卷一七：“一、不杀戒：谓人若于彼众生，妄加杀害，

而夺其命，死堕恶道；或生人中，亦寿命短促。若不作是事，名不杀戒。二、不偷盗戒：谓人若于有主物不与而窃取之，死堕恶道；或生人中，亦受贫乏报。若不作是事，名不偷盗戒。三、不邪淫戒：谓人若淫泆无度，好犯他人妻妾，死堕恶道；或生人中，妻妾亦不贞良。若不作是事，名不邪淫戒。四、不妄语戒：谓人若妄造虚言，隐覆实事，诳惑众听，死堕恶道；或生人中，亦口气臭恶，为人所憎。若不作是事，名不妄语戒。五、不饮酒戒：谓人若饮酒则纵逸狂悖，昏乱愚痴，无有智慧。若不饮者，是名不饮酒戒。"

⑳须陀洹果：梵 srota-āpanna，指声闻乘之初果。东晋慧远《大乘义章》卷一七本《贤圣义》："须陀洹者，是外国语，义释有三：一、当名正翻，名修无漏。如《涅槃》说：'须名无漏，陀洹修习。'以修无漏，故名须陀洹。二、随义傍翻，名为逆流。逆生死流，三途生死，永不受故。三、随义傍翻，亦名抵债。将拒三途因，而不受果，故曰抵债。"唐慧苑《新译大方广佛华严经音义》卷上："须陀洹，正云窣路陀阿钵囊。言窣路陀者，此云入也。阿钵囊者，此云流也。谓适断见惑，舍异生性，初获圣性，入圣行流，故名入流。旧安洹字，莫知其所以也。"参"（七八）与儿期早行喻"校注⑤。

㉑案此段"序品"，原在卷一末，《高丽藏》本无。今从《资福藏》、《碛砂藏》、《普宁藏》、《洪武南藏》、《永乐南藏》、《永乐北藏》、《径山藏》、《清藏》、金陵本，放置经首。

【译文】

如是我闻，一时释迦牟尼佛在王舍城的鹊封竹园中，和很多的大比丘、大菩萨，以及八部之众，共三万六千人。

当时参加集会的还有五百名异学梵志，他们从座位上站起来对佛说道："我听说佛道十分的广博精深，没有哪门学问能比得上。所以我们才到你这里来，向你请教问题，希望你能给我们解答。"佛说："很好。"

于是五百梵志就问道："你说整个宇宙是有是无？"

佛回答道："整个宇宙既是有的，也是无的。"

五百梵志问道："可现在存在的东西，你怎么能说没有；现在不存在的东西，你怎么又能说有呢？"

佛回答道："产生的东西我称之为有，灭亡的东西我称之为无，所以我说整个宇宙是要么有、要么无的。"

五百梵志问道："人从何而生？"

佛回答道："人从五谷而生。"

问："五谷从何而生？"

答："五谷从地、水、风、火四大元素中产生。"

问："地、水、风、火四大元素又是从何而生？"

答："它们是从空中产生的。"

问："空是从何而生？"

答："空是从什么都没有中产生的。"

问："什么都没有是从何而生？"

答："什么都没有是从自然中产生的。"

问："自然又是从何而生？"

答："自然是从泥洹中产生的。"

问："泥洹又是从何而生的？"

佛此时说道："你们现在所问的问题，为什么如此没有穷尽？泥洹是不生不灭的法。”

梵志问道：“佛泥洹了没有？”

佛回答道：“我还没有泥洹。”

梵志问道：“佛既然没有泥洹，为什么能知道泥洹是永远快乐的呢？”

佛反问道：“我现在问你们，世上的众生是苦是乐？”

梵志回答道：“众生是十分痛苦的。”

佛问道：“为什么你们说众生是苦的呢？”

梵志回答道：“我看到众生在死亡时，痛苦得难以忍受，所以知道死亡是痛苦的。”

佛问道：“你们现在没有死，也知道死亡是痛苦的。我看见十方诸佛，不生不死，所以我知道泥洹是永远快乐的。”

当时五百梵志一下子就豁然开朗、心意开解，于是请求佛给他们传授五戒，并当下证悟了须陀洹果位，然后他们又回到座位上坐好。

佛说：“你们好好地听着，现在为你们广泛地讲说各种譬喻。”

第一卷

一　愚人食盐喻

昔有愚人[1]，至于他家，主人与食，嫌淡无味。主人闻已，更为益盐。既得盐美[2]，便自念言："所以美者，缘有盐故。少有尚尔，况复多也？"愚人无智，便空食盐。食已口爽[3]，返为其患[4]。

譬彼外道[5]，闻节饮食可以得道，即便断食[6]，或经七日，或十五日，徒自困饿，无益于道。如彼愚人，以盐美故，而空食之[7]，致令口爽，此亦复尔。

【校注】

①"昔"，《径山藏》本作"若"。

②"既得盐"，《径山藏》本无。

③口爽：指口舌受刺激而失味。北凉昙无谶译《大般涅槃经》卷一〇《如来性品》："如人口爽，不知甜、苦、辛、醋、咸、淡六味差别。"

④"返"，《资福藏》、《碛砂藏》、《普宁藏》、《洪武南藏》、《永乐南藏》、《永乐北藏》、《径山藏》、《清藏》本作"反"。

⑤外道：梵 tīrthaka，指佛教以外之道法。隋那连提耶舍译《大庄

严法门经》卷下："于他邪说，随顺忍受，是名外道。"明一如《大明三藏法数》卷一三："谓其所执神我之见，多在理外，名为外道。"龙树造、后秦筏提摩多译《释摩诃衍论》卷九："言外道者，九十六种诸大外道，九万三千眷属外道。"

⑥断食：梵 anāśana，指一种不吃饭的苦行方法。僧伽斯那撰、三国吴支谦译《菩萨本缘经》卷下《龙品》："开菩提道，自受八戒，清净持斋，经历多日。断食身羸，甚大饥渴，疲极眠睡。"

⑦"而"下，《径山藏》本有"美故而"。

【译文】

从前有一个十分愚笨的人，到别人家去作客，那家的主人招待他吃饭，他觉得菜的味道有些淡了。主人知道后，就为他又加了一点盐。加了盐之后，这个愚人觉得菜的味道变得十分美味可口，于是就自己想道："这个菜之所以变得这么好吃，是因为加了盐的缘故。少加了那么一点盐，菜就变得这么好吃，更何况盐多呢？"愚人是没有智慧的，他于是就空口食盐。空口吃了盐以后，口干舌燥，反而感到十分痛苦。

这就好比非佛的外道，听说节制饮食可以得道，于是就不吃饭了。要么节食七天，要么节食十五天，白白地在那里忍受饥饿的痛苦，这种做法对于修道是没有好处的。如同譬喻中的愚人，以为盐本身是美味可口的，就空口食盐，弄得满嘴苦涩一样。

【附录】

龙树造、后秦鸠摩罗什译《大智度论》卷一八《释初品》中《般若相义》："譬如田舍人，初不识盐，见贵人以盐著种种肉菜中而食，问言：'何以故尔？'语言：'此盐能令诸物味美故。'此人便念：'此盐能令诸物美，自味必多。’便空抄盐，满口食之，咸苦伤口。而问言：‘汝何以言盐能作美？’贵人言：‘痴人。此当筹量多少，和之令美，云何纯食盐？’”

二　愚人集牛乳喻

昔有愚人，将会宾客，欲集牛乳，以拟供设①，而作是念："我今若豫于日日中②，毂取牛乳③，牛乳渐多，卒无安处④，或复酢败。不如即就牛腹盛之，待临会时，当顿毂取。"作是念已⑤，便捉牸牛母子⑥，各系异处。却后一月，尔乃设会，迎置宾客⑦，方牵牛来，欲毂取乳⑧。而此牛乳即干无有，时为众宾或瞋或笑⑨。

愚人亦尔，欲修布施⑩，方言："待我大有之时⑪，然后顿施。"未及聚顷，或为县官、水火、盗贼之所侵夺，或卒命终，不及时施，彼亦如是⑫。

【校注】

①"拟"，《资福藏》、《碛砂藏》、《普宁藏》、《洪武南藏》、《永乐南藏》、《永乐北藏》、《径山藏》、《清藏》本作"俟"。

"设"，《资福藏》、《碛砂藏》本作"说"。

②"豫"，金陵本作"预"。

③毂：指挤取。三国吴支谦译《佛说犊子经》："阿难即自思惟：'我

法不应自𣪍取牛乳。'”北宋智圆《涅槃玄义发源机要》卷二：“𣪍，取牛乳也。”

④“卒”，《资福藏》、《碛砂藏》、《普宁藏》、《洪武南藏》、《永乐南藏》、《永乐北藏》、《径山藏》、《清藏》本作“都”。

⑤“是”，《资福藏》、《普宁藏》、《径山藏》本作“此”。

⑥“㹀”，《资福藏》、《碛砂藏》本作“特”。

㹀牛：指母牛。唐慧琳《一切经音义》卷五三：“㹀牛，《文字释要》云：‘凡牛、羊之雌者曰㹀。’《说文阙字镜》云：‘牝牛也。’”辽希麟《续一切经音义》卷七：“㹀牛，《方言》云：‘牛牝曰㹀，牡曰特。其子曰犊也。皆从牛形声也）。’”

⑦“迎”，《资福藏》、《碛砂藏》、《普宁藏》、《洪武南藏》、《永乐南藏》、《永乐北藏》、《径山藏》、《清藏》本作“延”。

⑧“取乳”，《资福藏》、《碛砂藏》、《普宁藏》、《洪武南藏》、《永乐南藏》、《永乐北藏》、《径山藏》、《清藏》本作“乳取”。

⑨瞋：梵 pratigha，指三毒之一。护法造、唐玄奘译《成唯识论》卷六：“云何为瞋？于苦、苦具憎恚为性，能障无瞋不安隐性。恶行所依为业，谓瞋必令身心热恼起诸恶业，不善性故。”参“（八四）月蚀打狗喻”校注②。

⑩布施：梵 dāna，指将自己财物施与他人。东晋慧远《大乘义章》卷一一《四摄义》：“言布施者，以己财事分布与他，名之为布；辍己惠人，目之为施。”隋智𫖮《法界次第初门》卷下之上《六波罗蜜初门》：“檀那，秦言布施。若内有信心、外有福田、有财物，三事和合时，心生舍法，能破悭贪，是为檀。”明一如《大明三藏法数》卷一九：“梵语檀那，华言布施。施有二种：一者财施，谓以饮食、衣服、田宅、珍宝，及一

切资身之具，悉能施之。二者法施，谓从诸佛及善知识，闻说世间、出世间善法，以清净心转为他说也。"

⑪大有：指富有。后秦佛陀耶舍、竺佛念译《四分律》卷四六《破僧揵度》："王即答言：'我大有金、银、七宝无数，库藏盈满，可随意所与。"

⑫"是"，《资福藏》、《普宁藏》、《径山藏》本作"此"。

【译文】

从前有一个十分愚笨的人，准备在家中请客，想贮备一些牛奶来招待宾客。这个愚人想道："如果我现在去挤牛奶，一天天的收集得多了没有地方存放，还有可能腐败变质。不如就让奶存放在牛的肚子里，等到请客的时候再把它挤出来。"想到这儿，愚人便将小牛犊和母牛分开，防止小牛去喝母牛的奶。一个月后，这个愚人设宴招待宾客，把这头母牛牵了出来，准备挤牛奶。可是此时牛乳已干，没有牛奶了。在座的宾客见此情景，有的十分生气，有的觉得十分可笑。

愚人也是这样，想修行布施，便说道："等我发了大财，就立刻布施。"但还没等到财富积累起来，家财就有可能被县官、水火等自然灾害、盗贼给侵占夺取了，或是自己突然命终离世，根本来不及进行布施，如同譬喻中愚人一样。

【附录】

道略集、后秦鸠摩罗什译《众经撰杂譬喻》卷上："昔有一婆罗门，居家贫穷，正有一牸牛，榖乳日得一斗，以自供活。闻说十五日，饭诸众僧、沙门得大福德，便止不复榖牛，停至一月并取，望得三斛，持用供养诸沙门。至满月，便大请诸沙门至舍皆坐。时婆罗门即入榖牛乳正得一斗，虽久不榖乳而不多。诸人呵骂言：'汝痴人！云何日日不榖乃至一月也，而望得多。' 今世人亦如是。有财物时，不能随多少布施，停积久后，须多乃作，无常水火及以身命须臾难保。若当不遇，一朝荡尽，虚无所获。财物危身，犹如毒蛇，无得贪著。”

三　以梨打头破喻[①]

昔有愚人，头上无毛。时有一人，以梨打头，乃至二三，悉皆伤破。时此愚人默然忍受，不知避去。傍人见已，而语之言："何不避去？乃往受打，致使头破。"愚人答言："如彼人者，㤭慢恃力[②]，痴无智慧[③]。见我头上，无有发毛，谓为是石。以梨打我，头破乃尔。"傍人语言："汝自愚痴，云何名彼以为痴也？汝若不痴，为他所打，乃至头破，不知逃避。"

比丘亦尔[⑤]，不能具修信[⑥]、戒[⑦]、闻[⑧]、慧[⑨]，但整威仪[⑩]，以招利养[⑪]。如彼愚人，被他打头，不知避去，乃至伤破，反谓他痴。此比丘者亦复如是。

【校注】

①"头破"，《资福藏》、《碛砂藏》、《普宁藏》、《洪武南藏》、《永乐南藏》、《永乐北藏》、《径山藏》、《清藏》、金陵本作"破头"。

②㤭慢：梵 adhi-māna，指高傲之心态。隋慧远《大乘义章》卷五末《五上分结义》："自举陵物，称曰㤭慢。"世亲造、唐玄奘译《阿毗达磨俱舍

论》卷四："寻伺心粗细，慢对他心举，憍由染自法，心高无所顾。"

③痴：梵 moha，指三毒之一。护法造、唐玄奘译《成唯识论》卷六："云何为痴？于诸理事，迷暗为性，能障无痴，一切杂染所依为业。谓由无明起疑、邪见、贪等烦恼，随烦恼业，能招后生杂染法故。"参"（八四）月蚀打狗喻"校注③。

智慧：梵 prajñā，指破除迷惑、证实真理之能力。龙树造、后秦鸠摩罗什译《大智度论》卷四三："般若者，秦言智慧，一切诸智慧中最为第一，无上无比无等，更无胜者，穷尽到边。"明一如《大明三藏法数》卷一九："梵语般若，华言智慧，谓照了一切诸法皆不可得，而能通达一切无碍，为诸众生种种演说也。"

⑤比丘：梵 bhikṣu，意译为乞士，指出家修行之男子。明一如《大明三藏法数》卷一六："梵语比丘，华言乞士。乞是乞求之名，士是清雅之称，谓上乞法以资慧命，下乞食以资色身，净命自活，福利众生，破憍慢心，谦下自卑，以成清雅之德也。"

⑥信：指信财（梵 śraddhā-dhana）。明一如《大明三藏法数》卷二二："信，即信心。谓信能决定受持正法，以为成佛之资，故名信财。"

⑦戒：指戒财（梵 śīla-dhana）。明一如《大明三藏法数》卷二二："戒，即戒律。谓戒为解脱之本，能防身、口、意之非，止身、口、意之恶。以为成佛之资，故名戒财。"

⑧闻：指闻财（梵 śruta-dhana）。明一如《大明三藏法数》卷二二："闻，为三慧之首，闻必能思，思必能修。谓若能闻佛声教，则开发妙解，如说而行。以为成佛之资，故名闻财。"

⑨慧：指定慧财（梵 prajñā-dhana）。明一如《大明三藏法数》卷

二二："定慧，即止观也。定，则摄心不散，止诸妄念；慧，则照了诸法，破诸邪见。以为成佛之资，故名定慧财。"

⑩威仪：梵 airyāpathika，指在行动中应保持之威严仪态。明一如《大明三藏法数》卷一三："谓修道之人，心不放逸，若行若坐，常在调摄其心，成就道业。虽久于行坐，亦当忍其劳苦；非时不住，非时不卧；设或住、卧之时，常存佛法正念，如理而住。于此四法，动合规矩，不失律仪，是为四威仪也。一、行：谓修道之人，举止动步，心不外驰，无有轻躁，常在正念，以成三昧，如法而行也。二、住：谓修道之人，非时不住，若或住时，随所住处，常念供养三宝，赞叹经法，广为人说，思惟经义，如法而住也。三、坐：谓修道之人，加趺宴坐，谛观实相，永绝缘虑，澄湛虚寂，端肃威仪，如法而坐也。四、卧：谓修道之人，非时不卧，为调摄身心，或时暂卧，则右胁宴安，不忘正念，心无昏乱，如法而卧也。"

⑪利养：梵 lābha，指供养之财物。北宋元照《四分律行事钞资持记》卷上三《释受戒篇》："言利养者，须约二种现前僧物，饮食、供设是彼所希，义无不受。"

【译文】

从前有一个十分愚笨的人，头上没有头发。当时有一个人，用梨子扔过去打愚人的头，一而再、再而三地打，他的头都被打破了。可此时的愚人只是默默地忍受，并不知道躲避。旁边的人看到这种情况后，对愚人说道："你为什么不躲避呢？在这里默默地挨打，致使你的头都被打破了。"愚人回答道："打我的那个人，骄横傲慢，虽然他仗着自己有点力气，却没有智慧。他看见我头上没长头发，以为我的头是块石头，便用梨子将我的头给打破了。"旁边的人接着说道："你自己愚笨，为什么还说别人笨呢？如果你不笨，怎么会被别人打到头破，都不知道躲避呢？”

比丘也是一样，不能修持信、戒、闻、慧，反而光注重威仪外表，用来招引别人的供养。就好像这个愚人，被别人打头，都不知躲避，直到头都被打破了，还反而说打他的人愚笨无知。这种比丘就是这样。

四　妇诈称死喻[①]

昔有愚人，其妇端正[②]，情甚爱重。妇无直信[③]，后于中间，共他交往。邪淫心盛[④]，欲逐傍夫[⑤]，舍离己婿[⑥]。于是密语一老母言："我去之后，汝可赍一死妇女尸，安著屋中。语我夫言，云我已死。"老母于后，伺其夫主不在之时，以一死尸置其家中。及其夫还，老母语言："汝妇已死。"夫即往视，信是己妇，哀哭懊恼，大积薪油，烧取其骨，以囊盛之，昼夜怀挟。妇于后时，心厌傍夫，便还归家，语其夫言："我是汝妻。"夫答之言："我妇久死，汝是阿谁？妄言我妇。"乃至二三，犹故不信。

如彼外道，闻他邪说[⑦]，心生惑著[⑧]，谓为真实[⑨]，永不可改。虽闻正教[⑩]，不信受持[⑪]。

【校注】

①"诈"下，《径山藏》、《清藏》本有"语"。

②端正：梵 abhirūpa，指容貌整齐。北宋施护《佛说大坚固婆罗门缘起经》卷下："时辅相婆罗门白六王言：'大王。我家自有四十妻室，

色相殊丽，肌体充实，容止可观，端正齐等。'"

③“直”，《资福藏》、《碛砂藏》本作“真”，《普宁藏》、《洪武南藏》、《永乐南藏》、《永乐北藏》、《径山藏》、《清藏》、金陵本作“贞”。

④邪淫：梵 kāma-mithyācāra，指在夫妻关系之外，乱搞男女关系；或是夫妻之间，不分时间、地点、方法而随意行淫。隋吉藏《百论疏》卷上："若俗人非时、非处、非道行淫，名为邪淫。"龙树造、后秦鸠摩罗什译《大智度论》卷一三《释初品》中《戒相义》："邪淫者，若女人为父母、兄弟、姊妹、夫主、儿子、世间法、王法守护，若犯者是名邪淫。若有虽不守护，以法为守。云何法守？一切出家女人，在家受一日戒，是名法守。若以力、若以财、若诳诱、若自有妻受戒，有娠、乳儿、非道，如是犯者名为邪淫。如是种种，乃至以华鬘与淫女为要，如是犯者名为邪淫。"诃梨跋摩造、后秦鸠摩罗什译《成实论》卷八《十不善道品》："邪淫名若众生非妻与之行淫，是名邪淫。又虽是其妻，于非道行淫，亦名邪淫。又一切女人皆有守护，若父母、兄弟、夫主、儿息等，出家女人为王等守护。"北魏菩提流支译《弥勒菩萨所问经论》卷五："邪淫有八种：一者护女人，二者彼想，三者疑心，四者道非道，五者不护，六者非时，七者作，八者无作相。是等名为邪淫身业。护女人者，所谓父护、母护如是等。彼想者，若知彼女是父母等所护女想，非不护想。疑心者，若生疑心，为自女、为他女，为父母护、为不护，为我女、为他女，而彼女人为父母护，于彼父母所护等女，一一邪淫。道非道者，道者所有道，非道者谓非道，彼护女非道、非时者亦名邪淫。又非护者，自护女、不护女，彼非道邪淫。又非护女者，一切不护女等邪淫。作无作相者，如前杀生中说应知。不作相者，邪淫中无如是不作法，以要自作成故。"

⑤“逐”,《资福藏》、《碛砂藏》、《普宁藏》、《洪武南藏》、《永乐南藏》、《永乐北藏》、《径山藏》、《清藏》本作“就”。

⑥“婿”,金陵本作“壻”。

⑦邪说:梵 anṛta,指非佛教之外道理论,以及不正确之言说。北宋法天译《大方广总持宝光明经》卷三:“言非正法,作如是说,是邪说。”

⑧惑著:梵 ākṛṣṭa,指被外境所迷惑,执著而不肯舍离。北宋日称《父子合集经》卷二〇《净饭王信解品》:“复观世间一切众生,为四颠倒之所惑著,于不净中而作净想,于逼迫中而生乐想,于无常中而起常想,于无我中而为我想。”

⑨真实:梵 parama,指一切诸法之本来相状。北凉昙无谶译《大般涅槃经》卷二〇《梵行品》:“譬如幻师,四衢道头,幻作种种男女、象马、璎珞、衣服。愚痴之人谓为真实,有智之人知非真有。”龙树造、后秦鸠摩罗什译《大智度论》卷四二《释集散品》:“无智人谓地等诸物以为实,圣人慧眼观之皆是虚诳。譬如小儿见镜中像以为实,欢喜欲取,谓为真实。大人观之,但诳惑人眼。”

⑩正教:梵 anuśāsana,指佛陀所说契于正理之教法。南朝宋求那跋陀罗译《杂阿含经》卷四四:“我已知出离,生死存亡相,不复生忧苦,入佛正教故。”

⑪受持:梵 udgrahaṇa,指将佛陀教法领受于心而忆念不忘。隋吉藏《胜鬘宝窟》卷上本:“始则领受在心曰受,终则忆而不忘曰持。”明一如《大明三藏法数》卷一六:“信力故,受念力故,持谓于如来言教,以坚固深信受之,于已忆持不忘。”

【译文】

从前有一个十分愚笨的人，他的妻子容颜端正，他对妻子的感情也十分深厚。愚人的妻子并不遵守忠贞妇道，在他们共为夫妻的时候，就与别的男人私通。妻子的邪淫心欲旺盛，想抛弃自己的丈夫。于是就秘密地对一个老女人说："我走之后，你可以找一具已死妇女的尸体，放置到我家中。然后对我丈夫说，我已经死了。"这个老女人之后就趁她丈夫不在家的时候，将一个女尸放到他家里。等她丈夫回来时，老女人就对他说："你的妻子已经死了。"丈夫急忙去看尸体，相信尸体就是自己的妻子，哀痛号哭，十分懊恼悲痛。他于是用很多柴和油把尸体火化，将遗骨收集起来，用一个布囊装着，不论白天黑夜都带在怀中。他的妻子后来对姘夫也厌烦了，便又回到家中，对丈夫说："我是你的妻子。"丈夫回答道："我的妻子已经去世很久了，你又是谁？谎称是我的妻子。"妻子一再反复解释，可愚人就是不信。

这就好比非佛的外道，听闻到其他不正确的见解和观点，心中被这些邪说蛊惑而产生执著，认为这些邪说就是真理，永远不可改变。即使他们听到正教真理，也不会去相信接受。

【附录】

唐道世《法苑珠林》卷五五《破邪篇》第六十二《引证部》："《百喻经》云：昔有愚人，其妇端正，情甚爱重。妇无真信，后于中间共他交往。邪淫心盛，欲逐傍夫，舍离己婿。于是密语一老母言：'我去之后，汝可赍一死妇女尸，安著屋中。语我夫言，云我已死。'老母于后，伺其夫主不在之时，以一死尸置其家中。及其夫还，老母语言：'汝妇已死。'夫即往视，信是己妇，哀哭懊恼。大积薪油，烧取其骨，以囊盛之，昼夜怀挟。妇于后时，心厌傍夫，便还归家，语其夫言：‘我是汝妻。’夫答之言：‘我妇久死，汝是阿谁？妄言我妇。’乃至二三，犹故不信。如彼外道，闻他邪说，心生惑著，谓为真实，永不可改。虽闻正教，不信受持。”

五　渴见水喻

过去有人，痴无智慧。极渴须水，见热时焰，谓为是水，即便逐走，至辛头河①。既至河所，对视不饮。傍人语言："汝患渴逐水，今至水所，何故不饮？"愚人答言："君可饮尽②，我当饮之。此水极多，俱不可尽，是故不饮。"尔时众人闻其此语，皆大嗤笑。

譬如外道，僻取其理③，以已不能具持佛戒④，遂便不受，致使将来无得道分，流转生死⑤。若彼愚人，见水不饮，为时所笑⑥，亦复如是。

【校注】

①"辛"，《资福藏》、《碛砂藏》、《普宁藏》、《洪武南藏》、《永乐南藏》、《永乐北藏》、《径山藏》、《清藏》、金陵本作"新"。

辛头河：梵 Sindhu，又作"信度河"，即今之印度河。唐慧琳《一切经音义》卷七〇："信度河，旧言辛头河，此云验河。从池南面银牛口中，流出还入南海也。"唐玄奘《大唐西域记》卷三《钵露罗国》："南渡信度河，河广三四里南流，澄清皎镜，汩淴漂流，毒龙、恶兽窟穴其中。

若持贵宝、奇花、果种及佛舍利渡者，船多飘没。”

②“君”，《资福藏》、《碛砂藏》、《普宁藏》、《洪武南藏》、《永乐南藏》、《永乐北藏》、《径山藏》、《清藏》本作“若”。

③“其”，《资福藏》、《碛砂藏》、《普宁藏》、《洪武南藏》、《永乐南藏》、《永乐北藏》、《径山藏》、《清藏》本作“于”。

④戒：梵 śīla，指佛陀为防护身心所制定之行为规范。龙树造、后秦鸠摩罗什译《大智度论》卷一三《释初品》中《尸罗波罗蜜义》：“尸罗，秦言性善。好行善道，不自放逸，是名尸罗。或受戒行善，或不受戒行善，皆名尸罗。尸罗者，略说身、口律仪有八种：不恼害、不劫盗、不邪淫、不妄语、不两舌、不恶口、不绮语、不饮酒，及净命是名戒相。若不护放舍，是名破戒。破此戒者，堕三恶道中。若下持戒，生人中；中持戒，生六欲天中；上持戒，又行四禅、四空定，生色、无色界清净天中。上持戒有三种：下清净持戒，得阿罗汉；中清净持戒，得辟支佛；上清净持戒，得佛道。不著、不猗、不破、不缺，圣所赞爱，如是名为上清净持戒。若慈愍众生故，为度众生故，亦知戒实相故，心不猗著，如此持戒，将来令人至佛道，如是名为得无上佛道戒。若人求大善利，当坚持戒，如惜重宝，如护身命。”

⑤流转：梵 pravṛtti，指漂流辗转。流转生死：指众生于生死之中流转不息。唐窥基《成唯识论述记》卷四末：“流是相续义，转是起义。”唐圆晖《俱舍论颂疏论本》第三：“言流转者，以识为体，于生死中流转故也。”弥勒造、唐玄奘译《瑜伽师地论》卷五二《摄决择分》中《五识身相应地意地》：“云何流转？谓诸行因果相续不断性，是谓流转。”卷八六《摄事分》中《契经事行择摄》：“又于生死由五种相，一切愚夫流

转不息：一、由爱因故，二、由爱果故，三、由爱自性故，四、由因展转故，五、即因展转依止前际无穷尽故。”

⑥“所”，《资福藏》、《碛砂藏》、《普宁藏》、《洪武南藏》、《永乐南藏》、《永乐北藏》、《径山藏》、《清藏》本作“人”。

【译文】

从前有一个人，十分愚笨没有智慧。一次他十分口渴急需找水，看见热气蒸腾的现象，以为是水，立刻就追逐热焰，一直追到了辛头河。既然已经到了河边，可他看着河水而不去喝它。旁边的人就问他道：“你因为口渴才追逐求水，现在已经到了有水的地方，为什么你又不喝水了呢？”这个愚人回答道：“如果你能把这条河的河水喝光，我就去喝它。正因为这里的水太多了，不可能被喝尽，所以我才不去喝它。”当时在场的人听到他这番话，都大大地嘲笑他。

这就好比非佛的外道，对于佛的教理断章取义，由于自己不能全部受持佛陀制定的戒律，于是就一条戒都不受持，导致自己将来没有一点得道的机会，流转于生死轮回之中。如同那个愚人，看到水都不喝，被当时人所嘲笑一样。

【附录】

南朝宋求那跋陀罗译《楞伽阿跋多罗宝经》卷二《一切佛语心品》：“譬如群鹿，为渴所逼，见春时炎而作水想，迷乱驰趣，不知非水。”

六　子死欲停置家中喻

昔有愚人，养育七子，一子先死。时此愚人见子既死，便欲停置于其家中，自欲弃去。傍人见已，而语之言："生死道异，当速庄严①，致于远处而殡葬之。云何得留，自欲弃去？"尔时愚人闻此语已，即自思念："若不得留，要当葬者，须更杀一子，停担两头，乃可胜致。"于是便更杀其一子，而担负之②，远葬林野。时人见之，深生嗤笑，怪未曾有③。

譬如比丘，私犯一戒，情惮改悔④，默然覆藏⑤，自说清净。或有知者⑥，即语之言："出家之人⑦，守持禁戒⑧，如护明珠，不使缺落⑨。汝今云何违犯所受，欲不忏悔⑩？"犯戒者言⑪："苟须忏者，更就犯之，然后当出⑫。"遂便破戒⑬，多作不善，尔乃顿出。如彼愚人，一子既死，又杀一子。今此比丘亦复如是。

【校注】

①庄严：梵 vyūha，指给死者妆点遗容。后秦佛陀耶舍、竺佛念译《长

阿含经》卷一八《世记经阎浮提州品》："彼人命终，不相哭泣，庄严死尸，置四衢道，舍之而去。"

②"担"，原作"檐"，形误，据《资福藏》、《碛砂藏》、《普宁藏》、《洪武南藏》、《永乐南藏》、《永乐北藏》、《径山藏》、《清藏》、金陵本改。

③未曾有：梵 adbhuta，指过去从来没有发生过的意外之事。明一如《大明三藏法数》卷二六："梵语阿浮达磨，华言未曾有，亦云希有。如佛生时即行七步，足迹之处，皆有莲华，放大光明，遍照十方世界，而发是言：'我是度一切众生生、老、病、死者。'地大震动，天雨众花，树出音声，作天妓乐。如是等无量希有之事，是名未曾有。又四众等，凡有闻所未闻，见所未见，皆名未曾有。"

④惮：指畏惧害怕。隋吉藏《法华义疏》卷七《信解品》："理能伏情，名有大势力；情惮于理，如即怀恐怖也。"

改悔：梵 vipratisāra，指改过忏悔。东晋瞿昙僧伽提婆译《增壹阿含经》卷四九《非常品》："彼比丘已犯禁戒，不自改悔。"后秦竺佛念译《出曜经》卷二六《憂要品》："人前为过，寻时改悔。寿终之日，神不错乱。"

⑤覆藏：梵 chādayati，指掩盖隐藏所犯过罪。南朝宋智严、宝云译《大方等大集经》卷三〇《无尽意菩萨品》："有犯禁者，令不覆藏；已覆藏者，劝令发露。"龙树造、后秦鸠摩罗什译《大智度论》卷一六《释初品》中《毗梨耶波罗蜜义》："复次，精进持戒，若大若小，一切能受，一切能持，不毁不犯。大如毛发，设有违失，即时发露，初不覆藏。"

⑥"知"，《资福藏》、《碛砂藏》、《普宁藏》、《洪武南藏》、《永乐南藏》、《永乐北藏》、《径山藏》、《清藏》、金陵本作"智"。

⑦出家：梵 pravrajyā，指出离烦恼之家而专修净行。后秦佛陀耶舍、

竺佛念译《长阿含经》卷一《大本经》:“夫出家者,欲调伏心意,永离尘垢,慈育群生，无所侵挠，虚心静寞，唯道是务。”唐般若译《大乘本生心地观经》卷四《厌舍品》:“然出家者持戒最难，能持戒者是真出家。”北宋法贤《佛说众许摩诃帝经》卷四 :“夫出家者，离其亲爱，不著荣乐，恒修梵行，坚守律仪，弃背尘劳，禁缚根识，妄念不生，实行增长，如是进修，名出家者。”北宋施护《佛说大坚固婆罗门缘起经》卷下 :“夫出家者，有大义利，有大威德，有大称誉。”

⑧禁戒:梵 saṃvara,指禁非戒恶。东晋瞿昙僧伽提婆译《增壹阿含经》卷二《广演品》:“夫禁戒者，犹吉祥瓶，所愿便克，诸道品法，皆由戒成。如是。比丘。行禁戒者，成大果报，诸善普至，得甘露味，至无为处，便成神通，除诸乱想，获沙门果，自致涅槃。”明一如《大明三藏法数》卷一九 :“谓佛说经，制诸禁戒。令一切众生，摄持身、口、意业，清净不犯，即能超脱三恶趣苦，是为禁戒。”

⑨案后秦鸠摩罗什译《妙法莲华经》卷一《序品》:“精进持净戒，犹如护明珠。”隋智颉《菩萨戒义疏》卷上:“不缺者,持于性戒,性重清净,如护明珠。若毁犯者，如器已缺，佛法边人也。”

⑩忏悔 :梵 kṣama，指悔谢罪过。唐慧沼《金光明最胜王经疏》卷三末《梦见忏悔品》:“言忏悔者，顺古人翻，非为正说。若云忏悔，梵音云忏摩，义当此云‘容恕’或‘愧谢’。或云忏摩，略此云知厌离，亦义云改悔。言忏悔者,音讹略也。”明一如《大明三藏法数》卷一七:“忏，梵语具云忏摩，华言悔过。华梵兼举，故称忏悔。忏名修来，悔名改往。谓修将来之善果，改已往之恶因，是为忏悔。”唐怀信《释门自镜录》卷下《饮啖非法录》:“问 :‘云何忏悔？’答 :‘恳恻至心，是为忏悔。’”

⑪犯戒：梵 duḥśīla，指毁犯佛所制定之戒律。众贤造、唐玄奘译《阿毗达磨藏显宗论》卷二四《辩业品》："言犯戒者，谓诸不善色，即从杀生乃至杂秽语，此中性罪立犯戒名。"《毗尼母经》卷三："犯戒有七种：一、波罗夷，二、僧伽婆尸沙，三、尼萨耆波逸提，四、波逸提，五、偷兰遮，六、波罗提提舍尼，七、突吉罗。波罗夷者，不生善根，永不可忏，亦无羯磨可得除罪。有偷兰遮，不可羯磨除罪。何者？如提婆达多出佛身血是。此偷兰遮永不生无漏善根，亦无羯磨可除罪也。有波逸提，不生善根，亦无羯磨可得除罪也。何者？如比丘瞋心，欲断佛命打佛，得波夜提不可忏也。有突吉罗，不生善根，亦无除罪羯磨。"

⑫出：指出罪（梵 āpatti-vyutthāna）。南朝宋僧伽跋摩译《萨婆多部毗尼摩得勒伽》卷五："云何出罪？汝长老犯如是如是罪，当发露忏悔，莫覆藏，是名出罪。"《律戒本疏》："出罪者，从罪中出去也。"弥勒造、唐玄奘译《瑜伽师地论》卷六八《摄决择分》中《声闻地》："云何出罪？略由五相：一、由自故，二、由他故，三、由自他故，四、依转故，五、依舍故。由自故者，谓应自静息故。由他故者，谓见谛者有所违犯，不染污罪。由自他者，谓诸异生染不染罪。依转故者，谓转舍苾刍依转得苾刍尼依，或转舍苾刍尼依转得苾刍依。尔时，苾刍、苾刍尼各所犯罪，或转余形，或转无形，依舍故者谓命终已。"

⑬破戒：梵 duḥśīla，指毁破自己所受持之戒律。龙树造、后秦鸠摩罗什译《大智度论》卷四〇《释往生品》："若人以贪欲、瞋恚、怖畏、邪见、不恭敬心，轻佛语而不持戒，是名为破戒。"卷九一《释照明品》："破戒人有二种：一者持戒因缘不具足故，如贫穷人饥寒急故作贼；二者持戒因缘虽具足，以习恶心故。"后秦佛陀耶舍、竺佛念译《四分律》卷五九

《毗尼增》："破戒有五过失：自害、为智者所呵、有恶名流布、临终时生悔恨、死堕恶道，是为五。"

【译文】

从前有一个十分愚笨的人，养育了七个儿子，其中一个儿子先行死去了。此时这个愚人看到自己的儿子已经死了，便想将尸体停放在家中，而自己却想离家而去。旁边的人看到之后，便对他说："生和死是人的两个不同的归宿，你应该尽快为死者妆点遗容，并把尸体运到远处埋葬。怎么能将尸体留在家中，自己反倒想弃家而去呢？"愚人听了此话，就想道："如果不把尸体留在家中，而将其埋葬，就必须再杀死一个儿子，将两个尸体分别放在担子的两头，这样担子挑起来就平衡了，也就便于运到远处埋葬了。"于是愚人就又杀死了自己的一个儿子，把这两具尸体用担子挑起来，远葬于郊野树林之中。当时的人看到他这一举动，无不大大地嘲笑他，并觉得此事是从未发生过的。

这就好比一个出家的比丘，私下里犯了一条戒律，但他怕不能及时忏悔改过，于是就默默地将自己的过错掩盖起来，对外人还宣称自己的戒行清净。或许有一些知道内情真相的人，会告诫他说："出家之人对于守持禁戒，就好像保护珍贵的明珠一样，不能使之有任何的缺失。但你现在为什么违犯了你所受的戒律，还不思忏悔呢？"犯戒的比丘回答道："假如需要忏悔的话，就等我再犯戒了，然后一起忏悔吧。"于是这个比丘就毁破戒体，做了很多不善的事情，然后一起忏悔罪业。如同譬喻中的愚人，一个儿子已经死了，又杀死了一个儿子。现在这个破戒比丘就是这样。

【附录】

唐道世《法苑珠林》卷九〇《破戒篇》第八十八《引证部》："《百

喻经》云：昔有愚人，养育七子，一子先死。时此愚人，见子既死，便欲停置于其家中，自欲弃去。傍人见已，而语之言：'生死道异，当速庄严，致于远处。'尔时愚人闻此语已，即自思念：'若不得留，要当葬者，须更杀一子，停担两头，乃可胜致。'于是更杀一子，而担负之，远葬林野。时人见之，深生嗤笑，怪未曾有。譬如比丘私犯一戒，情惮改悔，默然覆藏，自说清净。或有智者，即语之言：'出家之人，守持禁戒，如护明珠，不使缺落。汝今云何违犯所受，欲不忏悔？'犯戒者言：'苟须忏者，更就犯之，然后当出。'遂更犯戒，多作不善，尔乃顿出。如彼愚人，一子既死，又杀一子。今此比丘亦复如是。"

日本安澄《中论疏记》卷三末："《百喻经·担死人譬》云：昔有一人，养牛为业，依山放牛乃住。山中同养牛者，多如村邑。时有一人，急死一儿，谓众人言：'我此儿死，不能远弃。君等可以家及牛等，移往他处，更作住止。'众人责曰：'一生之间，一家有余，何为多家？又一儿死故，令多人移，志如此言耳！'其人答曰：'一儿独偏，那可担云。'便杀一儿，即对担去。众人责曰：'汝大愚痴。'合譬云诸比丘等，烦恼自近，犯一戒时，知识师友密教化之忏悔，除罪进福。犯戒者耻，妄语云：'不犯不悔。'又加妄语，重增两罪，不异向人杀儿足担也。"

七　认人为兄喻

昔有一人，形容端正，智慧具足[①]，复多钱财，举世人间[②]，无不称叹[③]。时有愚人，见其如此，便言我兄。所以尔者，彼有钱财，须者则用之，是故为兄；见其还债，言非我兄。傍人语言："汝是愚人，云何须财，名他为兄；及其债时[④]，复言非兄？"愚人答言："我以欲得彼之钱财，认之为兄，实非是兄；若其债时[⑤]，则称非兄。"人闻此语，无不笑之。

犹彼外道，闻佛善语，贪窃而用[⑥]，以为己有。乃至傍人教使修行[⑦]，不肯修行，而作是言："为利养故，取彼佛语，化道众生[⑧]，而无实事，云何修行？"犹向愚人，为得财故，言是我兄；及其债时[⑨]，复言非兄，此亦如是。

【校注】

①具足：梵 saṃpanna，指具备满足。唐慧沼《金光明最胜王经疏》卷三本《三身品》："言具足者，是圆满义。以智境胜，更无净胜过此。"南朝宋求那跋陀罗译《杂阿含经》卷三三："智慧具足者，谓此苦如实知，

此苦集如实知，此苦灭如实知，此苦灭道迹如实知。”

②“间”，《高丽藏》本作“闻”。

③“叹”，《资福藏》、《碛砂藏》、《普宁藏》、《洪武南藏》、《永乐南藏》、《永乐北藏》、《径山藏》、《清藏》本作“美”。

④“其”，《资福藏》、《碛砂藏》、《普宁藏》、《洪武南藏》、《永乐南藏》、《永乐北藏》、《径山藏》、《清藏》本作“负”。

⑤“债时”，《资福藏》、《碛砂藏》、《普宁藏》、《洪武南藏》、《永乐南藏》、《永乐北藏》、《径山藏》、《清藏》本作“负债”。

⑥“贪”，《资福藏》、《碛砂藏》、《普宁藏》、《洪武南藏》、《永乐南藏》、《永乐北藏》、《径山藏》、《清藏》、金陵本作“盗”。

贪：梵 rāga，指三毒之一。护法造、唐玄奘译《成唯识论》卷六：“云何为贪？于有有具染著为性，能障无贪，生苦为业。谓由爱力取蕴生故。”参“（八四）月蚀打狗喻”校注②。

⑦修行：梵 bhāvanā，指如理修习并亲身践行佛所说之教法。明一如《大明三藏法数》卷六：“修行者，谓既了知观法之相，则善能修习一切妙行，无有过失也。”

⑧“道”，《资福藏》、《碛砂藏》、《普宁藏》、《洪武南藏》、《永乐南藏》、《永乐北藏》、《径山藏》、《清藏》、金陵本作“导”。

化道：梵 anuśāsaka，指开化道教。西晋竺法护译《佛说如来兴显经》卷四：“犹若此界，群萌被蒙，开化道教，而顺律者。”元念常《佛祖历代通载》卷一八：“大矣哉！我佛之教也，化道群迷，阐扬宗性。”

⑨“其”，《资福藏》、《碛砂藏》、《普宁藏》、《洪武南藏》、《永乐南藏》、《永乐北藏》、《径山藏》、《清藏》本作“负”。

【译文】

从前有一个人，相貌长得十分的好看，并且很有智慧，又拥有很多钱财，世人没有不称赞他的。当时有一个十分愚笨的人，看到这种情景，便对大家说这个人是他的兄长。这个愚人之所以这么说，是因为他有钱财，可以在需要用钱的时候去随时取用，故称他为兄长；而当这个愚人看到那个人还债的时候,便又说他不是我的兄长。旁边的人便对他说:“你可真是个没有智慧的人，为什么在需要用钱的时候，就说他是你的兄长；而在他还债的时候，又说他不是你的兄长呢？”这个愚人回答道：“我想得到他的钱财，才认他为兄长，但他实际上不是我的兄长；在他还债的时候，就说他不是我的兄长。”当时在场的人听到愚人这番话，没有不嘲笑他的。

这就好比非佛的外道，听到佛所讲的一些道理，就贪求剽窃而用，并声称是自己所悟得的道理。等到旁边的人让他按道理修行时，他自己不肯修行，便又说道：“我是为了获取供养，才窃取佛所说的道理，以为教化众生的，其实根本就没有这回事，又如何去修行呢？”如同譬喻中的那个愚人，为了得到钱财，才称那人为自己的兄长；等到那人还债时，又说他不是自己的兄长一样。

【附录】

唐道世《法苑珠林》卷五五《破邪篇》第六十二《引证部》:“《百喻经》云：昔有一人，形容端正，智慧具足，复多钱财，举世人间，无不称叹。时有愚人，见其如此，便言我兄；见后还责，言非我兄。傍人语言：‘汝是愚人，云何须财认他为兄，及其还责复言非兄？’愚人答言：‘我以欲得彼之财物，故认为兄，实非是兄。’人闻此语，无不笑之。犹彼外道，闻佛善语，饕窃而用，以为己有。乃至傍人，教使修行，不肯修行，而作是言：‘为利养故，偷取佛说，化导众生，而无实事，云何修行？’犹向愚人，为得财故，言是我兄；及其责时，复言非兄。此亦如是。”

八　山羌偷官库喻[①]

过去之世，有一山羌[②]，偷王库物而远逃走。尔时国王遣人四出，推寻捕得，将至王边。王即责其所得衣处，山羌答言：“我衣乃是祖父之物[③]。”王遣著衣。实非山羌本所有故，不知著之。应在手者，著于脚上；应在腰者，返著头上[④]。王见贼已，集诸臣等共详此事，而语之言：“若是汝之祖父已来所有衣者，应当解著，云何颠倒，用上为下[⑤]？以不解故，定知汝衣必是偷得，非汝旧物。”

借以为譬，王者如佛，宝藏如法[⑥]，愚痴羌者犹如外道。窃听佛法，著己法中，以为自有。然不解故，布置佛法[⑦]，迷乱上下[⑧]，不知法相[⑨]。如彼山羌得王宝衣，不识次第[⑩]，颠倒而著，亦复如是。

【校注】

①“库”下，《资福藏》、《碛砂藏》、《普宁藏》、《洪武南藏》、《永乐南藏》、《永乐北藏》、《径山藏》、《清藏》本有“衣”。

②山羌：指山野羌人。唐慧琳《一切经音义》卷八〇：“《广雅》云：

'羌，强也。'《说文》云：'羌，西戎羌人也。'"南朝梁慧皎《高僧传》卷九《竺佛图澄传》："后郭黑略将兵征长安北山羌，堕羌伏中。"

③祖父：指祖父和父亲。北魏慧觉译《贤愚经》卷八《大施抒海品》："祖父已来，屠杀为业。若舍此事，无以自济。"后秦佛陀耶舍、竺佛念译《四分律》卷一《四波罗夷法》："汝父已死，我今单独，恐家财物没入于官。但汝父财既多，况祖父已来财物无量，甚可爱惜。"

④"返"，《资福藏》、《碛砂藏》、《普宁藏》、《洪武南藏》、《永乐南藏》、《永乐北藏》、《径山藏》、《清藏》本作"反"。

⑤"用上为下"下，唐道世《法苑珠林》卷五五有"以下为上"。

⑥案明一如《大明三藏法数》卷二四："谓如来所说涅槃之法，为世珍宝，可尊可贵，凡众生窘于法财者，令其修习，悉得免离逼迫之苦，而成出世饶益之乐。"

⑦布置：梵 vyūha，指分布安排。北宋智圆《维摩经略疏垂裕记》卷一《释维摩疏》："《文心雕龙》曰：'疏者，布也。布置物端，撮提近意，故曰疏也。'"

⑧案《佛使比丘迦旃延说法没尽偈百二十章》："持中以著下，举下著于中，不复识次第。"

⑨法相：梵 dharma-lakṣaṇa，指诸法所具之相状。明一如《大明三藏法数》卷八："谓五蕴、十二入、十八界等诸法，以肉眼观故，则见是有；以慧眼观故，则见是无。众生迷故，于此等法，起执取相，故名法相。"后秦鸠摩罗什译《金刚般若波罗蜜经》："所言法相者，如来说即非法相，是名法相。"唐玄奘译《解深密经》卷二《一切法相品》："谓诸法相，略有三种。何等为三？一者遍计所执相，二者依他起相，三者

圆成实相。云何诸法遍计所执相？谓一切法名假安立自性差别，乃至为令随起言说。云何诸法依他起相？谓一切法缘生自性。则此有故彼有，此生故彼生，谓无明缘行，乃至招集纯大苦蕴。云何诸法圆成实相？谓一切法平等真如。于此真如，诸菩萨众勇猛精进为因缘故，如理作意，无倒思惟，为因缘故乃能通达。于此通达，渐渐修集，乃至无上正等菩提，方证圆满。'"

⑩次第：梵 anukrama，指次序。弥勒造、唐玄奘译《瑜伽师地论》卷五二《摄决择分》中《五识身相应地意地》："复次，云何次第？谓于各别行相续中，前后次第，一一随转，是谓次第。又此次第差别多种：或有流转次第，谓无明缘行，广说乃至生缘老死。或有还灭次第，谓无明灭故行灭，乃至生灭故老死灭。或有在家、出家行住次第，谓陵旦而起澡饰其身，被带衣服，修营事业，调畅沐浴，涂饰香鬘，习近食饮，方乃寝息，是在家者行住次第。若整衣服，为乞食故，入聚落等，巡次而行，受如法食，还出安坐；食讫澡手，荡钵洗足，入空闲室，读诵经典，如理思惟；昼则宴坐经行，净修其心，断灭诸障；至夜中分，少当寝息，于夜后分，速复还起，整服治身，归所习业，是出家者行住次第。或入僧中，随其长幼，修和敬业，敷设床座，次第受筹，分其卧具，处所利养及营事业。或有增长次第，谓婴孩童子等八位次第生起。或有现观次第，谓于苦等四圣谛中，次第现观。或有入定次第，谓次第入九次第定。或有修学次第，谓增上戒学为依，次生增上心学；增上心学为依，后生增上慧学。"

【译文】

在过去的某个时候，有一个山羌，偷了国库里的东西而逃奔远方了。

于是国王派人四处搜寻追捕罪犯，终于将窃贼抓获，押解到国王面前。国王就立即责问他的衣服是从哪里得来的，这个山羌回答道："我的这些衣服是我祖上的遗物。"国王便让这个山羌穿着这些衣服。由于这些衣服不是山羌自己本有的东西，所以根本就不知道如何去穿。本来应该戴在手上的，却穿到了脚上；本来应该系在腰间的，反而给戴到了头上。国王看到窃贼的这一举动，召集诸位大臣共同商议此事，并对山羌说："如果这些是从你祖上开始就已经拥有的衣服，那你就应该知道如何去穿它们，为什么你能把衣服穿颠倒，该在上面的反而穿到下面了呢？由于你不知道这些衣服的穿法，故可以推知你的这些衣服必定是偷来的，不是你原有的故旧之物。"

借用这个故事来打个比方，那个国王就好比佛陀，国王的宝藏就好比佛法，那个没有智慧的山羌就好比非佛的外道。这些非佛的外道听到佛法之后，把佛所讲的道理剽窃到自己的教法之中，并宣称这些教法是自己本来固有的。但外道对佛所说的道理毕竟不理解，在具体布置应用佛法的时候，迷乱先后次序，不能清楚知晓诸法相状。如同那个山羌偷得国王的宝衣，由于不知道穿衣顺序，把衣服颠倒穿着一样。

【附录】

唐道世《法苑珠林》卷五五《破邪篇》第六十二《引证部》："《百喻经》云：过去之世，有一山羌，偷王库物而远逃走。尔时国王遣人四出，推寻捕得，将至王边。王即责其所得衣处，山羌答言：'我衣乃是祖父之物。'王遣著衣。实非山羌本所有故，不知著之。应在手之者，著于脚上；应在腰者，反著头上。王见贼已，集诸臣等共详此事，而语之言：'若是汝之祖父已来所有衣者，应当解著，云何颠倒，用上为下，以下为上？

以不解故，定知汝衣必是偷得，非汝旧物。’借以为譬，王者如佛，宝藏如法，愚痴羌者犹如外道。窃偷佛语，著己法中，以为自有。然不解故，布置佛法，迷乱上下，不知法相。如彼山羌得王宝衣，不识次第，颠倒而著，亦复如是。”

九　叹父德行喻

昔时有人，于众人中叹己父德，而作是言：“我父慈仁，不害不盗，直作实语①，兼行布施。”时有愚人，闻其此语，便作是念②，言：“我父德行③，复过汝父。”诸人问言：“有何德行，请道其事。”愚人答曰：“我父小来断绝淫欲④，初无染污⑤。”众人语言：“若断淫欲，云何生汝？”深为时人之所怪笑。

犹如世间无智之流⑥，欲赞人德，不识其实，反致毁呰⑦。如彼愚者，意好叹父⑧，言成过失，此亦如是。

【校注】

①实语：梵 satya-vāda，指真实之言语。后秦鸠摩罗什译《金刚般若波罗蜜经》：“如来是真语者、实语者、如语者、不诳语者、不异语者。”龙树造、后秦鸠摩罗什译《大智度论》卷四《初品》中《菩萨释论》：“实语第一戒，实语升天梯，实语小而大，妄语入地狱。我今守实语，宁弃身寿命，心无有悔恨。”卷四九《释发趣品》：“实语者，是诸善之本，生天因缘，人所信受。行是实语者，不假布施、持戒、学问，但修实语，

得无量福。实语者，如说随行。问曰：‘口业有四种，何以但说实语？’答曰：‘佛法中贵实，故说实。余皆摄四谛，实故得涅槃。’”

②“念”，《资福藏》、《碛砂藏》、《普宁藏》、《洪武南藏》、《永乐南藏》、《永乐北藏》、《径山藏》、《清藏》本无。

③德行：梵 guṇa。指道德之行法。隋智顗《仁王护国般若经疏》卷二：“具足诸德之行，名德行具足。”北宋知礼《金光明经文句记》卷五上：“先王之德行者，先王道德之行。”

④淫欲：梵 maithuna，指行淫的欲望。唐义净译《根本说一切有部毗奈耶》卷一《不净行学处》：“言淫欲者，谓两相交会也。”明一如《大明三藏法数》卷一三：“谓欲界众生，多于男女互相染着行于欲事，故名淫欲。”龙树造、后秦鸠摩罗什译《大智度论》卷三五《释报应品》：“淫欲为诸结之本。佛言：‘宁以利刀割截身体，不与女人共会。’刀截虽苦，不堕恶趣。淫欲因缘，于无量劫数，受地狱苦。”

⑤染污：梵 kliṣṭa，指男女行淫之事。北宋法天《佛说七佛经》：“尔时，世尊说此偈已，告苾刍众言：‘汝今谛听。彼菩萨摩诃萨从兜率天下降阎浮处母胎时，未曾得闻母有染欲，色等五尘而无所著。’尔时世尊而说颂曰：‘菩萨处胎时，令母心清净，不闻染污名，远离五欲过。’”

⑥“智”，《普宁藏》、《径山藏》本作“知”。

⑦毁呰：梵 paṃsayati，指毁谤非议。唐义净译《根本说一切有部毗奈耶》卷二五：“毁呰语者，谓于他人为毁辱事。”唐慧琳《一切经音义》卷五九：“毁呰，《说文》：‘呰，呵也。’《礼》云：‘呰者，莫不知礼之所生。’郑玄曰：‘口毁曰呰也。’”

⑧“好”，《资福藏》、《碛砂藏》、《普宁藏》、《洪武南藏》、《永乐南

藏》、《永乐北藏》、《径山藏》、《清藏》本作“存”。

【译文】

从前有一个人，在众人面前赞叹自己父亲的德行，他说道：“我的父亲十分慈悲仁爱，从不伤害别人，也从未偷盗过他人财物，说话从来实事求是，并且常行布施。”当时有一个没有智慧的人，听过他的这番话后，便暗自思忖，并说道：“我父亲的德行，要远远超过你父亲。”大家便问道：“你父亲有什么德行，也请你具体说说。”这个愚人便回答道：“我父亲从小就断绝了淫欲之心，身体从来没有被男女之事染污过。”大家说道：“如果你父亲从小就断绝了淫欲之心，又怎么能生出你来呢？”这个愚人被当时在场的众人所大大嘲笑。

这就好比世间没有智慧的一类人，想赞美别人的德行，但又不了解对方的实际情况，不但没有达到赞美的目的，反而败坏了对方的声誉。如同譬喻中的那个愚人，本意想赞美自己父亲的德行，但说出的话反倒成为毁誉的过失之辞一样。

一〇　三重楼喻

往昔之世，有富愚人，痴无所知。到余富家，见三重楼，高广严丽，轩敞疏朗[①]，心生渴仰，即作是念："我有财钱，不减于彼，云何顷来而不造作如是之楼？"即唤木匠，而问言曰："解作彼家端正舍不[②]？"木匠答言："是我所作。"即便语言："今可为我造楼如彼。"是时，木匠即便经地垒墼作楼[③]。愚人见其垒墼作舍，犹怀疑惑，不能了知，而问之言："欲作何等？"木匠答言："作三重屋。"愚人复言："我不欲下二重之屋，先可为我作最上屋。"木匠答言："无有是事。何有不作最下重屋，而得造彼第二之屋[④]；不造第二，云何得造第三重屋？"愚人固言："我今不用下二重屋，必可为我作最上者。"时人闻已，便生怪笑，咸作此言："何有不造下第一屋而得上者。"

譬如世尊四辈弟子[⑤]，不能精勤修敬三宝[⑥]，懒惰懈怠，欲求道果[⑦]，而作是言："我今不用余下三果[⑧]，唯求得彼阿罗汉果[⑨]。"亦为时人之所嗤笑。如彼愚者等无有异。

【校注】

①“敞”,《资福藏》、《碛砂藏》本作“廠”,《洪武南藏》、《永乐南藏》、《永乐北藏》本作“厰”。

②“正”,《资福藏》、《碛砂藏》、《普宁藏》、《洪武南藏》、《永乐南藏》、《永乐北藏》、《径山藏》、《清藏》本作“严”。

不:通“否”。

③墼:指未烧制的砖坯。唐慧琳《一切经音义》卷四七:“《苍颉篇》云:‘墼,垒也。’顾野王云:‘今刻土方如甓,而不烧为墼也。所以用筑为城垒。’”唐慧琳《建立曼荼罗及拣择地法》:“于清净处,取好净土,以加持香水,和泥作墼,一如砖。”

④“二”,《资福藏》、《碛砂藏》、金陵本作“一”。

⑤四辈弟子:梵 catasraḥ parṣadaḥ,指佛教出家、在家之男女弟子。明一如《大明三藏法数》卷一一:“一、比丘:梵语比丘,华言乞士。乞是乞求之名,士是清雅之称。谓出家之人,上乞法以资慧命,下乞食以资色身,故名乞士。二、比丘尼:梵语尼,华言女。佛初不度女人出家,成道之后,因姨母摩诃波阇波提恳求出家,佛乃度之,故名比丘尼。三、优婆塞:梵语优婆塞,华言清净士。谓虽在家,能持五戒,清净自守;又云近事男,谓能持戒,可亲近承事诸佛法,故名优婆塞。四、优婆夷:梵语优婆夷,华言清净女,谓虽在家,亦能坚持五戒,清净自守,故名优婆夷。”

⑥三宝:梵 tri-ratna,指佛宝、法宝、僧宝。明一如《大明三藏法数》卷五:“三宝者,谓佛、法、僧,可尊可贵,名之为宝。一、佛宝:佛,梵语具云佛陀,华言觉,谓自觉、觉他、觉行圆满。具足三身、十身,

能现无边相好，是名大乘佛宝。二、法宝：法即轨则之义。谓如来所说中道实相，及人、法二空之理，乃至无量胜妙法门，能令众生轨则此法，而成正觉，是名大乘法宝。三、僧宝：梵语僧伽，华言和合众。谓十住、十行、十回向、十地等菩萨，不著有、无二边，而与中道之理和合，是名大乘僧宝。”

⑦道果：梵 mārga-phala，指修道所证之果位。弥勒造、唐玄奘译《瑜伽师地论》卷二六《本地分》中《声闻地》第十三《第二瑜伽处》：“云何由道果差别建立补特伽罗？谓行四向及住四果。行四向者：一、预流果向补特伽罗，二、一来果向补特伽罗，三、不还果向补特伽罗，四、阿罗汉果向补特伽罗。住四果者：一、预流果，二、一来果，三、不还果，四、阿罗汉果。若于向道转，彼名行向者，由向道故建立四种补特伽罗。若得沙门果，彼名住果者，由道果故建立四种补特伽罗。如是名为由道果差别建立补特伽罗。”

⑧三果：指须陀洹果、斯陀含果（梵 sakṛd-aāgāmin）、阿那含果（梵 anāgāmin）。见“（七八）与儿期早行喻”校注⑤。

⑨“求”，《资福藏》、《碛砂藏》、《普宁藏》、《洪武南藏》、《永乐南藏》、《永乐北藏》、《径山藏》、《清藏》本作“欲”。

“果”，《资福藏》、《碛砂藏》、《普宁藏》、《洪武南藏》、《永乐南藏》、《永乐北藏》、《径山藏》、《清藏》本作“道”。

阿罗汉果：梵 arhat，指小乘终极果位。南朝宋求那跋陀罗译《杂阿含经》卷一八《弟子所说诵第四品》：“阎浮车问舍利弗：‘所谓阿罗汉者，云何名阿罗汉者？’舍利弗言：‘贪欲永尽无余，瞋恚、愚痴永尽无余，是名阿罗汉者。’”龙树造、后秦鸠摩罗什译《大智度论》卷二《共摩诃比丘僧释论》:“云何名阿罗汉?阿罗名贼，汉名破。一切烦恼贼破，是名阿罗汉。复次，阿罗汉一切漏尽，故应得一切世间诸天人供养。复次，‘阿’名不，‘罗汉’名生，后世中更不生，是名阿罗汉。”参“(七八)与儿期早行喻”校注⑤。

【译文】

在过去的某个时候，有一个富人十分愚痴，对任何事情都一无所知。他到另外一个有钱人家去，看见一栋三层的楼房，高大宽广且装潢华丽，楼中房间宽敞疏朗，心中十分羡慕，当下想道:“我拥有的钱财，并不比他少，我为什么不也造一座同样的楼呢?”于是愚人即刻叫来木匠，并询问道:“是你给他家建造的那栋楼吗?”木匠回答道:“是我造的。”愚人于是就说道:“你现在可以为我也造一栋像他家那样的楼。”当时，木匠就从地面开始垒砖造楼。这个愚人看见木匠们垒砖造楼，心中产生疑惑，怎么也想不明白，便问木匠道:“你想做什么呢?”木匠回答道:“造一栋三层的楼。”愚人又说道:“我不想要下面的两层屋子，你先可以为我造最上面那层屋子。”木匠回答道:“根本不可能有这种事。哪有不建造最下面一层屋子，而能得以建造第二层屋子;不建造第二层，又如何得以去建造第三层屋子呢?”愚人固执地说道:“我现在不需要下面的两层屋子，你必须为我就建造最上面的一层屋子。”当时的人们闻听此事，便觉得可笑，说道:“哪有不建造下面第一层屋子，而能得以建造上面的屋子呢?”

这就好比佛的四辈弟子，不能精进勤奋地修持礼敬三宝，懒惰懈怠，但又想求得道果，便说道:“我现在不想经历须陀洹果、斯陀含果、阿那含果等三个果位，只想求得最高的阿罗汉果。”这种四辈弟子也会被当时的人所嘲笑，如同譬喻中的愚人一样。

【附录】

唐道世《法苑珠林》卷五三《愚戆篇》第五十九《杂痴部》第三《造楼》："《百喻经》云：往昔愚人，痴无所知。到余富家，见三重楼，高广严丽，即作是念：'我有钱财，不减于彼，云何不造？'即唤木匠，而问言曰：'解作彼舍不？'木匠答言：'是我所作。'即便语言：'今为我造。'木匠即便经地垒墼作楼。愚人见垒，语木匠言：'我不欲下二重，先为作最上屋。'木匠答言：'无有是事。何有不作最下，造彼第二；不造第二，云何得造第三屋？'愚人固言：'我不用下二，必为我作上。'时人闻已，便生怪笑。譬如世尊四辈弟子，不勤修敬三宝，懒惰懈怠，欲求道果。不欲下三果，唯欲得第四阿罗汉果，亦为时人之所嗤笑。如彼愚者等无有异。"

明弘赞《沙弥律仪要略增注》卷上："《百喻经》云：昔有愚人，见他富家三重楼阁，高广严丽，即唤木匠，令造最上第三层屋。匠言：'何有不作最下，能造第二；不造第二，能造第三。'愚人固言：'我不用下二，必为我作上屋。'时人闻知，便生怪笑。譬如四辈弟子，不勤修敬三尊，懒惰懈怠，欲求道果。不欲下三果，唯欲得第四无生果，亦为时人之所嗤笑。如彼愚人等无有异。"

一一　婆罗门杀子喻

昔有婆罗门[①]，自谓多知，于诸星术[②]，种种技艺，无不明达。恃己如此，欲显其德，遂至他国，抱儿而哭。有人问婆罗门言："汝何故哭？"婆罗门言："今此小儿，七日当死，愍其夭伤[③]，以是哭耳。"时人语言："人命难知，计算喜错，设七日头，或能不死，何为豫哭[④]？"婆罗门言："日月可暗，星宿可落，我之所记终无违失。"为名利故，至七日头，自杀其子，以证己说。时诸世人，却后七日，闻其儿死，咸皆叹言："真是智者，所言不错。"心生信服[⑤]，悉来致敬。

犹如佛之四辈弟子，为利养故，自称得道；有愚人法，杀善男子[⑥]，诈现慈德，故使将来，受苦无穷。如婆罗门为验己言，杀子惑世。

【校注】

①婆罗门：梵 brāhmaṇa，指印度四大种姓中最高之阶级，意译为外意、净行、净志等，为专门从事宗教祭祀活动的人。唐慧琳《一切经音义》卷三："婆罗门，梵语，即梵天名也。唐云净行，或云梵行。此类人

自云：'我本始祖从梵天口生。'便取梵名为姓，世世相传。学《四围陀》经论，皆博识多才，明闲众论。多为王者师傅，高道不仕，或求仙养寿，时有证得五通神仙者也。"明一如《大明三藏法数》卷一一："梵语婆罗门，华言净行。或在家，或出家，世世相承，以道学为业，自称是梵天苗裔，守道居贞，洁白其操，故谓之净行。"唐普光《俱舍论记》卷一《分别界品》："依婆罗门法：七岁已上，在家学问；十五已，去受婆罗门法，游方学问；至年四十，恐家嗣断绝，归家娶妻，生子继嗣；年至五十，入山修道。"唐义净《南海寄归内法传》卷四："又五天之地，皆以婆罗门为贵胜。凡有座席，并不与余三姓同行。"唐义净译《根本说一切有部毗奈耶杂事》卷一："见诸婆罗门，以自三指点取白土，或以白灰抹其额上，以为三画。"

②星术：梵 tāraka-rūpa，指通过占星以断吉凶之方术。北凉昙无谶译《大般涅槃经》卷二〇《梵行品》："如是日者，病亦难治。复作是念：'日虽不吉，当复占星，为可治不？'若是火星、金星、昴星、阎罗王星、湿星、满星，如是星时，病亦难治。"三国吴竺律炎、支谦译《摩登伽经》卷上《说星图品》："尔时，莲华实问帝胜伽：'仁者。岂知占星事不？'帝胜伽言：'大婆罗门。过此秘要，吾尚通达，况斯小事而不知耶？汝当善听，吾今宣说。星纪虽多，要者其唯二十有八：一名昴宿、二名为毕、三名为觜、四名为参、五名为井、六名为鬼、七名为柳、八名为星、九名为张、第十名翼、十一名轸、十二名角、十三名亢、十四名氐、十五名房、十六名心、十七名尾、十八名箕、十九名斗、二十名牛、二十一女、二十二虚、二十三危、二十四室、二十五壁、二十六奎、二十七娄、二十八胃，如是名为二十八宿。'"

③"伤"，《资福藏》、《碛砂藏》、《普宁藏》、《洪武南藏》、《永乐南藏》、

《永乐北藏》、《径山藏》、《清藏》、金陵本作“殇”。案《逸周书》卷六《谥法解》：“短折不成曰殇，未家短折曰伤。”未家，指未娶。

④“豫”，金陵本作“预”。

⑤“服”，《资福藏》、《碛砂藏》、《普宁藏》、《洪武南藏》、《永乐南藏》、《永乐北藏》、《径山藏》、《清藏》本作“伏”。

⑥“男”，《资福藏》、《碛砂藏》、《普宁藏》、《洪武南藏》、《永乐南藏》、《永乐北藏》、《径山藏》、《清藏》本作“法”。

善男子：梵 kula-putra，指善良之男子。南朝宋求那跋陀罗译《杂阿含经》卷三七《善男子经》：“云何善男子？谓不杀生，乃至正见，是名善男子。”

【译文】

从前有一个婆罗门种姓的人，自称见多识广，对于各类占星术，以及种种技艺，无不知晓通达。他自恃才高，想彰显一下自己的才德，于是就到另外一个国家，抱着自己儿子哭泣。有人就问婆罗门道：“你为何在这里哭呢？”婆罗门回答道：“如今我这个小儿子，七天之后就要死了，我可怜他即将夭折，所以在这里哭。”当时的人就说道：“人的命运是难以预料的，你的预计兴许出错，到了第七天，或许你儿子不会死，为何要在这里提前哭泣呢？”婆罗门说道：“太阳和月亮的光芒都有可能变暗，天上的星星也有可能陨落，可我的预测从来没有错过。”婆罗门为了名利，到了第七天时，亲手杀死自己的儿子，以证明自己预测的准确性。当时的人们，在七天之后听说他的儿子真死了，都赞叹道：“这个人真是一位智者，他的预测确实准确无误。”大家对婆罗门由衷地信服，全来向他表示敬意。

这就好比佛的四辈弟子，有人为了贪图利益和信众供养，自我标榜已经得道；又采取愚弄世人的方法，杀死一个善男子，然后装出对受害者的慈愍伪德，致使自己在将来受苦无穷。就如同婆罗门为了验证自己的预言，而杀死儿子蛊惑世人一样。

【附录】

唐道世《法苑珠林》卷九二《利害篇》第九十二《引证部》:"《百喻经》云：昔有婆罗门，自谓多知，无不明达。欲显其德，遂至他国，抱儿而哭。有人问言：'汝何故哭？'婆罗门言：'今此小儿，七日当死，愍其夭伤，以是哭耳。'时人语言：'人命难知，计算喜错，或能不死，何为见哭？'婆罗门言：'日月可暗，星宿可落，我之所记，终无违失。'为名利故，至七日头，自杀其子，以证己说。时诸世人却后七日，闻其儿死，咸皆叹言：'真是智者，所言不错，心生信服，悉来致敬。'犹如佛之四辈弟子，为利养故，自称得道。有愚人法，杀善法子，诈现慈德，故使将来受苦无穷。如婆罗门为验己言，杀子惑世。"

一二 煮黑石蜜浆喻

昔有愚人，煮黑石蜜[①]。有一富人来至其家，时此愚人便作是念："我今当取黑石蜜浆[②]，与此富人。"即著少水用置火中，即于火上以扇扇之，望得使冷[③]。傍人语言："下不止火，扇之不已，云何得冷？"尔时人众悉皆嗤笑[④]。

其犹外道，不灭烦恼炽然之火[⑤]，少作苦行[⑥]，卧蕀刺上[⑦]，五热炙身[⑧]，而望清凉寂静之道[⑨]，终无是处，徒为智者之所怪笑[⑩]，受苦现在，殃流来劫[⑪]。

【校注】

①黑石蜜：梵 guḍa，指一种蔗糖。南朝齐僧伽跋陀罗译《善见律毗婆沙》卷一七《药犍度》："广州土境，有黑石蜜者，是甘蔗糖，坚强如石，是名石蜜。伽尼者，此是蜜也。"后秦佛陀耶舍、竺佛念译《四分律》卷四二〈药揵度〉："时比丘乞食时，见白衣作黑石蜜，著屑尼，诸比丘疑不敢过中食。"北宋元照《四分律行事钞资持记》卷中三下："黑石蜜者，古记云：'用蔗糖和糯米煎成，其坚如石。'"日本照远《资行钞》："西土石蜜有二：黑石蜜，似此砂糖；白石蜜，如此米糖。"北凉昙无谶译《大

方等大集经》卷一三《不可说菩萨品》："譬如甘蔗，其味虽一，与白石蜜为福德人，出黑石蜜为薄福德人。"

②黑石蜜浆：梵 madhura，指将黑石蜜煮溶于水。后秦竺佛念译《出曜经》卷一五《利养品》："所谓饮者，甘蔗浆、黑石蜜浆、蒲桃浆、石蜜浆。"

③案北凉昙无谶译《大般涅槃经》卷二八《师子吼菩萨品》："譬如甘蔗，因缘故生石蜜、黑蜜。虽俱一缘，色貌各异。石蜜治热，黑蜜治冷。"

④"人众"，《资福藏》、《碛砂藏》、《普宁藏》、《洪武南藏》、《永乐南藏》、《永乐北藏》、《径山藏》、《清藏》本作"众人"。

⑤烦恼：梵 kleśa，指扰乱身心之精神状态。东晋慧远《大乘义章》卷五本《二障义》："劳乱之义，名曰烦恼。"隋智𫖮《摩诃止观》卷八上："烦恼是昏烦之法，恼乱心神。又与心作烦，令心得恼。"唐窥基《成唯识论述记》卷一本："烦是扰义，恼是乱义。扰乱有情，故名烦恼。"龙树造、后秦鸠摩罗什译《大智度论》卷七《初品》中《佛土愿释论》："烦恼者，能令心烦，能作恼故，名为烦恼。烦恼有二种：内著、外著。内著者，五见疑、慢等；外著者淫、瞋等；无明内、外共。"

⑥苦行：梵 duṣkara-caryā，指为断除欲望而折磨肉体的修行方式。唐法成《瑜伽论手记》："言苦行者，谓逼迫性故。"东晋瞿昙僧伽提婆译《中阿含经》卷四《师子经》："师子。或有沙门梵志，裸形无衣，或以手为衣，或以叶为衣，或以珠为衣；或不以瓶取水，或不以魁取水；不食刀杖劫抄之食，不食欺妄食；不自往，不遣信；不来尊，不善尊，不住尊；若有二人食，不在中食，不怀妊家食，不畜狗家食，设使家有粪蝇飞来便不食也；不啖鱼，不食肉，不饮酒，不饮恶水，或都无所饮，学无饮行；或啖一口，以一口为足，或二口、三、四，乃至七口，以七口

为足；或食一得，以一得为足，或二、三、四，乃至七得，以七得为足；或日一食，以一食为足，或二、三、四、五、六、七日，半月、一月一食，以一食为足；或食菜茹，或食稗子，或食穄米，或食杂𥡷；或食头头逻食，或食粗食；或至无事处，依于无事；或食根，或食果，或食自落果；或持连合衣，或持毛衣，或持头舍衣，或持毛头舍衣，或持全皮，或持穿皮，或持全穿皮；或持散发，或持编发，或持散编发；或有剃发，或有剃须，或剃须发；或有拔发，或有拔须，或拔须发；或住立断坐，或修蹲行；有卧刺，以刺为床；或有卧果，以果为床；或有事水，昼夜手抒；或有事火，竟昔然之；或事日、月，尊祐大德，叉手向彼。如此之比，受无量苦，学烦热行。师子。有此苦行，我不说无。师子。然此苦行为下贱业，至苦至困，凡人所行，非是圣道。"

⑦"蕀"，《资福藏》、《碛砂藏》、《普宁藏》、《洪武南藏》、《永乐南藏》、《永乐北藏》、《径山藏》、《清藏》、金陵本作"棘"。

卧蕀刺上：梵 kaṇṭhakāpāśraya，指赤裸身体躺在蕀刺上之苦行方式。隋阇那崛多译《佛本行集经》卷二〇《观诸异道品》："或复裸形，卧蕀刺上。"五百大阿罗汉造、唐玄奘译《阿毗达磨大毗婆沙论》卷七七《结蕴》第二中《十门纳息》："复次，言一谛者，谓一道谛为欲遮遣余道谛故。谓诸外道说多道谛，如执自饿为道，或执卧灰为道，或执随日转为道，或执饮风、饮水、食果、食菜为道，或执露形为道，或执卧刺棘等为道，或执不卧为道，或执着弊故衣为道，或执服诸药物断食为道。"

⑧五热炙身：梵 pañcāvasthita，指古代印度外道的一种苦行方式。"五"谓五体，即将身体曝晒于烈日之下，并同时在身体四周点火炙烤。马鸣造、后秦鸠摩罗什译《大庄严论经》卷二："我昔曾闻，有比丘尼至赊伽罗国。

于彼国中有婆罗门，五热炙身，额上流水，胸腋怀中悉皆流汗。咽喉干燥，唇舌焦然，无有涎唾。四面置火，犹如融金，亦如黄发，红赤炽然。夏日盛热，以炙其上，展转反侧，无可避处，身体焦烂，如饼在鏊。此婆罗门常著缕褐，五热炙身，时人因名号缕褐炙。"

⑨清凉：梵 śītala，指一切烦恼彻底消灭之境界。隋慧远《大般涅槃经义记》卷二："离烦恼热，名为清凉。"弥勒造、唐玄奘译《瑜伽师地论》卷七〇："三苦永离，故名为寂静。烦恼炽然热恼永息故，名为清凉。"

寂静：梵 śama，指远离诸苦的涅槃之境也。弥勒造、唐玄奘译《瑜伽师地论》卷八七《摄事分》中《契经事行择摄》："彼有漏识由永灭已，遍于十方皆无所趣。唯除如影诸受，与彼识蕴识树，当知如灯，皆归寂灭。即于有余涅槃界中，依初缠断，说名寂静。依第二断，说名清凉。依第三断，说名宴默。"北宋元照《四分律行事钞资持记》卷下四《释沙弥篇》："寂静，即涅槃理也。"

⑩"笑"，《资福藏》、《碛砂藏》、《普宁藏》、《洪武南藏》、《永乐南藏》、《永乐北藏》、《径山藏》、《清藏》本作"哂"。

⑪劫：梵 kalpa，为梵文音译"劫波"的简称，意译为"分别时节"。指无法用通常的年月日计算之大时节。龙树造、后秦鸠摩罗什译《大智度论》卷三八《释往生品》："问曰：'云何名跋陀？云何名劫？'答曰：'如经说，有一比丘问佛言：世尊几许名劫？佛告比丘：我虽能说，汝不能知，当以譬喻可解。有方百由旬城，溢满芥子。有长寿人，过百岁持一芥子去，芥子都尽，劫犹不澌。又如方百由旬石，有人百岁持迦尸轻软叠衣一来拂之，石尽劫犹不澌。时中最小者，六十念中之一念。大时名劫。劫有二种：一为大劫，二为小劫'"。

【译文】

从前有一个十分愚笨的人，在煮黑石蜜。有一个富人来到他的家中，此时这个愚人便想道："我现在应当拿一些黑石蜜浆，来招待这个富人。"于是就盛了一些水放到火上，然后又在火旁用扇子去扇，希望能使水变冷。旁边的人说道："你不把下面的火熄灭，即便不停地用扇子扇，又如何能使水变冷呢？"当时众人全都嘲笑他。

这就好比非佛的外道，不去灭除烦恼炽然之火，从小就去修苦行，睡在荆棘的刺上，将自己的身体曝晒在阳光之下，并用火炙烤自己的身体，想从这种苦行中得到清凉和寂静，是终究没有可能的，只能被智者嘲笑，不仅现在遭受痛苦，还殃及未来长时流转生死。

【附录】

唐道世《法苑珠林》卷五五《破邪篇》第六十二《引证部》："《百喻经》云：昔有愚人，煮黑石蜜。有一富人来至其家，时此愚人取石蜜浆，为富人煮。即于火上，以扇扇之，望得使冷。傍人语言：'下不止火，扇扇不已，云何得冷？'尔时人众悉皆嗤笑。其犹外道，不灭烦恼炽然之火，少作苦行，卧棘刺上，洮糠饮汁，断谷自饿，五热炙身，而望清凉寂静之道，终无是处，徒为智者之所怪哂。受苦现在，殃流来劫。"

一三　说人喜瞋喻

过去有人，共多人众坐于屋中，叹一外人德行极好，唯有二过：一者喜瞋，二者作事仓卒。尔时此人过在门外[①]，闻作是语，便生瞋恚[②]。即入其屋，擒彼道己愚恶之人[③]，以手打扑[④]。傍人问言："何故打也？"其人答言："我曾何时喜瞋仓卒？而此人者，道我顺喜瞋恚[⑤]，作事仓卒，是故打之。"傍人语言："汝今喜瞋仓卒之相，即时现验，云何讳之[⑥]？"人说过恶而起怨责，深为众人怪其愚惑。

譬如世间饮酒之夫[⑦]，耽荒沉酒[⑧]，作诸放逸[⑨]，见人诃责[⑩]，返生尤疾[⑪]。若引证作[⑫]，用自明白。若此愚人，讳闻己过，见他道说，返欲打扑之[⑬]。

【校注】

①"过"，《资福藏》、《碛砂藏》、《普宁藏》、《洪武南藏》、《永乐南藏》、《永乐北藏》、《径山藏》、《清藏》本作"遇"。

②瞋恚：梵 dveṣa，指三毒之一。明一如《大明三藏法数》卷三四："瞋恚，谓于不可意之境，无所爱乐，而自生瞋忿也。"参"（二）愚人集牛

乳喻”校注⑨

③“愚”，《资福藏》、《碛砂藏》、《普宁藏》、《洪武南藏》、《永乐南藏》、《永乐北藏》、《径山藏》、《清藏》本作“过”。

④扑：指击打。唐慧琳《一切经音义》卷三五：“《考声》云：‘扑，亦打也。’《广雅》：‘击也。’《苍颉篇》：‘轻打也。’《说文》：‘挟也。’挟，亦打也。”卷六二：“顾野王云：‘扑，犹打捶之也。’”马鸣造、后秦鸠摩罗什译《大庄严论经》卷一二：“我既无过恶，横来见打扑，伤害乃致是。”

⑤“顺”，《资福藏》、《碛砂藏》、《普宁藏》、《洪武南藏》、《永乐南藏》、《永乐北藏》、《径山藏》、《清藏》、金陵本作“恒”。

⑥讳：梵 marman，指避讳。南宋王日休《龙舒增广净土文》卷三《普劝修持》：“世间昼必有夜，寒必有暑，人所共知，不可隐者。若曰生必有死，人乃讳之，不肯说出，何大蔽也。”

⑦案龙树造、后秦鸠摩罗什译《大智度论》卷一三《释初品》中《戒相义》：“酒有三种：一者谷酒，二者果酒，三者药草酒。果酒者，蒲桃、阿梨咤树果，如是等种种名为果酒。药草酒者，种种药草，合和米麹、甘蔗汁中，能变成酒；同蹄畜乳酒，一切乳热者可中作酒。略说。若干、若湿、若清、若浊，如是等能令人心动放逸，是名为酒。一切不应饮，是名不饮酒。问曰：‘酒能破冷益身，令心欢喜，何以不饮？’答曰：‘益身甚少，所损甚多，是故不应饮。譬如美饮其中杂毒，是何等毒？如佛语难提迦优婆塞，酒有三十五失。何等三十五？一者现世财物虚竭，何以故？人饮酒醉，心无节限，用费无度故；二者众病之门；三者斗诤之本；四者裸露无耻；五者丑名恶声人所不敬；六者覆没智慧；七者应所得物而不得，已所得物而散失；八者伏匿之事尽向人说；九者

种种事业废不成办；十者醉为愁本，何以故？醉中多失，醒已惭愧忧愁；十一者身力转少；十二者身色坏；十三者不知敬父；十四者不知敬母；十五者不敬沙门；十六者不敬婆罗门；十七者不敬伯叔及尊长，何以故？醉闷恍惚，无所别故；十八者不尊敬佛；十九者不敬法；二十者不敬僧；二十一者朋党恶人；二十二者疏远贤善；二十三者作破戒人；二十四者无惭无愧；二十五者不守六情；二十六者纵色放逸；二十七者人所憎恶，不喜见之；二十八者贵重亲属及诸知识所共摈弃；二十九者行不善法，三十者弃舍善法；三十一者明人智士所不信用，何以故？酒放逸故；三十二者远离涅槃；三十三者种狂痴因缘；三十四者身坏命终，堕恶道泥梨中；三十五者若得为人，所生之处常当狂騃。如是等种种过失，是故不饮。"

⑧"沉"，《普宁藏》、《洪武南藏》、《永乐南藏》、《永乐北藏》、《径山藏》、《清藏》本、金陵本作"酖"。

⑨放逸：梵 pramāda，指放纵欲望而为不善。北魏瞿昙般若流支译《正法念处经》卷三三《观天品》："云何放逸？不作善业，故名放逸。"众贤造、唐玄奘译《阿毗达磨顺正理论》卷三八《辩业品》："言放逸者，不顾应作，趣不应作，故名放逸。"大目乾连造、唐玄奘译《阿毗达磨法蕴足论》卷九《杂事品》："云何放逸？谓于断不善法、集善法中，不修不习，不恒作，不常作，舍加行，总名放逸。"弥勒造、唐玄奘译《瑜伽师地论》卷九五《摄事分》中《契经事缘起食谛界择摄》："云何放逸？谓略而言，若邪思惟，若邪寻思，若邪戏论，是名放逸。"护法造、唐玄奘译《成唯识论》卷六："云何放逸？于染净品不能防修，纵荡为性，障不放逸，增恶损善，所依为业。谓由懈怠及贪、瞋、痴，不能防修染净品法，总

名放逸。”

⑩诃责：梵 avasādana，指诃斥责备，为惩罚比丘的七种方法之一。唐道宣《四分律删繁补阙行事钞》卷上之二〈僧网大纲篇〉：“言七法者：一谓诃责，二谓摈出，三者依止，四者遮不至白衣家，五者不见罪，六者不忏罪，七者说欲不障道。加恶马、默摈二法则为九也。一言诃责者，先出其过，后明正治。”

⑪“返”，《资福藏》、《碛砂藏》、《普宁藏》、《洪武南藏》、《永乐南藏》、《永乐北藏》、《径山藏》、《清藏》本作“反”。下同。

“疾”，《资福藏》、《碛砂藏》、《普宁藏》、《洪武南藏》、《永乐南藏》、《永乐北藏》、《径山藏》、《清藏》、金陵本作“嫉”。

⑫“作”，《资福藏》、《碛砂藏》、《普宁藏》、《洪武南藏》、《永乐南藏》、《永乐北藏》、《径山藏》、《清藏》本作“佐”。

⑬“之”，《资福藏》、《碛砂藏》、《普宁藏》、《洪武南藏》、《永乐南藏》、《永乐北藏》、《径山藏》、《清藏》本无。

【译文】

从前有一个人，与很多人坐在一间屋子里，赞叹一个外人的德行极好，但唯独有两样缺点：一是爱生气，二是做事太仓促。这时，此人正好从门外路过，听到议论他的话，便十分生气。于是立刻冲进屋里，抓起说他缺点的那个人，举手便打。旁边的人问道：“你为什么打他呀？”这个人回答道：“我什么时候爱生气、做事仓促了？而这个人却说我爱生气、做事仓促，所以我才打他。”旁边的人说道：“你现在爱生气和做事仓促的缺点，暴露无遗，还有什么可避讳的呢？”由于别人指出自己过错而产生怨恨的情绪，众人都深深责怪他愚痴迷惑。

这就好比世上喝酒的人，无有节制地酗酒，之后做出许多越轨的事情，看到别人批评责备自己，便产生嫉恨之心。如果能引以为戒，便可自我反省改正缺点。如同譬喻中的愚人那样，避讳听到自己的过错，看到他人指出自己的缺点，反倒要去打他。

一四　杀商主祀天喻

昔有贾客[1]，欲入大海。入大海之法，要须导师[2]，然后可去。即共求觅，得一导师。既得之已，相将发引[3]。至旷野中，有一天祠[4]，当须人祀[5]，然后得过。于是众贾共思量言："我等伴党[6]，尽是亲属[7]，如何可杀？唯此导师，中用祀天。"即杀导师，以用祭祀。祀天已竟，迷失道路，不知所趣，穷困死尽。

一切世人亦复如是，欲入法海取其珍宝，当修善法行[8]，以为导师[9]。毁破善行，生死旷路，永无出期，经历三涂[10]，受苦长远。如彼商贾将入大海，杀其导者，迷失津济[11]，终致困死[12]。

【校注】

①贾客：梵 vaṇij，指商人。唐慧琳《一切经音义》卷一一："贾客，杜注《左传》云：'贾，卖也。'《郑玄》云：'居卖也。'《字书》云：'坐贩曰贾。'"西晋竺法护译《生经》卷一《佛说堕珠著海中经》："时诸贾客，各各采宝，悉皆具足，乘船来还。"

②导师：梵 deśika，指引路之向导。圣勇造、北宋绍德、慧询译《菩萨本生鬘论》卷三《开示少施正因功能缘起》："由彼商主，宿植德本，聪慧明达，能察风波善恶之候，众商劝请，以作导师。"

③发引：梵 saṃprasthita，指启程出发。北凉昙无谶译《悲华经》卷九《檀波罗蜜品》："时阎浮提有五百商人，入于大海，欲采珍宝。有一商主名曰满月，此人先世福德缘故，得如所愿至于宝渚，多取种种诸珍宝已，即欲发引，还阎浮提。"

④天祠：梵 deva-kula，指祭祀婆罗门教大自在天等诸天神的祠堂。北凉昙无谶译《大般涅槃经》卷七《如来性品》："若有说言：菩萨为欲供养天神故入天祠，所谓梵天大自在天、韦陀天迦旃延天。所以入者，为欲调伏诸天人故。若言不尔，无有是处。"北宋法贤译《佛说最上根本大乐金刚不空三昧大教王经》卷一《大三昧金刚真实理仪轨分》："若欲求一切受用之具者，当往大自在天祠中，持诵一洛叉数。"

⑤人祀：梵 puruṣa-medha，指杀人祭祀。龙树造、后秦鸠摩罗什译《大智度论》卷四九《释发趣品》："复次，菩萨见人间有天祠，用人肉血、五藏祀罗刹鬼。"北魏月婆首那译《僧伽吒经》卷三："其人得金，诣市买人。所买之人，不知当杀，以祭天祠。病人父母，愚痴无智，竟不至家，直诣天祠，语守庙者：'汝速为我设祭天祠。'尔时，父母自杀羊、杀人，然火祭天。"元念常《佛祖历代通载》卷一一："奘与胡商八十许人，渡殑伽河，彼俗以人祀天。"

⑥"党"，《资福藏》、《碛砂藏》本作"当"。

⑦"属"，原作"亲"，据《资福藏》、《碛砂藏》、《普宁藏》、《洪武南藏》、《永乐南藏》、《永乐北藏》、《径山藏》、《清藏》、金陵本改。

⑧“修”，《资福藏》、《碛砂藏》、《普宁藏》、《洪武南藏》、《永乐南藏》、《永乐北藏》、《径山藏》、《清藏》本作“须”。

“法”，《资福藏》、《碛砂藏》、《普宁藏》、《洪武南藏》、《永乐南藏》、《永乐北藏》、《径山藏》、《清藏》本无。

⑨导师：梵 nāyak，指引导世人而入佛道者。后秦竺佛念译《最胜问菩萨十住除垢断结经》卷六《碎身品》：“号名导师，令众生类示其正路故。”后秦鸠摩罗什译《佛说华手经》卷八《逆顺品》：“为导师者，能为人说无生死导师所。”《大方便佛报恩经》卷二《对治品》：“云何复名为大导师？夫大导师者，导以正路示涅槃径，使得无为常得安乐。”

⑩三涂：梵 apāya，又作“三途”，指三恶道。唐玄应《一切经音义》卷四：“言三涂者，俗书《春秋》有‘三涂危险之处’，借此为名。‘涂’犹道也，非谓涂炭之义。若依梵本，则云阿波那伽低，此云恶趣，不名恶道。‘道’是因义，由履而行；‘趣’是果名，已到之处，故不名恶道也。”南宋法云《翻译名义集》卷二：“阿波那伽低，此云恶趣。有三恶趣，亦名三涂。言三涂者，《摭华》云：‘涂，道也。’《论语》云：‘遇诸涂。’按《四解脱经》云：‘地狱名火涂道，饿鬼名刀涂道，畜生名血涂道。’参“（六三）伎儿著戏罗刹服共相惊怖喻”校注⑮。

⑪津济：梵 tīrtha，指渡口。唐慧琳《一切经音义》卷二六：“《论语》云：‘使子路问津焉。’郑玄曰：‘津，济渡之处也。’”唐湛然《止观辅行传弘决》卷二之五：“渡处即津济也，即渡水处也。”《别译杂阿含经》卷一四：“若非津济处，不应作渡意。”

⑫“致”，《径山藏》、《清藏》本作“至”。

【译文】

从前有一些商人想要进入大海。入海的方法，必须要有向导的指引，然后才能前往。大家就共同寻觅，请得了一位向导。向导既然已经有了，这些商人就启程出发。他们来到了旷野中，有一个婆罗门教的祠堂，必须用活人来祭祀天神，然后才能得以通过。于是这些商人就一起商量道："我们这些一同上路的人，不是亲戚，就是朋友，怎么能被杀掉祭天呢？唯独这个向导，可以用来祭天。"这些商人就将向导杀死，用来祭祀天神。祭天之后，由于没有向导，他们迷失了道路，不知朝什么地方走，全都穷困而死。

一切世间上的人也是一样，想进入佛法的大海探取珍宝，就应当修行善法，以此作为自己的导师。可世人毁破善行，在生死的漫漫长路中，永远没有出离的时候，再经历三涂恶道的轮转，更是受苦长远。如同那些商人想进入大海，但杀死了他们的向导，迷失了渡口所在，最终致使全都困死。

【附录】

唐道世《法苑珠林》卷六二《祭祠篇》第六十九《祭祠部》、唐道世《诸经要集》卷一九《送终部》第二十九《祭祠缘》："《百喻经》云：昔有贾客，欲入大海，要须导师。即共求觅，得一导师，相将发引。至旷野中，有一天祀（寺），当须人祀，然后得过。于是众贾共思量言：'我等尽亲，如何可杀？唯此导师，中用祀天。'即杀导师，以用祭祀。祀天已竟，迷失道路，不知所趣，穷困死尽。一切世人亦复如是。欲入法海，取其珍宝，当修善行，以为导师。毁破善行，生死旷路，永无出期，经历三涂，受苦长远。如彼商贾，将入大海，杀其导者，迷失津济，终致困死。"

一五　医与王女药令卒长大喻

昔有国王，产生一女，唤医语言："为我与药，立使长大。"医师答言："我与良药，能使即大，但今卒无，方须求索。比得药顷，王要莫看，待与药已，然后示王。"于是即便远方取药，经十二年，得药来还，与女令服，将示于王。王见欢喜，即自念言："实是良医，与我女药，能令卒长。"便敕左右，赐以珍宝。时诸人等笑王无智，不晓筹量生来年月①，见其长大，谓是药力。

世人亦尔，诣善知识而启之言②："我欲求道，愿见教授③，使我立得。"善知识师以方便故④，教令坐禅⑤，观十二缘起⑥，渐积众德，获阿罗汉，倍踊跃欢喜⑦，而作是言："快哉！大师⑧！速能令我证最妙法⑨。"

【校注】

①筹：梵 śalākā，指由竹子制成的计数工具。唐道宣《四分律删繁补阙行事钞》卷上《说戒正仪篇》："《十诵》云：行筹者，为檀越问僧不知数，佛令行筹。不知沙弥数，行筹数之。若人施布萨物，沙弥亦得。

虽不往布萨羯磨处，由受筹故。《四分》为受供行筹，通沙弥也。若未受十戒亦得受筹，以同受供故。如《涅槃》中，虽未受十戒，已堕僧数，若请僧次理无别他。五分筹极短并五指，极长拳一肘，极粗不过小指，极细不得减箸。有客来不知，行筹收取数之，一人行一人收，乃至收已数之。知数已唱言：'比丘若干，沙弥若干，出家人和合若干人。'《四分》云：'听行舍罗，此云筹也。'"

②善知识：梵 kalyāṇa-mitra，指能导人以佛法正道之人。东汉安世高译《佛说尸迦罗越六方礼经》："善知识亦有四辈：一者外如怨家，内有厚意；二者于人前直谏，于外说人善；三者病瘦县官，为其征彸忧解之；四者见人贫贱不弃捐，当念求方便欲富之。善知识亦有四辈：一者见人贫穷卒乏令治生，二者不与人诤计挍，三者日往消息之，四者坐起当相念。善知识复有四辈：一者为吏所捕，将归藏匿之，于后解决之；二者有病瘦，将归养视之；三者知识死亡，棺敛视之；四者知识已死，复念其家。善知识复有四辈：一者欲斗止之，二者欲随恶知识谏止之，三者不欲治生劝令治生，四者不喜经道教令信喜之。"后秦鸠摩罗什译《妙法莲华经》卷七《妙庄严王本事品》："善知识者是大因缘，所谓化导令得见佛，发阿耨多罗三藐三菩提心。"唐义净《根本说一切有部毗奈耶杂事》卷三八："时阿难陀白佛言：'世尊。我于静处作如是念，善知识者是半梵行。诸修行者，由善友力，方能成办；得善友故，远离恶友。以是义故，方知善友是半梵行。'佛言：'阿难陀勿作是语，善知识者是半梵行。何以故？善知识者是全梵行。由此便能离恶知识，不造诸恶，常修众善，纯一清白，具足圆满梵行之相。由是因缘，若得善伴与其同住，乃至涅槃，事无不办，故名全梵行。何以故？阿难陀。我由善知识故，令诸有情，

于生老病死、忧悲苦恼皆得解脱。若离善友，无如是事。阿难陀。于我所说，应勤修学。'”

③教授：梵 avavāda，指教法授道。唐湛然《止观辅行传弘决》卷四之三：“言教授者，宣传圣言名之为教，训诲于我名之为授；又上言被下名之为教，教于所受名之为授。”弥勒造、唐玄奘译《瑜伽师地论》卷二七《本地分》中《声闻地》第十三《第二瑜伽处》：“云何教授？谓四教授：一、无倒教授，二、渐次教授，三、教教授，四、证教授。云何无倒教授？谓无颠倒宣说法义，令其受持读诵修学，如实出离正尽众苦，作苦边际，如是名为无倒教授。云何渐次教授？谓称时机宣说法义，先令受持读诵浅近，后方令彼学深远处；又为令入初谛现观，先教苦谛，后集灭道；又为令得静虑等至，先教最初静虑等至，后教其余静虑等至；如是等类应知名为渐次教授。云何教教授？谓从尊重、若似尊重，达解瑜伽轨范亲教；或诸如来，或佛弟子所闻正教，即如其教，不增不减，教授于他，名教教授。云何证教授？谓如自己独处空闲，所得、所触、所证诸法，为欲令他得触证故，方便教授，名证教授。”参“（三〇）牧羊人喻”校注⑤、“（四五）奴守门喻”校注③。

④方便：梵 upāya，指权巧方法。明一如《大明三藏法数》卷二二：“方即方法，便即便宜，犹善巧也。”隋智𫖮《妙法莲华经文句》卷三上：“方者法也，便者用也。法有方圆，用有差会。三权是矩是方，一实是规是圆。若智诣于矩，则善用偏法逗会众生；若智诣于规，则善用圆法逗会众生。譬如偏举指以目偏处，是举偏法以目智，宜用法以释方将用以释便；若总举指以目圆处，宜将秘以释方妙以释便也。举偏法释方便，盖随众生欲非佛本怀。”隋吉藏《法华义疏》卷三《方便品》：“但方便之名，有

离有合。所言离者，凡有三义：一者就理教释之，理正曰方，言巧称便。即是其义深远，其语巧妙，文义合举，故云方便。此释通于大小，不专据三乘。二者众生所缘之域为方，如来适化之法称便。盖欲因病授药，藉方施便，机教两举，故名方便。此亦通于大小，非专据于三乘。三者履险得安称方，禀教获利称便。五浊之险非三乘则不安，故云履险得安。禀三乘教则便获利，故以教为方，以益为便。教益双举，故云方便。此亦通于大小，非专据三乘。”

⑤坐禅：梵 dhyāna，指一种以端身正坐而息虑凝心的禅定修习方法。东晋瞿昙僧伽提婆译《增壹阿含经》卷三〇《六重品》：“常当念修行其法，在闲居之处，坐禅思惟，勿有懈怠。”隋智顗《摩诃止观》卷二上：“居一静室，或空闲地，离诸喧闹，安一绳床，傍无余座，九十日为一期，结跏正坐，项脊端直，不动不摇，不萎不倚，以坐自誓，肋不拄床，况复尸卧，游戏住立。”

⑥十二缘起：梵 dvadaśāṅga-pratītya-samutpāda，指构成众生从生至死的十二个条件。隋智顗《法界次第初门》卷中之下《十二因缘初门》：“一、无明，过去世一切烦恼通是无明，以过去未有智慧光明故，则一切烦恼得起故，是以过去烦恼悉是无明也。二、行，从无明生业，业即是行，以善、不善业能作世界果故，故名为行也。三、识，从行生垢心初身，因如犊子识母自相识，故名识；即是父母交会初，欲托胎时之名。四、名色，从识生非色四阴及所任色阴，是名名色；即是歌罗逻时之名也。五、六入，从名色中生眼等六情，是名六入；从五疱初开已来，即是六入名也。六、触，由入对尘情尘识合是名为触，以六尘触六根故，即有六识生，故名情尘识合也。七、受，从触生受，故名为受；即是因六触，触六根即领受六尘，

为六受也。八、爱，从受中心著名之为爱，谓于所领受六尘中心生渴爱也。九、取，从渴爱因缘求是名为取，谓求取所爱之尘也。十、有，从取则后世业因成是名为有，因能有果故名为有。十一、生，从有还受后世五众之身是名生，所谓四生六道中受生也。十二、老死，从生五众身熟坏是为老死，老死则生忧悲哭泣、种种愁苦，众恼合集。若正观诸法实相清净则无明尽，无明尽故行尽，乃至众苦和合皆尽。若能如是正观三世十二因缘，发真无漏，成辟支佛。"

⑦"倍"，《资福藏》、《碛砂藏》、《普宁藏》、《洪武南藏》、《永乐南藏》、《永乐北藏》、《径山藏》、《清藏》本作"位"。

踊跃：梵 utplava，指因欢喜而跳跃之状态。唐慧琳《一切经音义》卷八："踊跃，《公羊传》曰：'踊，上也。'《玉篇》：'踊，登也。'杜预曰：'跳跃也。'《尔雅》：'跃，迅也。'《广雅》：'跃，跳也，进也。'"唐遁伦《瑜伽论记》卷一七下："与喜相应作意，支动于喜，故名踊跃。"

欢喜：梵 pramudita，指对佛法有所证悟后之愉悦状态。胜友集、唐义净译《根本萨婆多部律摄》卷四《破僧违谏学处》："言欢喜者，善品增益，各各情悦故。"

⑧大师：梵 śāstṛ，指能够导人正道、为人师表之人。弥勒造、唐玄奘译《瑜伽师地论》卷八二《摄释分之下》："能善教诫声闻弟子一切应作不应作事，故名大师。又能化导无量众生，令苦寂灭，故名大师。又为摧灭邪秽外道出现世间，故名大师。"北宋元照《四分律行事钞资持记》卷上一上《释序文》："大师者，所谓天人之师，即十号之一。以道训人，故彰斯目。然以思通凡圣，加大简之。是则三界独尊，九道依学。唯佛师圣得此嘉号，自余凡鄙安可僭称。"

⑨“能令我”，《资福藏》、《碛砂藏》、《普宁藏》、《洪武南藏》、《永乐南藏》、《永乐北藏》、《径山藏》、《清藏》本作“令我等”。

【译文】

从前有一个国王，刚刚生下一个女儿，就叫来医生说道：“给我配药，立刻能使小女长大。”医师回答道：“我有一种好药，能使公主立即长大，但现今这种药一下子没了，需要到别处采集。但在我采集到药的这段时间里，请国王不要看您的女儿；等我把药给公主吃了以后，再将公主带出给国王您看。”于是医师就到远方采药，历经十二年后，终于得药而回，把药给公主服下，然后带着公主去见国王。国王见到公主后十分高兴，并暗自想道：“这实在是个好医生，给我女儿吃了药后，能使她立刻长大。”国王便下令手下人，赐给医师很多珍宝。当时的人们都嘲笑国王没有智慧，不知道计算公主从生下来到现在的时间长短，见她长大，以为是药的力量。

世间的人也是一样，到善知识处向其请教道：“我想求道，请您教授一个方法，能使我立刻获得道果。”善知识利用善巧方便，教他坐禅，观十二缘起，使他逐渐积累起各种德行，最终获得了阿罗汉果。此人证果之后，倍加振奋欢喜，从而说道：“真快呀！大师！您能迅速让我证得最为微妙的法门。”

一六　灌甘蔗喻

昔有二人，共种甘蔗，而作誓言："种好者赏，其不好者，当重罚之。"时二人中，一者念言："甘蔗极甜，若压取汁，还灌甘蔗树，甘美必甚，得胜于彼。"即压甘蔗，取汁用溉，冀望滋味①，返败种子，所有甘蔗一切都失。

世人亦尔，欲求善福，恃己豪贵，专形挟势②，迫胁下民，陵夺财物③，以用作福④，本期善果⑤，不知将来反获其患殃⑥。如压甘蔗，彼此都失。

【校注】

①冀望：梵 abhinanda，指希望。唐慧苑《新译大方广佛华严经音义》卷中："冀望，《珠丛》曰：'冀，谓心有希求。'"后秦竺佛念译《出曜经》卷二七《乐品》："如种苦栽，冀望甘果。唐丧功夫，无益于时。"

②"挟"，原作"侠"，据《资福藏》、《碛砂藏》、《普宁藏》、《洪武南藏》、《永乐南藏》、《永乐北藏》、《径山藏》、《清藏》、金陵本改。

③陵夺：指侵凌劫夺。东晋佛驮跋陀罗译《大方广佛华严经》卷五四《入法界品》："昔日竞微利，强弱相陵夺。"唐慧苑《新译大方广佛

华严经音义》卷中："陵夺，《苍颉篇》曰：'侵也。'"

④"以"，原无，据《资福藏》、《碛砂藏》、《普宁藏》、《洪武南藏》、《永乐南藏》、《永乐北藏》、《径山藏》、《清藏》本补。案若依底本，其义亦通，然句读当为"用作福本，期善果"。

⑤善果：指依善业所招致果报。后秦竺佛念译《菩萨璎珞本业经》卷下《佛母品》："一切善受佛果，无明受有为生灭之果。是故善果，从善因生；是故恶果，从恶因生。故名善不受生灭之果，唯受常佛之果。"

⑥"患"，《资福藏》、《碛砂藏》、《普宁藏》、《洪武南藏》、《永乐南藏》、《永乐北藏》、《径山藏》、《清藏》、金陵本无。

【译文】

从前有两个人，一起种植甘蔗，并共同立誓道："甘蔗种得好的人，就奖赏他；种得不好的人，就重重地惩罚他。"这两个人中的一个想道："甘蔗是很甜的，如果把甘蔗汁压出来，用以浇灌甘蔗树，这样种出来的甘蔗必定更加甜美，肯定能胜过对方所种的甘蔗。"于是这个人就开始压榨甘蔗，用甘蔗汁来浇灌甘蔗树，希望能够种出更加美味的甘蔗，但反而败坏了甘蔗的种子，所有甘蔗全都失去了。

世间的人也是一样，想求得善的福报，仗着自己的豪门权贵，专横仗势，欺压百姓，用抢夺来的财物为自己修福，本想期望得到善果，却不知将来反倒要因此遭殃。如同压甘蔗的譬喻一样，现有及将来的一切全都丧失了。

【附录】

唐道世《法苑珠林》卷九一《赏罚篇》第九十一《引证部》："《百喻经》云：昔有二人，共种甘蔗，而作誓言：'种好者赏，其不好者，当重罚之。'

时二人中，一者念言：‘甘蔗极甜，若压取汁，还灌甘蔗树必得胜。’既取汁溉，冀望滋味，反败种子，所有甘蔗一切都失。世人亦尔。欲求善福，恃己豪贵，倚形挟势，迫胁下民，陵夺财物，用作福善，不知将来反获其殃。如压甘蔗，彼此都失。”

一七　债半钱喻

往有商人，贷他半钱，久不得偿，即便往债。前有大河，雇他两钱，然后得渡①。到彼往债，竟不得见，来还渡河，复雇两钱②。为半钱债而失四钱，兼有道路疲劳乏困，所债甚少，所失极多③，果被众人之所怪笑。

世人亦尔，要少名利，致毁大行④；苟容己身，不顾礼义⑤。现受恶名，后得苦报。

【校注】

①“渡”，《资福藏》、《碛砂藏》、《普宁藏》、《洪武南藏》、《永乐南藏》、《永乐北藏》、《径山藏》、《清藏》本作“度”。下同。

②“雇”，《洪武南藏》、《永乐南藏》、《永乐北藏》、《径山藏》、《清藏》本作“度”。

③“极”，《资福藏》、《碛砂藏》、《普宁藏》、《洪武南藏》、《永乐南藏》、《永乐北藏》、《径山藏》、《清藏》本作“甚”。

④大行：梵 mahad-gata，指崇高之德行。东汉昙果、康孟详译《中本起经》卷下《大迦叶始来品》：“于是如来察众所念，欲决所疑，广论

迦叶大行齐圣。”三国吴康僧会译《旧杂譬喻经》卷下：“今日谁有失大行者，谁有为恶堕地狱者。”北魏吉迦夜、昙曜译《杂宝藏经》卷一《十奢王缘》：“兄弟敦穆，风化大行，道之所被，黎元蒙赖。”

⑤“义”，《资福藏》、《碛砂藏》、《普宁藏》、《洪武南藏》、《永乐南藏》、《永乐北藏》、《径山藏》、《清藏》作“仪”。

礼义：指礼法道义。东晋竺昙无兰译《国王不梨先泥十梦经》：“后世人无有礼义，母反为女作媒，诱恤他家男子，与女交通。卖女求财物，以自供给，不知惭愧。”唐慧琳《一切经音义》卷五：“下贱恶种，不知礼义，如禽兽之类也。”

【译文】

从前有个商人，借贷给别人半个钱，过了很长时间得不到偿还，于是就亲自前往讨债。他来到一条大河前，雇人花了两钱，然后才得以渡过河去。到了地方前去讨债，可欠债人竟然不见了踪影，只好返回再次渡河，又雇人花了两钱。为了讨半个钱的债而失去了四钱，再加上路途奔波疲劳乏困之苦，所讨的债很少，所失去的却很多，结果反被众人嘲笑。

世间的人也是一样，为了求得一点名利，致使毁坏了高尚德行；仅仅为了自身的生存，而不顾及礼法道义。这种人在现世会留下坏的名声，在后世还会遭受痛苦的报应。

【附录】

唐道世《法苑珠林》卷九二《利害篇》第九十二《引证部》：“《百喻经》云：往有商人，贷他半钱，久不得偿，即便往债。前有大河，雇他两钱，然后得度。到彼往债，竟不见得，来还度河，复雇两钱。为半钱债，而失四钱，兼有道路疲劳之困，所债甚少，所失极多，果被众人之所怪笑。世人亦尔，求少名利，致毁大行；苟容己身，不顾礼义。现受恶名，后得苦报。”

一八　就楼磨刀喻

昔有一人，贫穷困苦，为王作事，日月经久，身体羸瘦。王见怜愍[①]，赐一死驼。贫人得已，即便剥皮，嫌刀钝故，求石欲磨。乃于楼上得一磨石，磨刀令利，来下而剥。如是数数往来磨刀，后转劳苦，惮不能数上；悬驼上楼，就石磨刀，深为众人之所嗤笑。

犹如愚人毁破禁戒，多取钱财[②]，以用修福，望得生天[③]。如悬驼上楼磨刀[④]，用功甚多，所得甚少。

【校注】

①“怜”，金陵本作“憐”。

②“取”，《资福藏》、《碛砂藏》、《普宁藏》、《洪武南藏》、《永乐南藏》、《永乐北藏》、《径山藏》、《清藏》本作“聚”。

③“望得生天”下，唐道世《法苑珠林》卷五三有“反得其殃”。

生天：梵 svargopaga，指往生天界。此为印度早有之信仰，后被佛教沿袭。北魏瞿昙般若流支译《正法念处经》卷二四《观天品》：“一切愚痴凡夫，贪著欲乐，为爱所缚，为求生天，而修梵行，欲受天乐。”

④“驼”上，《资福藏》、《碛砂藏》、《普宁藏》、《洪武南藏》、《永乐南藏》、《永乐北藏》、《径山藏》、《清藏》本有“骆”。

【译文】

从前有一个人，生活贫穷困苦，他为国王做事，时间长了，身体变得很瘦弱。国王看见后十分怜悯他，就赐给他一头死骆驼。这个穷人得到这头死骆驼后，立即开始剥它的皮，但嫌刀太钝了，想寻求一块磨刀石来磨刀。于是他在楼上找到了一块磨刀石，将刀磨锋利后，便下楼来剥死骆驼的皮。这个穷人像这样数次往来上楼磨刀，后来也感觉身体疲劳，担心不能支撑频繁上楼，于是就将死骆驼吊上楼去，以便就石磨刀，这一举动被众人大大地嘲笑。

这就好像没有智慧的愚人，毁破佛教禁戒，大量获取钱财，用以积善修福，希望自己死后可以往生天界。如同吊死骆驼上楼就石磨刀一样，用掉的功夫很多，但所得的却很少。

【附录】

唐道世《法苑珠林》卷五三《愚戆篇》第五十九《杂痴部》第三《磨刀》：“《百喻经》云：昔有一人，贫穷困苦，为王作事，日月经久，身体羸瘦。王见怜愍，赐一死驼。贫人得已，即便剥皮，嫌刀钝故，求石欲磨。乃于楼上得一磨石，磨刀令利，来下而剥。如是数数往来磨刀，后转苦惮不能上楼；悬驼上楼，就石磨刀，深为人笑。犹如愚人毁破禁戒，多取钱财，以用修福，望得生天，反得其殃。如悬骆驼上楼磨刀，用功甚多，所得甚少。”

一九　乘船失钎喻[①]

昔有人乘船渡海[②]，失一银钎[③]，堕于水中，即便思念："我今画水作记，舍之而去，后当取之。"行经二月，到师子诸国[④]，见一河水，便入其中，觅本失钎。诸人问言："欲何所作？"答言："我先失钎，今欲觅取。"问言："于何处失？"答言："初入海失。"又复问言："失经几时？"言："失来二月。"问言："失来二月，云何此觅？"答言："我失钎时，画水作记。本所画水，与此无异，是故觅之。"又复问言："水虽不别，汝昔失时，乃在于彼，今在此觅，何由可得？"尔时众人无不大笑。

亦如外道，不修正行[⑤]，相似善中[⑥]，横计苦困[⑦]，以求解脱[⑧]。犹如愚人失钎于彼，而于此觅。

【校注】

①"钎"，《资福藏》、《碛砂藏》、《普宁藏》、《洪武南藏》、《永乐南藏》、《永乐北藏》、《径山藏》、《清藏》本作"盂"。下同。

②"渡"，《资福藏》、《碛砂藏》、《普宁藏》、《洪武南藏》、《永乐南

藏》、《永乐北藏》、《径山藏》、《清藏》本作“度”。

③银钎：指用银制成的钵盂。钵盂，梵 pātra，为僧人之食器。元德辉《敕修百丈清规》卷五《办道具》：“钵，梵云钵多罗，此云应量器。今略云钵，又呼云钵盂，即华梵兼名。”

④师子：梵 Siṃhala，指僧伽罗国，即今斯里兰卡。唐玄奘《大唐西域记》卷一一：“僧伽罗国，古之师子国，又曰无忧国，即南印度。其地多奇宝，又名曰宝渚。昔释迦牟尼佛化身名僧伽罗，诸德兼备，国人推尊为王，故国亦以‘僧伽罗’为号也。以大神通力，破大铁城，灭罗刹女，拯恤危难。于是建都筑邑，化导是方，宣流正教，示寂留牙。在于兹土，金刚坚固，历劫不坏，宝光遥烛，如星粲空，如月炫宵，如太阳丽昼，凡有祷禳，应答如响。国有凶荒灾异，精意恳祈，灵祥随至。今之锡兰山，即古之僧伽罗国也。王宫侧有佛牙精舍，饰以众宝，晖光赫奕，累世相承，敬礼不衰。”

⑤正行：梵 samyak-pratipatti，指正直之行为。东晋瞿昙僧伽提婆译《中阿含经》卷三八《鹦鹉经》：“若有在家及出家学道，行正行者必得善解，则知如法。”弥勒造、唐玄奘译《瑜伽师地论》卷八《本地分》中《有寻有伺等三地》：“于诸有情，远离邪行，行无倒行，故名正行。”

⑥相似善：梵 sadṛśa kuśala-dharma，指相似之善法。唐法宝《俱舍论疏》卷一九《分别随眠品》：“未离欲染，于未至定起贪等者，俱于相似善上起也。”唐道宣《四分律删繁补阙行事钞》卷下之四《沙弥别行篇》：“但相似道、相似善，难知难学，多堕邪林。”日本凝然《梵网戒本疏日珠钞》卷一二：“唯是相似善心非真。”日本圣宪《大疏百条第三重》第七《贪嗔俱起》：“行相似善心，从染污心起，非善心也。”

⑦“困”，《资福藏》、《碛砂藏》、《普宁藏》、《洪武南藏》、《永乐南藏》、《永乐北藏》、《径山藏》、《清藏》、金陵本作“因”。

⑧解脱：梵 vimukta，指解除烦恼之束缚，脱离三界之生死。后秦僧肇《注维摩诘经》卷一《经题》：“微远幽深，二乘不能测，不思议也。纵任无碍，尘累不能拘，解脱也。”唐澄观《大方广佛华严经疏》卷五：“言解脱者，谓作用自在。”弥勒造、唐玄奘译《瑜伽师地论》卷八二《摄释分》：“此中解脱者，是永断、离系、清净、灭尽、离欲等名之差别。自性者，谓粗重永害，烦恼永断。训词者，谓能脱种种贪等系缚，故名解脱。又复世尊为种种牟尼，说此以为牟尼体性，故名解脱。”唐窥基《成唯识论述记》卷一本：“由烦恼障，缚诸有情，恒处生死。证圆寂已，能离彼缚，立解脱名。解谓离缚，脱谓自在。”

【译文】

从前有一个人乘船渡海，把一个银钎掉到了水里，于是便想道：“我现在画一下水面作个记号，先离开不去管它，等以后再把它捞上来。”这个人走了两个月的路程，来到师子等国，看到一条河，便下到水里，找自己丢失的那个银钎。很多人问他道：“你要做什么呢？”他回答道：“我先前丢失了一个银钎，现在想把它找回来。”大家问道：“在什么地方丢失的？”他回答道：“我刚驶入大海时丢失的。”大家又问道：“丢失了多长时间呢？”他回答道：“已经丢失了两个月了。”大家再问道：“已经丢失了两个月，为什么在这里找呢？”他回答道：“我丢失银钎的时候，画水面作了记号。之前所画的水，与这里的水没有区别，所以我在这里找。”大家再一次问他道：“水虽然看起来没有区别，但你过去丢失银钎的时候，是在别的地方，如今却在此处寻找，怎么可能找得到呢？”当时大家没有不嘲笑他的。

这就好比非佛的外道，不修习正行，在相似善法中，执著于苦行，以求获得解脱。如同愚人在别处丢失了银钎，反而在此处去寻找一样。

二〇　人说王纵暴喻[①]

昔有一人，说王过罪，而作是言："王甚暴虐，治政无理。"王闻是语，即大瞋恚，竟不究悉谁作此语，信傍佞人[②]，捉一贤臣，仰使剥脊，取百两肉[③]。有人证明，此无是语。王心便悔，索千两肉用为补脊。夜中呻唤，甚大苦恼。王闻其声，问言："何以苦恼？取汝百两，十倍与汝，意不足耶？何故苦恼？"傍人答言："大王。如截子头，虽得千头，不免子死。虽十倍得肉，不免苦痛。"

愚人亦尔，不畏后世[④]，贪渴现乐[⑤]，苦切众生，调发百姓，多得财物，望得灭罪而得福报。譬如彼王，割人之脊[⑥]，取人之肉，以余肉补[⑦]，望使不痛，无有是处。

【校注】

①"王"下，《径山藏》、《清藏》本有"所"。

②"佞"，《高丽藏》作"倿"，《资福藏》作"佞"。

佞人：梵 lapanā，指巧言谄谀之人。唐义净译《金光明最胜王经》卷八《王法正论品》："害中极重者，无过失国位，皆因谄佞人，为此当治罚。"

辽希麟《续一切经音义》卷四："佞人，变乱善恶也。"

③"百"，《资福藏》本作"千"。

④后世：梵 amutra，指此生身死后之未来时期。东晋瞿昙僧伽提婆译《中阿含经》卷三《罗云经》："人犯一法，谓妄言是，不畏后世，无恶不作。"南朝宋慧简译《佛说阎罗王五天使者经》："佛告诸比丘：'人生在世间时，不孝父母、不敬沙门道人、不行仁义无可用心、不学经戒、不畏后世者，其人身死，魂神当堕阎王地狱。'"

⑤"渴"，《碛砂藏》、《普宁藏》、《洪武南藏》、《永乐南藏》、《永乐北藏》、《径山藏》、《清藏》、金陵本作"得"。

⑥"割"，《碛砂藏》、《普宁藏》、《洪武南藏》、《永乐南藏》、《永乐北藏》、《径山藏》、《清藏》、金陵本作"剥"。

⑦"肉"，《资福藏》、《碛砂藏》、《普宁藏》、《洪武南藏》、《永乐南藏》、《永乐北藏》作"支"。

【译文】

从前有一个人，指责国王的罪过，而说道："国王的性格十分暴虐，治理国家毫无章法。"国王听到这话后，十分生气，竟然不去追究到底是谁说的这些话，听信旁边奸佞之人的谗言，错抓了一位贤臣，让人将他脊背剥开，割取了一百两肉。后有人证明，这位贤臣没有说那些话。国王心中便生悔意，找来一千两肉用以弥补从贤臣身上所割之脊肉。这位贤臣整夜呻吟，疼痛不堪。国王听到他的呻吟声，便问道："你为什么还苦恼呢？我剥取了你一百两肉，现在用十倍的肉来补偿你，你难道还不满意吗？为什么还苦恼呢？"旁边的人回答道："大王。好像砍掉一个人的脑袋，虽然可以再用一千个头作为补偿，但也改变不了此人死亡的结果。

虽然您现在用十倍的肉来补偿，但也免不了他的痛苦。”

没有智慧的愚人也是这样，不畏惧后世的果报，贪图现世个人享乐，把痛苦施加给众生；迫害百姓，搜刮财物，又希望可以消灭罪过而获得福报。如同譬喻中的那个国王，割开人的脊背，剥取人的肉，后来又用别的肉来弥补，想使人不痛，是根本不可能的。

【附录】

唐道世《法苑珠林》卷四四《君臣篇》第四十一《王过部》:“《百喻经》云:昔有一人，说王过罪，而作是言:‘王甚暴虐，治政无理。’王闻是语，既大瞋恚，竟不究悉，信傍佞人，捉一贤臣，仰使剥脊，取百两肉。有人证明，此无是语。王心便悔，索千两肉用为补脊。夜中呻唤，甚大苦恼。王闻其声，问言:‘何以苦恼?取汝百两，十倍与汝，意不足耶?何故苦恼?’傍人答言:‘大王如截子头，虽得千头，不免子死。虽十倍得肉，不免苦痛。’愚人亦尔，不畏后世，贪浊现乐，苦切众生，调发百姓，多得财物，望得灭罪而得福报。譬如彼王，割人之脊，取人之肉，以余肉补，望使不痛，无有是处。”

二一　妇女欲更求子喻

往昔世时，有妇女人，始有一子，更欲求子，问余妇女："谁有能，使我重有子？"有一老母语此妇言："我能使尔求子可得，当须祀天。"问老母言："祀须何物？"老母语言："杀汝之子，取血祀天，必得多子。"时此妇女便随彼语，欲杀其子。傍有智人，嗤笑骂詈①："愚痴无智乃至如此！未生子者，竟可得不②，而杀现子。"

愚人亦尔，为未生乐③，自投火坑④，种种害身，为得生天。

【校注】

①骂詈：梵 kutsaya，指责骂。唐慧琳《一切经音义》卷二七："骂詈，《苍颉篇》：'詈，亦骂也。'今解恶言及之曰骂，诽谤咒诅曰詈。"后秦佛陀耶舍、竺佛念译《长阿含经》卷八《众集经》："常共诤讼，相求长短，迭相骂詈，各相是非。"

②不：通"否"。

③"未生乐"，《资福藏》、《碛砂藏》、《普宁藏》、《洪武南藏》、《永乐南藏》、《永乐北藏》、《径山藏》、《清藏》本作"生天故"。

④自投火坑：指赴火外道。见“（二九）贫人烧粗褐衣喻”校注⑫。

【译文】

在过去的某个时候，有一位妇女，刚刚有了一个孩子，就想再要一个，于是她就问别的妇女道：“谁有办法，能让我再有一个孩子呢？”有一个老女人对这位妇女说道：“我能使你再求得一个孩子，但必须得祭祀天神。”这位妇女问老女人道：“祭祀需要什么东西呢？”老女人说道：“杀掉你现有的孩子，取血来祭祀天神，必定能够求得更多的孩子。”当时这个妇女便按老女人的话，准备要杀死自己的孩子。旁边有智慧的人，嘲笑并责骂她道：“你怎能愚痴没有智慧到如此的地步！还未出生的孩子，最终能否得到还不一定，可你就要杀死现有的这个孩子。”

没有智慧的愚人也是一样，为了追求那些还未产生的快乐，将自己投入到火坑之中，想尽各种办法迫害自己的身体，以为能够往生天界。

第二卷

二二　入海取沉水喻

昔有长者子[①]，入海取沉水[②]，积有年载，方得一车。持来归家，诣市卖之。以其贵故，卒无买者。经历多日，不能得售，心生疲厌，以为苦恼。见人卖炭，时得速售，便生念言："不如烧之作炭，可得速售。"即烧为炭，诣市卖之，不得半车炭之价直[③]。

世间愚人亦复如是，无量方便[④]，勤行精进[⑤]，仰求佛果[⑥]，以其难得，便生退心："不如发心[⑦]，求声闻果[⑧]，速断生死，作阿罗汉。"

【校注】

①长者子：梵 śreṣṭhi-dāraka，指长者之子。后秦鸠摩罗什译《维摩诘所说经》卷上《佛国品》："尔时，毗耶离城有长者子，名曰宝积。与五百长者子，俱持七宝盖，来诣佛所。"

②沉水：梵 agaru，指沉水香，因其色黑芳香，脂膏凝结为块，入水能沉，故得名。南宋法云《翻译名义集》卷三《众香篇》："阿伽嚧，或云恶揭嚕，此云沉香。《华严》云：'阿那婆达多池边，出沉水香，名

莲华藏。其香一圆，如麻子大。若以烧之，香气普熏阎浮提界。'《异物志》云：'出日南国，欲取当先斫树坏，著地积久，外朽烂。其心坚者，置水则沉，曰沉香。其次，在心白之间，不甚精坚者，置之水中，不沉不浮，与水平者，名曰栈香。"

③直：通"值"。

④无量：梵 apramāṇa，指时、空、数目不可计量。世亲释、陈真谛译《摄大乘论释》卷八《释应知入胜相》："不可以譬类得知为无量。"隋吉藏《胜鬘宝窟》卷中本："无量义者，犹是广大异名。"

⑤精进：梵 vīrya，指精勤进修佛法。护法造、唐玄奘译《成唯识论》卷六："勤谓精进，于善恶品修断事中，勇悍为性，对治懈怠，满善为业。"唐湛然《止观辅行传弘决》卷二之一："于法无染曰精，念念趣求曰进。"唐窥基《观弥勒上生兜率天经赞》卷下："精，谓精纯无恶杂故；进，谓升进不懈息故。"唐澄观《大方广佛华严经疏》卷八："精进者，练心于法名之为精，精心务达目之为进。"

⑥佛果：梵 buddhatva，指修万行正因而成就万德之果，即成佛。隋智𫖮《法界次第初门》卷下之上《四依初门》："能成诸波罗蜜万行之因，满足菩提佛果。"元普瑞《华严悬谈会玄记》卷四〇："以万行既圆，能感佛果。"

⑦发心：梵 cittotpāda，指发起向道之心。明杨卓《佛学次第统编》："修行之要，最重发心，发心方有趣向，趣向方达道果。发何等心，修何等行，至何道果也。小乘之人发心者，发趣向道果之二乘心也。"

⑧声闻：梵 śrāvaka，指闻佛声教而证道之佛弟子，属小乘根性。弥勒造、唐玄奘译《瑜伽师地论》卷八二《摄释分》："从他听闻正法音声，

又能令他闻正法声，故曰声闻。”隋吉藏《胜鬘宝窟》卷上末：“声闻下根，从教立名。声者，教也。”

【译文】

从前有一个长者的儿子，进入大海去采集沉水木，历经了好几年，才收得一车。他将沉水木运回家中，到市场上想把它卖掉，但因为价格昂贵，一时间没有买主。过了很多天，还是卖不出去，他心生疲惫和厌倦，并为滞销而苦恼。他看见有人卖炭，很快就卖光了，于是便想道：“不如将沉水木烧成炭，就可以很快卖掉了。”当下他就将沉水木烧成了炭，拿到市场上去卖，但卖得的钱还不到半车炭的价值。

世间的愚人也是一样，有无量的方便法门，只要勤奋修行勇猛精进，希望求得佛果，又由于佛果难以证得，便产生退却之心，想道：“不如发心，去求小乘声闻果位，快速了断生死，证得阿罗汉果。”

【附录】

南朝梁宝唱《经律异相》卷三六《痴子卖香迟烧之为炭以求速售》：“有富长者，生子愚痴，乘船兴生，唯载沉香。香精且贵，买者希，久滞不售。同侣反乡，独不堪得去，恐失宗伴，遍观市中，货炭最驶，即烧香作炭，希得应速。众人见之，咸共责笑。大颠狂人，卖香虽迟，获直不少。今烧成炭，复何所得？（出《百句譬喻经》第一卷）”

唐道世《法苑珠林》卷五三《愚戆篇》第五十九《杂痴部》第三《卖香》：“《百喻经》云：昔有长者，入海取沉水香，积有年载，方得一车。诣市卖之，以其贵故，卒无买者。多日不售，心生疲厌。见人卖炭，时得速售，便烧作炭，不得半车价直。世间愚人亦复如是，无量方便，勤求佛果，以其难得，便生退心：‘不如发心，求声闻果，速断生死，作阿罗汉。’”

清戒显、济岳《沙弥律仪毗尼日用合参》卷上："《百句譬喻经》：'有富者子，愚痴，载沉香，精且贵，买者希。一日，见市中货炭最驶，即烧香作炭，希得应速。众见之共笑曰：卖虽迟，获直不少。今烧成炭，复何所得？'"

二三　贼偷锦绣用裹氀褐喻[①]

昔有贼人，入富家舍，偷得锦绣，即持用裹故弊氀褐[②]、种种财物，为智人所笑。

世间愚人亦复如是，既有信心[③]，入佛法中，修行善法及诸功德[④]。以贪利故，破于清净戒及诸功德[⑤]，为世所笑，亦复如是。

【校注】

①“氀”，《资福藏》本作“缕”。下同。

“褐”，《普宁藏》、《径山藏》本作“毼”。下同。

②氀褐：梵 kutapa，指粗布衣。唐慧琳《一切经音义》卷八六：“《考声》云：‘褐，粗衣名。’郑笺《毛诗》云：‘褐，毛布也。南楚之人谓袍为短褐。’《说文》：‘粗衣也。’”

③信心：梵 śraddhā，指信受正法而远离怀疑之净心。明杨卓《佛学次第统编》：“信心者，信受所闻所解之法无疑心也。能深信乐诸法实体，三宝净德，世出世之善根，使心澄静，谓之信心。学道之人，必须具有信心，乃克成办。”

④功德：梵 guṇa，指因行善之功所获之德报。东晋慧远《大乘义章》卷九《二种庄严义》："言功德，功谓功能，善有资润福利之功，故名为功。此功是其善行家德，名为功德。"隋智觊《仁王护国般若经疏》卷一："施物名功，归己曰德，故名功德。"隋吉藏《胜鬘宝窟》卷上本："恶尽言功，善满曰德。又德者得也，修功所得，故名功德也。"

④清净戒：梵 pariśuddha-śīla，指受持清净无漏之戒。明一如《大明三藏法数》卷一二："谓无漏戒，能离烦恼染垢，是名清净戒。"弥勒造、唐玄奘译《瑜伽师地论》卷四二《本地分》中《菩萨地》第十五《初持瑜伽处戒品》："云何菩萨清净戒？当知此戒略有十种：一者初善受戒，唯为沙门三菩提故，非为命故；二者不太沉戒，于违犯时远离微薄生悔愧故，及不太举戒远离非处生悔愧故；三者离懈怠戒，于睡眠乐、倚乐、卧乐、不耽著故，昼夜勤修诸善品故；四者离诸放逸所摄受戒，修习如前所说五支不放逸故；五者正愿戒，远离利养恭敬贪故，不愿生天，而自要期修梵行故；六者轨则具足所摄受戒，于诸威仪所作众事善品加行，妙善圆满，如法身语正现行故；七者净命具足所摄受戒，离矫诈等一切邪命过失法故；八者离二边戒，远离受用欲乐自苦二边法故；九者永出离戒，远离一切外道见故；十者于先所受无损失戒，于先所受菩萨净戒，无缺减故，无破坏故。如是十种，是名菩萨清净戒。"

【译文】

从前有个窃贼，进到一个富人家中行窃，偷得锦绣等上等布料。于是他就用这些上等布料来包裹破旧衣物及各种财物，被有智慧的人所嘲笑。

世间的愚人也是一样，既然已经有信心，进入到佛法之中，修行善法及各种功德。但由于贪图钱财，破坏了清净戒体及各种功德，被世人所嘲笑，如同譬喻中的窃贼一样。

二四　种熬胡麻子喻

昔有愚人，生食胡麻子以为不美[①]，熬而食之为美，便生念言："不如熬而种之，后得美者。"便熬而种[②]，永无生理。

世人亦尔，以菩萨旷劫修行[③]，因难行苦行[④]，以为不乐，便作念言："不如作阿罗汉，速断生死，其功甚易。"后欲求佛果，终不可得。如彼燋种[⑤]，无复生理。世间愚人亦复如是。

【校注】

①胡麻子：梵 Atimuktaka，指胡麻之种子。南宋法云《翻译名义集》卷三《百华篇》："阿提目多伽，旧云善思夷华，此云苣蕂子。苣蕂，胡麻也。又云：'此方无，故不翻。'或翻龙舐华。其草形如大麻，赤华青叶，子堪为油，亦堪为香。"

②"种"下，《资福藏》、《碛砂藏》、《普宁藏》、《洪武南藏》、《永乐南藏》、《永乐北藏》、《径山藏》、《清藏》、金陵本有"之"。

③菩萨：梵 bodhi-sattva，为梵文音译"菩提萨埵"之简称，指精进勇猛追求佛果之人。东晋慧远《大乘义章》卷一四《三乘共十地义》："菩萨，

胡语,此方翻译名道众生。具修自利利他之道,名道众生。”后秦僧肇《注维摩诘经》卷一《佛国品》:“菩萨,正音云菩提萨埵。菩提,佛道名也。萨埵,秦言大心众生。有大心入佛道,名菩提萨埵。”隋智𫖮《菩萨戒义疏》卷上:“天竺梵音摩诃菩提质帝萨埵,今言菩萨,略其余字,译云大道心成众生。亦云开士,亦大勇心,复云善美。随行为名,以其运心广普,因斯立号。”隋智𫖮《妙法莲华经文句》卷二上:“菩提,此言道。萨埵,此言心。摩诃,此言大。此诸人等,皆求广博大道,又成熟众生故。道心大,道心之气类也。”隋吉藏《法华义疏》卷一《序品》:“菩提云道,是无上正遍知果道也。萨埵言众生,为求果道故名道众生也。”唐窥基《妙法莲华经玄赞》卷二本:“菩提,觉义,智所求果。萨埵,有情义,悲所度生。依弘誓语,故名菩萨。”亲光造、唐玄奘译《佛地经论》卷二:“缘菩提萨埵为境,故名菩萨。具足自利利他大愿,求大菩提利有情故。又萨埵者,是勇猛义。精进勇猛求大菩提,故名菩萨。”

④“苦”,《金藏》本作“若”。

难行苦行:梵 duṣkara-caryā,指艰难之苦行。明杨卓《佛学次第统编》:“苦行常曰难行苦行,谓敢为身所难堪之诸种行,又谓艰难之行法也。专以苦行为出离解脱之道,本属外道,但佛教行者,于正法之下,亦须修习种种之难行苦行也。”

⑤“燋”,金陵本作“焦”。

【译文】

从前有一个十分愚笨的人,生吃胡麻子觉得味道不好,而炒熟之后再吃觉得味道很好,于是就想道:“不如把胡麻子炒熟之后再拿去播种,以后新长出来的胡麻子味道肯定会很好。”他就将炒熟的胡麻子种到地里,这样永远不可能有新的胡麻生长出来了。

世间的人也是一样，由于菩萨要用漫长的时间来修行，因为要经历各种苦行，故觉得追求成佛不是一件轻松乐事，于是就想道："不如去做个阿罗汉，迅速了断生死，所需修行之功也是很容易的。"可日后他再想追求佛果，那是永远不可能得到的。如同用炒熟的种子去播种，就不会再有发芽生长的可能了。世间的愚人就是这样。

二五　水火喻

昔有一人，事须火用及以冷水。即便宿火，以澡灌盛水[①]，置于火上。后欲取火，而火都灭；欲取冷水，而水复热，火及冷水二事俱失。

世间之人亦复如是，入佛法中，出家求道。既得出家，还复念其妻子[②]、眷属[③]、世间之事、五欲之乐[④]。由是之故，失其功德之火[⑤]，持戒之水[⑥]。念欲之人亦复如是。

【校注】

①“灌”，《资福藏》、《碛砂藏》、《普宁藏》、《洪武南藏》、《永乐南藏》、《永乐北藏》、《径山藏》、《清藏》、金陵本作“盥”。

②妻子：梵 bhāryā-putra，指妻子和孩子。唐慧琳《一切经音义》卷二〇：“应劭曰：‘六亲者，父、母、兄、弟、妻、子也。’”

③眷属：梵 parivāra，指亲属及仆人。隋智𫖮《妙法莲华经玄义》卷六下：“天性亲爱故名眷，更相臣顺故名属。”

④五欲：梵 pañca kāmāḥ，指为色、声、香、味、触之五境所染而生起之情欲。明一如《大明三藏法数》卷一八：“一、色欲：谓男女形

貌端庄，及世间宝物玄、黄、朱、紫种种妙色，能令众生乐著无厌，故名色欲。二、声欲：谓丝、竹、环佩之声，及男女歌咏等声，能令众生乐著无厌，故名声欲。三、香欲：谓男女身香，及世间一切诸香，能令众生乐著无厌，故名香欲。四、味欲：谓种种饮食、肴膳等美味，能令众生乐著无厌，故名味欲。五、触欲：谓男女身分柔软细滑，寒时体温，热时体凉，及衣服等种种好触，能令众生乐著无厌，是名触欲。"

⑤案龙树造、后秦鸠摩罗什译《大智度论》卷一七："云何却五事？当呵责五欲。哀哉众生！常为五欲所恼，而犹求之不已。此五欲者，得之转剧，如火炙疥。五欲无益，如狗咬骨；五欲增争，如鸟竞肉；五欲烧人，如逆风执炬；五欲害人，如践恶蛇；五欲无实，如梦所得；五欲不久，如假借须臾。世人愚惑，贪著五欲，至死不舍，为之后世受无量苦。譬如愚人贪著好果，上树食之，不肯时下；人伐其树，树倾乃堕，身首毁坏，痛恼而死。又此五欲，得时须臾乐，失时为大苦。好蜜涂刀，舐者贪甜，不知伤舌。五欲法者与畜生共，有智者识之，能自远离。"

⑥持戒：梵 śīlavat，指护持戒法不被破坏。后秦鸠摩罗什译《妙法莲华经》卷二《譬喻品》："持戒清洁，如净明珠。"后秦鸠摩罗什译《维摩诘所说经》卷上《佛国品》："持戒是菩萨净土。"北凉昙无谶译《菩萨地持经》卷一〇《菩萨地持毕竟方便处行品》："三十二相无差别因，皆是持戒。"

【译文】

从前有一个人，需要用火和冷水。于是他就生起了火，用澡盆装着冷水，将盆放到了火上。后来他想取火种，可火已经灭了；又想要冷水，可冷水已经变热了，火和冷水这两个事物全都丧失了。

世间的人也是一样，进入到佛法之中，出家寻求道法。既然已经出家，但还挂念着自己的妻儿亲属、世间俗事及五欲之乐。正是由于这个原因，丧失了出家人本有的功德之火和持戒之水。贪念俗欲的人就是这样。

【附录】

唐道世《法苑珠林》卷二三《惭愧篇》第十四《引证部》、唐道世《诸经要集》卷一七《占相部》第二十七《归信缘》："《百喻经》云：昔有一人，事须火用及以冷水。即便宿火，以澡罐盛水，置于火上。后欲取火，而火都灭；欲取冷水，而水复热，火及冷水二事俱失。世间之人，入佛法中，出家求道。既得出家，还念妻子五欲之乐。由是之故，失其功德之火，兼失持戒之水。念欲之人亦复如是。"

二六　人效王眼瞤喻[①]

昔有一人，欲得王意，问余人言："云何得之？"有人语言："若欲得王意者，王之形相，汝当效之。"此人即便往至王所[②]，见王眼瞤[③]，便效王瞤。王问之言："汝为病耶？为著风耶？何以眼瞤？"其人答王："我不病眼，亦不著风，欲得王意，见王眼瞤，故效王也。"王闻是语，即大瞋恚，即便使人种种加害[④]，摈令出国[⑤]。

世人亦尔，于佛法王欲得亲近，求其善法，以自增长。既得亲近，不解如来法王为众生故，种种方便，现其阙短[⑥]。或闻其法，见有字句不正，便生讥毁，效其不是。由是之故，于佛法中永失其善，堕于三恶[⑦]。如彼效王亦复如是[⑧]。

【校注】

①"瞤"，《金藏》、《资福藏》、《碛砂藏》、《普宁藏》、《洪武南藏》、《永乐南藏》、《永乐北藏》、《径山藏》、《清藏》本作"瞤"。下同。

②"往"，原作"后"，从文义，据《资福藏》、《碛砂藏》、《普宁藏》、《洪武南藏》、《永乐南藏》、《永乐北藏》、《径山藏》、《清藏》本改。

③眼瞤：梵 akśiṃ，指眼皮跳。北魏吉迦夜、昙曜译《杂宝藏经》卷一《王子以肉济父母缘》："王即至盲父母所，睒摩迦父时语妇言：'我眼瞤动，将非我孝子睒摩迦有衰患不？'"

④"害"，《资福藏》、《碛砂藏》、《普宁藏》、《洪武南藏》、《永乐南藏》、《永乐北藏》、《径山藏》、《清藏》本作"苦"。

⑤擯：梵 avasādayati，指驱逐。唐慧琳《一切经音义》卷一四："《庄周》云：'擯，弃也；落也，逐出也。'"唐道世《法苑珠林》卷一〇《千佛篇》第五之三《纳妃部》第九《求婚部》："彼王有子，造少罪愆，父王驱擯令出国界。"

⑥阙：梵 vaidhurya，指过失。《别译杂阿含经》卷一二："舍利弗言：'世尊自恣说我，若身、口、意有所阙短，垂哀教敕。'佛告舍利弗：'我不见汝，有少过失。'"

⑦三恶：指三恶道（梵 try-apāya）。明一如《大明三藏法数》卷八："道，即能通之义。谓一切众生，造作恶业，而生其处，故名恶道也。一、地狱道：谓此处在地之下，铁围山间，有八寒、八热等狱，即造作极重恶业众生堕于此道，故名地狱道。二、饿鬼道：饿鬼道有三种：一谓罪业极重者，积劫不闻浆水之名；其次者，但伺求人间荡涤脓血粪秽；又其次者，时或一饱，即造作恶业众生，由悭贪故，生于此道，故名饿鬼道。三、畜生道：谓披毛、戴角、鳞甲、羽毛，四足、多足、有足、无足，水、陆、空行等；即造作恶业众生，由愚痴故，生于此道，故名畜生道。"参"（六三）伎儿著戏罗刹服共相惊怖喻"校注⑮。

⑧"效王"，《资福藏》、《碛砂藏》、《普宁藏》、《洪武南藏》、《永乐南藏》、《永乐北藏》、《径山藏》、《清藏》、金陵本作"愚人"。

【译文】

从前有一个人，想取得国王的欢心，便问其他人道："如何才能讨好国王呢？"有人说道："如果想取得国王的欢心，国王的所有外在形相，你都应当去效仿。"这个人即刻就到国王那里，看到国王的眼皮老在跳，于是就模仿国王眼皮跳。国王问他道："你是不是生病了？还是受风了？为什么眼皮老跳呢？"这个人回答道："我没有得眼病，也没有受风，只是想取得国王欢心，看到国王的眼皮在跳，所以就效仿国王眼皮跳了。"国王听了这番话后，十分生气，立刻命人对他进行各种刑罚迫害，然后将他驱逐出国。

世间的人也是一样，对于像佛这样的大法王都想得以亲近，求得佛讲说之善法，以便自己道业增长。既然已经得以亲近佛陀之后，不能了解佛为了度化众生，利用各种权巧方便，示现出佛的一些缺陷和短处；或是听到佛所说的法，发现存在一些字句不够周正的问题，于是就产生讥讽和毁谤，并效仿这些缺陷。正是由于这个原因，使得这些人在佛法中永远丧失善根，堕落于三恶道之中。如同那个效仿国王眼皮跳的人一样。

【附录】

唐道世《法苑珠林》卷五三《愚戆篇》第五十九《杂痴部》第三《效眴》："《百喻经》云：昔有一人，欲得王意，问余人言：'云何得之？'有人语言：'若欲得意，王形相，汝当效之。'此人见王眼眴，便效王眴。王问之言：'汝为病耶？为著风耶？何以眼眴？'其人答王：'我不病眼，亦不著风，欲得王意。见王眼眴，故效王也。'王闻是语，即大瞋恚，使人加害，摈令出国。世人亦尔。于佛法王欲得亲近，求其善法，以自增长。既得亲近，不解如来法王为众生故，种种方便，现其短阙。便生讥毁，效其不是。

由是之故，于佛法中永失其善，堕于三恶。如彼效王亦复如是。”

明弘赞《四分律名义标释》卷八：“《百喻经》云：昔有一人，欲得王意，问余人言：‘云何得之？’有人语言：‘若欲得意，王形相，汝当效之。’此人见王眼瞤，便效王瞤。王问之言：‘汝为病耶？为著风耶？何以眼瞤？’其人答王：‘我不病眼，亦不著风，欲得王意，见王眼瞤，故效王也。’王闻是语，即大瞋恚，使人加害，擯令出国。世人亦尔。于佛法中欲得亲近，求其善法，以自增长。既得亲近，不解如来法王为众生故，种种方便，现其短阙，便生讥毁，效其不是。由是之故，于佛法中永失其善，堕于三恶。如彼效王亦复如是。”

明弘赞《四分戒本如释》卷一二：“《百喻经》云：世人不解如来法王为众生故，种种方便，现其短阙，便生毁谤，效其不是。由是之故，于佛法中，永失其善，堕于三恶。”

二七　治鞭疮喻

昔有一人，为王所鞭。既被鞭已，以马屎拊之[①]，欲令速差[②]。有愚人见之，心生欢喜，便作是言："我决得是治疮方法[③]。"即便归家，语其儿言："汝鞭我背，我得好法，今欲试之。"儿为鞭背，以马屎拊之，以为善巧。

世人亦尔，闻有人言："修不净观[④]，即得除去五阴身疮[⑤]。"便作是言："我欲观于女色及以五欲[⑥]。"未见不净，返为女色之所惑乱[⑦]，流转生死，堕于地狱[⑧]。世间愚人亦复如是[⑨]。

【校注】

①"拊"，《资福藏》、《碛砂藏》、《普宁藏》、《洪武南藏》、《永乐南藏》、《永乐北藏》、《径山藏》、《清藏》、金陵本作"傅"。下同。

②差：指病除。唐阿地瞿多译《陀罗尼集经》卷七《商迦罗疗病法》："若有人患一切鬼病，即作此印诵咒疗之，其病速差。"

③"决"，《资福藏》、《碛砂藏》、《普宁藏》、《洪武南藏》、《永乐南藏》、《永乐北藏》、《径山藏》、《清藏》、金陵本作"快"。

④不净观：梵 aśubhāsmṛti，指以观想人体的种种肮脏不净之相，对治贪欲烦恼的修行方法。东晋慧远《大乘义章》卷一二《五停心义》："不净观中略有二种：一厌他身观他不净，二厌自身观自不净。观他身中，有其九相：一者死相，二者胀相，三青瘀相，四脓烂相，五者坏相，六者血涂相，七虫敢相，八骨锁相，九离坏相。观自身中，有五不净：一、种子不净，是身过去结业为种，现以父母精血为种；二、住处不净，在母胎中，生藏之下，熟藏之上，两界之间，安置己体；三、自相不净，是身具有九孔常流，眼出眵泪，耳出结聍，鼻中出洟，口出涎吐，大小便道流出屎尿；四、自体不净，是身具有三十六物所共合成；五、终竟不净，此身死已，埋则成土，虫噉成粪，火烧成灰，究竟推求无一净相，名终竟不净。"

⑤五阴：梵 pañca-skandha，指五种能够遮蔽真理的事物。隋智颢《摩诃止观》卷五上："阴者，阴盖善法，此就因得名。又阴是积聚，生死重沓，此就果得名。"隋智颢《法界次第初门》卷上之上《五阴初门》："一、色阴：有形质碍之法名为色，色有十四种，所谓四大、五根、五尘，此之十四并是色法也；二、受阴：领纳所缘名为受，受有六种，谓六触因缘生六受，但境既有违顺，非违非顺之别，故六受亦各有苦受、乐受、不苦不乐受之异也；三、想阴：能取所领之缘相名为想，想有六种，谓取所领六尘之相为六想也；四、行阴：造作之心能趣于果名为行，行有六种，《大品经》中说为六思，思即是行，谓于六想之后各起不善业、善业、无动业也。五、识阴：了别所缘之境名为识，识有六种，即是六识。"

⑥女色：梵 strī，指女子之色相。后秦鸠摩罗什译《菩萨诃色欲法经》："女色者，世间之枷锁，凡夫恋著不能自拔。女色者，世间之重患，凡夫

因之至死不免。女色者，世间之衰祸，凡夫遭之无厄不至。行者既得舍之，若复顾念，是为从狱得出，还复思入；从狂得正，而复乐之；从病得差，复思得病。智者怒之，知其狂而颠蹶，死无日矣。”龙树造、后秦鸠摩罗什译《大智度论》卷一四：“宁以赤铁，宛转眼中；不以散心，邪视女色。”

⑦“返”，《资福藏》、《碛砂藏》、《普宁藏》、《洪武南藏》、《永乐南藏》、《永乐北藏》、《径山藏》、《清藏》作“反”。

⑧地狱：梵naraka，指众生因所造恶业而于命终堕入之受苦牢狱。东晋慧远《大乘义章》卷八末《六道义》：“言地狱者，如《杂心》释：‘不可乐故，名为地狱。’《地持》中释：‘增上可厌，故为泥犁。泥犁胡语，此云地狱，不乐可厌，其义一也。’此之两释，皆对厌心，以彰其过，非是当相，解其名义。若正解之，言地狱者，就处名也。地下牢狱，是其生处，故云地狱。”隋智𫖮《妙法莲华经文句》卷四下：“地狱此方名，胡称泥犁者，秦言无有。无有喜乐、无气味、无欢、无利，故云无有。或言卑下；或言堕落，中阴倒悬，诸根皆毁坏故；或言无者，更无赦处。”唐圆晖《俱舍论颂疏论本》卷八：“梵云那落迦，此云苦具，义翻为地狱。以地下有狱故，非正翻也。”

⑨案此“说理”部分，道略集《杂譬喻经》表义不同，见“附录”。

【译文】

从前有一个人，被国王鞭打。在被鞭打以后，就用马屎敷在伤口上，想让伤口早一点愈合。有一个愚人看到之后，心中十分高兴，于是就说道：“我获得了治疗创伤的方法了。”他立刻回到家中，对儿子说：“你来鞭打我的背，我得到一个很好的疗伤方法，现在想试一试。”他的儿子就鞭打他的背，打完之后就用马屎敷在伤口上，以为这是很好的治疗方法。

世间的人也是一样，听到有的人说："修习不净观，就可以立即去除五阴对人的危害。"于是就说："我要观想女色以及五欲。"还未等到观见不净，反倒被女色所迷惑扰乱了，流转于生死，堕入地狱。世间的愚人就是这样。

【附录】

道略集《杂譬喻经》："昔有田舍人，暂至都下，见被鞭持热马屎涂背，问言：'何故若是？'其人答：'令疮易愈，而不作瘢。'田舍人密著心中，后归家语其家人言：'我至都下，大得智慧。'后家人问言：'得何等智慧？'便呼奴言：'持鞭来痛与我二百鞭。'奴畏大家，不敢违命，即痛与二百鞭，流血被背。语奴言：'取热马屎来为我涂之，可令易愈而不作瘢。'语家人言：'汝知之不，此是智慧。'此喻下戒道人，本遇明师受戒，即得见他受戒，便捐弃本戒，更作白衣，以坏法身。喻受二百鞭流血被背也，方求更受如马屎涂也。"

二八　为妇贸鼻喻[①]

昔有一人，其妇端正，唯有鼻丑[②]。其人出外，见他妇女，面貌端正[③]，其鼻甚好，便作念言："我今宁可截取其鼻，著我妇面上，不亦好乎？"即截他妇鼻，持来归家，急唤其妇："汝速出来，与汝好鼻。"其妇出来，即割其鼻，寻以他鼻著妇面上，既不相著，复失其鼻，唐使其妇受大苦痛[④]。

世间愚人亦复如是，闻他宿旧沙门[⑤]、婆罗门，有大名德，而为世人之所恭敬，得大利养，便作是念言："我今与彼，便为不异。"虚自假称，妄言有德，既失其利，复伤其行[⑥]，如截他鼻，徒自伤损。世间愚人亦复如是。

【校注】

①贸：梵 paṇya，指交换。三国吴支谦译《佛说太子瑞应本起经》卷上："乃脱身宝裘，与猎者贸鹿皮衣。"

②"有"，原作"其"，从文义，据《金藏》、《高丽藏》、《普宁藏》、《洪武南藏》、《永乐南藏》、《永乐北藏》、《清藏》改。

③"貌"，《径山藏》本作"藐"。形误。

④“唐”，《金藏》本作“虚”。

⑤宿旧：梵 pūrvācārya，指年高有德。隋达摩笈多译《起世因本经》卷七《三十三天品》：“尊重沙门、婆罗门等及诸宿旧，修行布施。”唐慧苑《新译大方广佛华严经音义》卷下：“尊宿，宿谓旧也。”

沙门：梵 śramaṇa，指一切佛教及非佛教出家人之总称。东汉迦叶摩腾、竺法兰译《佛说四十二章经》：“佛言：辞亲出家，识心达本，解无为法，名曰沙门。”东晋瞿昙僧伽提婆译《增壹阿含经》卷四七《放牛品》：“沙门名息心，诸恶永已尽。”后秦僧肇《注维摩诘经》卷二《方便品》：“沙门，出家之都名也。秦言义训勤行，勤行趣涅槃也。”卷四：“什曰：佛法及外道凡出家者，皆名沙门。”唐玄应《一切经音义》卷六：“沙门，旧云桑门，或云丧门，皆讹略也。正言室摩那拿，或言舍啰磨拿，此言功劳，言修道有多劳也。又云勤劳，言至诚也。义亦言息，以得法故暂宁息也。旧译言息心，或言静志是也。”唐慧苑《新译大方广佛华严经音义》卷上：“沙门，正言沙迦懑囊，此云止息，谓止息一切诸不善法。又曰劬劳，谓修一切劬劳苦行。又曰听闻，谓多闻熏习是常业也。”唐慧琳《一切经音义》卷一八：“沙门，讹也，正音云室啰末拿，唐言勤恳也。”卷二六：“此云勤劳，内道外道之总名也，皆据出家为言耳。古经为丧门，或为娑门。罗什法师以言非便，改为沙门也。”

⑥“复”，《金藏》、《高丽藏》本作“后”，《资福藏》、《碛砂藏》、《普宁藏》、《洪武南藏》、《永乐南藏》、《永乐北藏》、《径山藏》、《清藏》本作“有”。

【译文】

从前有一个人，他妻子的相貌十分端正，只是鼻子长得不好看。这个人在外出的时候，看到别家的女子，相貌也十分的端正，而且鼻子长得特别好看，于是就想道："我现在可以把她的鼻子割下来，附著到我妻子的脸上，这不是很好吗？"当下他就把别家女子的鼻子割了下来，带回到家中，然后急忙召唤自己的妻子道："你赶紧出来，给你带回来一个好看的鼻子。"妻子刚一出来，他就将妻子的鼻子割下，把从别家女子脸上割下来的鼻子附著到妻子脸上，但怎么也附著不上，不仅失去了妻子原有的鼻子，还白白使自己的妻子遭受了极大痛苦。

世间的愚人也是一样，听说别处有资历很老的沙门、婆罗门，具有很高的名望和德行，被世人恭敬，且能够获得很多利益和供养，于是就想道："我现在也和他们一样，没有任何差别。"便对外虚假地宣称，自己也很有德行。这既丧失了本有的利益，又伤害了自己的德行，如同割别人鼻子的譬喻一样，只能徒然自我损伤。世间的愚人就是这样。

【附录】

唐道世《法苑珠林》卷九二《利害篇》第九十二《引证部》："《百喻经》云：昔有一人，其妇端正，唯有鼻丑。其夫出外，见他妇女，面貌端正，其鼻甚好。便截他鼻，持来归家，急唤其妇：'汝速出来，与汝好鼻。'即割其鼻，以他鼻著。既不相著，复失其鼻，唐使其妇受大苦痛。世间愚人亦复如是，闻他宿旧沙门，有大名德，为人恭敬，得大利养。便自假称，妄言有德。既失其利，后伤其行，如截他鼻，徒自伤损。世间愚人亦复如是。"

二九　贫人烧粗褐衣喻

昔有一人，贫穷困乏，与他客作，得粗褐衣，而被著之[①]。有人见之而语之言："汝种姓端正[②]，贵人之子[③]，云何著此粗弊衣褐[④]？我今教汝，当使汝得上妙衣服，当随我语，终不欺汝。"贫人欢喜，敬从其言。其人即便在前然火[⑤]，语贫人言："今可脱此粗褐衣[⑥]，著于火中，于此烧处，当使汝得上妙钦服[⑦]。"贫人即便脱著火中，既烧之后[⑧]，于此火处，求觅钦服，都无所得。

世间之人亦复如是，从过去身修诸善法，得此人身，应当保护，进德修业[⑨]，乃为外道邪恶妖女之所欺诳[⑩]："汝今当信我语，修诸苦行，投岩[⑪]、赴火[⑫]，舍是身已，当生梵天[⑬]，长受快乐[⑭]。"便用其语，即舍身命，身死之后，堕于地狱，备受诸苦。既失人身，空无所获，如彼贫人亦复如是。

【校注】

①"被"，《资福藏》、《碛砂藏》、《普宁藏》、《洪武南藏》、《永乐南

藏》、《永乐北藏》、《径山藏》、《清藏》本作“披”。

②种姓：梵 gotra，指印度社会的一种阶级划分制度。唐玄奘《大唐西域记》卷二：“印度种姓，族类群分，而婆罗门特为清贵。”唐慧琳《一切经音义》卷二五：“刹利，或云刹帝利也，劫初已来，帝王贵种，此云田主。婆罗门，《善见律》云：‘常修净行，博学多闻。’高贵人也。毗舍，卖买求利贩易之人。首陀，下姓，王役田夫之类也。”明一如《大明三藏法数》卷一一：“谓四种人，妄计我从梵天而生，故称梵生。婆罗门自计从梵天口生，刹帝利自计从梵天脐生，毗舍自计从梵天胁生，首陀自计从梵天脚生。以此贡高，自谓第一，实非第一也。一、婆罗门：梵语婆罗门，华言净行，或在家，或出家，世世相承，以道学为业，自称是梵天苗裔，守道居贞，洁白其操，故谓之净行。二、刹帝利：梵语刹帝利，华言田主，为世间大地之主，即王种也。三、毗舍：梵语毗舍，亦云吠奢，即商贾种也。四、首陀：梵语首陀，亦云戍陀罗，即农人种也。”

③贵人：梵 mahā-kula，指高贵之人。马鸣造、后秦鸠摩罗什译《大庄严论经》卷四：“时彼家人见著盛服乘马至门，谓是贵人，心怀畏惧，闭门藏避。”唐菩提流志译《大使咒法经》：“如举心不合圣意，当与高贵人交游，不共下品。”

④弊衣：梵 pūti-vastra，指破旧之衣。南朝宋求那跋陀罗译《央掘魔罗经》卷四：“取牧牛人所弃弊衣，以自覆身。”

⑤“其”，《资福藏》、《碛砂藏》、《普宁藏》、《洪武南藏》、《永乐南藏》、《永乐北藏》、《径山藏》、《清藏》本作“主”。

⑥“此”，《资福藏》、《碛砂藏》、《普宁藏》、《洪武南藏》、《永乐南藏》、《永乐北藏》、《径山藏》、《清藏》、金陵本作“汝”。

⑦钦服：指钦婆罗。见“（八七）劫盗分财喻”校注①。

⑧“既”，《金藏》本作“脱”。

⑨“德修”，《金藏》本作“修德”。

业：梵 karman，指造作。唐普光《俱舍论记》卷一三《分别业品》：“造作，名业。”明一如《大明三藏法数》卷二三：“业者，谓身、口、意所作善恶之业因，能招未来善恶之业果。”五百大阿罗汉造、唐玄奘译《阿毗达磨大毗婆沙论》一一三《业蕴》第四中《恶行纳息》：“问：‘何故名业？业有何义？’答：‘由三义故，说名为业：一、作用故，二、持法式故，三、分别果故。作用故者，谓即作用、说名为业。持法式者，谓能任持七众法式。分别果者，谓能分别爱非爱果。’

⑩妖女：梵 bhūtakanyā，指邪恶之女人。唐道宣《续高僧传》卷二六《释法融传》：“永徽之中，睦州妖女陈硕真，邪术惑人，傍误良善。”

欺诳：梵 vañcayati，指欺骗惑人。天亲造、南朝陈真谛译《遗教经论》：“经曰：汝等比丘谄曲之心，与道相违，是故宜应质直其心。当知谄曲，但为欺诳。入道之人则无是处，是故汝等宜当端心，以质直为本。”

⑪投岩：梵 ataṭa-prapāta，指投渊外道。明一如《大明三藏法数》卷二〇：“谓外道修行，寒入深渊，忍受冻苦，执此苦行，以为得果之因，是名投渊外道。”

⑫赴火：梵 agni-praveśa，指赴火外道。明一如《大明三藏法数》卷二〇：“谓外道修行，常热炙身，及熏鼻等，甘受热恼，执此苦行，以为得果之因，是名赴火外道。”

⑬梵天：梵 Brahmā，指色界之初禅天，共有三天，即：梵众天、梵辅天、大梵天。明一如《大明三藏法数》卷二五：“梵，净也。谓离欲

界垢染，上升色界，故名为净。若大梵天，即娑婆世界主。由修施、戒二种福业，胜他化天；又兼修禅定，是以感报得生其中也。”

⑭“受”，《资福藏》、《碛砂藏》、《普宁藏》、《洪武南藏》、《永乐南藏》、《永乐北藏》、《径山藏》、《清藏》本作“寿”。

【译文】

从前有一个人十分的贫穷困苦，他到别人家去作客，得到了一件粗布衣服，于是就把它穿在身上。有人看到后就对他说道：“你所属种姓端正高贵，你是贵人的子孙，怎么能穿这种粗糙弊俗的衣服呢？我现在教你一个方法，能使你得到上好殊妙的衣服，按照我说的做，终究不会欺骗你的。”贫人很是高兴，恭敬地听从那人的指示。那人于是就在贫人面前生起了一堆火，并对贫人说道：“你现在脱下这件粗布衣服，扔到火里去，在这被焚烧的地方，就能使你得到上好殊妙的钦婆罗衣了。”贫人立即脱下衣服扔到火中，等衣服被焚烧之后，在火烧处寻找钦婆罗衣，最终一无所获。

世间的人也是一样，从过去累世修行各种善法，而获得今世之人身，应当加以保护，从而继续进修德业，但被外道邪恶妖女所欺骗：“你现在应当相信我的话，修习各种苦行，从悬崖上跳下去，或将身体投入火中，舍弃自己这个身体，这样就可以往生到梵天，长久地享受快乐了。”人们听信了这些邪说，舍身自杀，在身死之后，神识便堕入地狱之中，备受各种痛苦。既失去了人身，又别无所获，如同那个贫人一样。

三〇　牧羊人喻

昔有一人，巧于牧羊。其羊滋多[①]，乃有千万，极大悭贪，不肯外用。时有一人，善于巧诈，便作方便，往共亲友，而语之言："我今共汝，极成亲爱，便为一体，更无有异。我知彼家，有一好女，当为汝求，可用为妇。"牧羊之人闻之欢喜，便大与羊及诸财物。其人复言："汝妇今日，已生一子。"牧羊之人未见于妇，闻其已生，心大欢喜，重与彼物。其人后复而语之言："汝儿生已，今已死矣[②]。"牧羊之人闻此人语，便大啼泣，嘘欷不已[③]。

世间之人亦复如是，既修多闻[④]，为其名利，秘惜其法，不肯为人教化演说[⑤]。为此漏身之所诳惑[⑥]，妄期世乐。如己妻息[⑦]，为其所欺，丧失善法，后失身命并及财物，便大悲泣，生其忧苦，如彼牧羊之人亦复如是。

【校注】

①滋：梵 puṣṭi，指增加。唐慧琳《一切经音义》卷一五："《尚书》云：'滋，益也。'"马鸣造、后秦鸠摩罗什译《大庄严论经》卷一四："日

取一鹿，鹿日滋多。”

②“已”，原无，从文义，据《金藏》、《资福藏》、《碛砂藏》、《普宁藏》、《洪武南藏》、《永乐南藏》、《永乐北藏》、《径山藏》、《清藏》、金陵本补。

③嘘欷：梵 gambhīraṃ，指哽咽叹息。唐慧琳《一切经音义》卷五四："顾野王云：'口出气曰嘘。'《说文》：'亦出气也。'欷，痛也，哀而不泣也。”南朝宋求那跋陀罗译《过去现在因果经》卷二："啼泣流泪，嘘欷哽咽，如是良久。”

④多闻：梵 bahu-śruta，指多闻教法。后秦鸠摩罗什译《维摩诘所说经》卷上《菩萨品》："多闻是道场，如闻行故。”隋那连提耶舍译《月灯三昧经》卷六："菩萨多闻有十种利益。何等为十？一者知烦恼资助，二者知清净助，三者远离疑惑，四者作正直见，五者远离非道，六者安住正路，七者开甘露门，八者近佛菩提，九者与一切众生而作光明，十者不畏恶道。”

⑤教化：梵 pari-pac，指教导劝化。唐圆测《仁王经疏》卷中本《教化品》："可教众离恶，化令住善，故名教化。”唐澄观《大方广佛华严经疏》卷三四："成熟众生愿，成熟亦名教化。”隋慧远《大乘义章》卷二〇末《十力义》："泛宣因果，教示众生，令生信解，名教化力。辨彰行仪，指心曲授，令起行修，名教授力。”

演说：梵 deśanā，指公开说教。后秦佛陀耶舍、竺佛念译《长阿含经》卷九《释提桓因问经》："帝释白佛言：'愿开闲暇，一决我疑。'佛言：'随汝所问，我当为汝一一演说。'”唐实叉难陀译《大方广佛华严经》卷六《如来现相品》："所转妙法轮，法性无差别，依于一实理，演说诸法相。”

⑥漏：梵 āsrava，指烦恼，谓烦恼于众生六根泄漏不停，使众生流转于生死。东晋慧远《大乘义章》卷五本《三漏义》："一切烦恼流注不绝，

其犹疮漏，故名为漏。”塞建陀罗造、唐玄奘译《入阿毗达磨论》卷上：“稽留有情，久住三界，障趣解脱，故名为漏。或令流转，从有顶天至无间狱，故名为漏。或彼相续，于六疮门泄过无穷，故名为漏。”世亲造、唐玄奘译《阿毗达磨俱舍论》卷二〇《分别随眠品》：“从有顶天至无间狱，由彼相续于六疮门泄过无穷，故名为漏。极漂善品，故名瀑流。和合有情，故名为轭。能为依执，故名为取。若善释者，应作是言，诸境界中，流注相续，泄过不绝，故名为漏。”唐窥基《妙法莲华经玄赞》卷一末：“诸论皆云，烦恼现行，令心连注，流散不绝，名之为漏，如漏器、漏舍，深可厌恶。损污处广，毁责过失，立以漏名。”

⑦妻息：指妻子和儿女。西晋竺法护译《等集众德三昧经》卷上：“不以眷属炽盛怨讼斗诤，不危他子以育妻息。”

【译文】

从前有一个人，十分善于放羊。他的羊逐渐多了起来，以至有成千上万只了，但他特别吝啬，从来不肯将羊供给别人使用。当时有一个人，十分善于欺诈，他采用手段去和牧羊人亲近，并对他说：“我现在和你之间，是极为亲密友爱的，咱们要彼此成为一体，不要有任何异议存在。我知道在别人家，有一个贤淑的女子，我去为你说媒，可以娶她作妻子。”牧羊人听了这话之后很是高兴，于是给了骗子很多的羊和财物。后来骗子又说道：“你的妻子在今天，已经为你生了一个儿子。”牧羊人还从未见过这个女人，听说她已经生了儿子，心中极大欢喜，又给了骗子很多财物。后来骗子又对他说：“你的儿子生下来了，现在已经死了。”牧羊人听了骗子的话，大声哭泣，抽咽不止。

世间的人也是一样，既然修学多闻教法，但为了自己的名利，吝惜自己的教法，不肯为他人教化演说，被这个烦恼之身所欺骗迷惑，妄图期望世间的享乐。好比自己的妻子和儿女，被他人利用来进行欺骗，既丧失了善法，后又失去了性命以及财物，便极大悲痛而哭泣，产生忧愁和苦恼，如同那个牧羊人一样。

三一　雇借瓦师喻[1]

昔有婆罗门师，欲作大会，语弟子言："我须瓦器，以供会用。汝可为我雇借瓦师，诣市觅之。"时彼弟子往瓦师家。时有一人，驴负瓦器，至市欲卖。须臾之间[2]，驴尽破之，还来家中，啼哭懊恼。弟子见已，而问之言："何以悲叹懊恼如是？"其人答言："我为方便，勤苦积年，始得成器，诣市欲卖。此弊恶驴，须臾之顷尽破我器，是故懊恼。"尔时弟子见闻是已，欢喜而言[3]："此驴乃是佳物[4]，久时所作，须臾能破，我今当买此驴。"瓦师欢喜，即便卖与。乘来归家，师问之言："汝何以不得瓦师将来，用是驴为？"弟子答言："此驴胜于瓦师。瓦师久时所作瓦器，少时能破。"时师语言："汝大愚痴，无有智慧。此驴今者适可能破，假使百年，不能成一。"

世间之人亦复如是，虽千百年受人供养[5]，都无报偿，常为损害，终不为益。背恩之人亦复如是。

【校注】

①“借”,《资福藏》、《碛砂藏》、《普宁藏》、《洪武南藏》、《永乐南藏》、《永乐北藏》、《径山藏》、《清藏》、金陵本作“倩”。下同。

②须臾：梵 muhūrta，指片刻。唐慧苑《新译大方广佛华严经音义》卷上：“《玉篇》曰：‘须臾，俄顷之间也。’《俱舍论》云：‘百二十刹那为一怛刹那量，六十怛刹那为一腊缚，三十腊缚为一须臾，三十须臾为一昼夜也。’”世亲造、唐玄奘译《阿毗达磨俱舍论》卷一二《分别世品》：“百二十刹那，为怛刹那量，腊缚此六十，此三十须臾，此三十昼夜。三十昼夜月，十二月为年，于中半减夜。”

③“而”,《资福藏》、《碛砂藏》、《普宁藏》、《洪武南藏》、《永乐南藏》、《永乐北藏》、《径山藏》、《清藏》、金陵本作“念”。

④“佳”,《资福藏》、《碛砂藏》、《普宁藏》、《洪武南藏》、《永乐南藏》、《永乐北藏》、《径山藏》、《清藏》本作“狂”。

⑤“千”,《资福藏》、《碛砂藏》、《普宁藏》、《洪武南藏》、《永乐南藏》、《永乐北藏》、《径山藏》、《清藏》本无。

供养：梵 pūjanā，指供给资养。唐窥基《妙法莲华经玄赞》卷二本：“进财行为供，有摄资名养。”舍利子造、唐玄奘译《阿毗达磨集异门足论》卷二《二法品》：“供养云何？答：供养有二种：一、财供养，二、法供养。财供养云何？答：以可意色、声、香、味、触、衣服、饮食、卧具、医药及余资具，于他有情，能惠能施，能随惠施；能弃能舍，能遍弃舍，是谓财供养。法供养云何？答：以素怛缆，或毗奈耶，或阿毗达磨，或亲教语，或轨范语，或传授藏，或余随一可信者语，于他有情，能惠能施，能随惠施；能弃能舍，能遍弃舍，是谓法供养。如是二种总名供养。”

【译文】

从前有一位婆罗门师，想召集一个大会，便对弟子说道："我需要一些瓦制器皿，以供大会时用。你可以为我雇一位瓦师，到集市上去寻找。"于是他的弟子就到瓦师家去了。当时有一个人，用驴驮着瓦器，来到集市正准备卖。可突然之间，那头驴将背上驮的瓦器全都打破了，他返回家中，为此事啼哭懊恼。弟子看见后，就问他道："为何如此的悲叹懊恼呢？"那人回答道："我凭借手艺，辛辛苦苦干了很多年，才制成了这些瓦器，本想到集市上卖掉，但这头可恶的驴子，一下子就把我做的瓦器全都打破了，所以才如此的懊恼。"当时弟子见此情景，十分高兴道："这头驴子可是一个好东西，经过很长时间制作出来的瓦器，一会儿功夫就能将其打破，我现在应当买下这头驴子。"瓦师听后心中欢喜，立即就将驴卖给他了。弟子骑着驴回到了家中，婆罗门师问他道："你为何没有请到瓦师回来，反而弄头驴作什么呢？"弟子回答道："这头驴的本领要胜过瓦师。瓦师花很长时间做成的瓦器，它在很短的时间内就能将其打破。"婆罗门师说道："你真是极大愚痴，没有智慧。这头驴现在是可能将瓦器打破，但假使经过一百年，它也不能做出一件瓦器来。"

世间的人也是一样，虽然千百年来接受别人的供养，但都不曾回报补偿，还经常损害他人，始终不做有益的事。忘恩负义的人就是这样。

三二　估客偷金喻

昔有二估客[①]，共行商贾[②]，一卖真金，其第二者卖兜罗绵[③]。有他买真金者，烧而试之。第二估客即便偷他被烧之金，用兜罗绵裹。时金热故，烧绵都尽，情事既露，二事俱失。

如彼外道，偷取佛法著己法中，妄称己有，非是佛法。由是之故，烧灭外典，不行于世。如彼偷金，事情都现，亦复如是。

【校注】

①估客：梵 vaṇij，指商人。隋阇那崛多译《佛本行集经》卷三七《富楼那出家品》："在家估客，行贾商人。"唐慧苑《新译大方广佛华严经音义》卷下："郑注《周礼》曰：'行卖曰商，坐卖曰估。'"

②商贾：梵 vāṇija，指经商。唐玄应《一切经音义》卷六："商贾，行卖曰商，坐卖曰贾。《白虎通》曰：'商之言商，度其远近，通四方之物以聚也。贾，固也。固物，以待民来求其利也。'"

③兜罗绵：梵 tūla-picu，指一种树绵。唐慧琳《一切经音义》卷三："堵

罗绵，细绵絮也。沙门道宣注《四分戒经》云：'草木花絮也。' 蒲台花、柳花、白杨、白叠花等絮是也。取细软义。" 唐定宾《四分律疏饰宗义记》卷六末："兜罗者，草木花絮之总名也。" 唐普光《俱舍论记》卷一一《分别世品》："妒罗，是树名。绵从树果中出，名妒罗绵。"

【译文】

从前有两个商人，共同经商，一个卖真金，第二个人卖兜罗绵。有他人来买真金，用火烧来检验。那第二个商人于是就偷走被他人烧过的金子，用兜罗绵来包裹。由于金子是热的，将包裹用的兜罗绵都烧掉了，偷金子的事也就败露了，最终金子与兜罗绵全都丧失了。

这就好比非佛的外道，窃取佛教教义到自己的教法中，并妄称这些是自己本有的教法，不是佛教的教义。为了证明自己所说，烧毁了外道原有的典籍，使之不能流传于世。如同那个人偷金子，最终事情败露一样。

【附录】

唐道世《法苑珠林》卷五五《破邪篇》第六十二《引证部》："《百喻经》云：昔有二贾客，共行商贾，一卖真金，其第二者卖兜罗绵。有他买真金者，烧而试之。第二贾客即便偷他被烧之金，裹兜罗绵。时金热故，烧绵都尽，情事既露，二事俱失。如彼外道，偷取佛法著己法中，妄称己有，非是佛法。由是之故，烧灭外典不行于世。如彼偷金，事情睹见，亦复如是。"

三三　斫树取果喻

昔有国王，有一好树，高广极大，当生胜果[①]，香而甜美。时有一人来至王所，王语之言："此之树上将生美果，汝能食不[②]？"即答王言："此树高广，虽欲食之，何由能得？"即便断树，望得其果，既无所获，徒自劳苦。后还欲竖，树已枯死，都无生理。

世间之人亦复如是，如来法王有持戒树[③]，能生胜果；心生愿乐，欲得果食，应当持戒，修诸功德；不解方便，返毁其禁[④]。如彼伐树，复欲还活，都不可得，破戒之人亦复如是。

【校注】

①"当生胜"，《资福藏》、《碛砂藏》、《普宁藏》、《洪武南藏》、《永乐南藏》、《永乐北藏》、《径山藏》、《清藏》、金陵本作"常有好"。

②不：通"否"。

③如来：梵 tathāgata，指从如实真理而来，为佛十号之一。后秦鸠摩罗什译《金刚经般若波罗蜜经》："如来者，无所从来，亦无所去，故

名如来。"后秦鸠摩罗什译《成实论》卷一《十号品》:"如来者,乘如实道,来成正觉,故曰如来。"隋吉藏《胜鬘宝窟》卷上末:"如来者,体如而来,故名如来。又如诸佛来,故名如来。问:'体如而来,故名如来,此是应身,何有来义?真如法身,云何有来?'答:'如本隐今显,亦得称来。'"唐一行《大毗卢遮那成佛经疏》卷一《入真言门住心品》:"如诸佛乘如实道来成正觉,今佛亦如是来,故名如来。"大目乾连造、唐玄奘译《阿毗达磨法蕴足论》卷二《证净品》:"言如来者,如世尊言:从菩萨证无上正等菩提夜,乃至佛无余依般涅槃界夜,于其中间,诸有所说,宣畅敷演,一切皆如,无有虚妄,无有变异,谛实如理,无有颠倒,皆以如是如实正慧见已而说,故名如来。"

④"返",《资福藏》、《碛砂藏》、《普宁藏》、《洪武南藏》、《永乐南藏》、《永乐北藏》、《径山藏》、《清藏》本作"反"。

【译文】

从前有一个国王,拥有一棵上好的树,长得又高又大,还经常结出殊胜的果实,味道清香而且甜美。当时有一个人来到国王的处所,国王对他说:"这棵树上将生长出鲜美的果实,你能吃到它吗?"这个人立即回答国王道:"这棵树高大宽广,虽然很想吃上面的果实,但又如何能够得到呢?"于是就将树砍断,希望取得上面的果实,但一无所获,还白白耗费了力气。后来又想将树竖立起来,可树已经枯死,全无再生之理。

世间的人也是一样,如来法王有持戒的树,能生长出殊胜的果实;如果心中产生愿望,想得到胜果来食,就应当严持戒律,修行各种功德;但由于不了解修行的方便,反而毁坏了禁戒。如同那人把树砍倒,又想让树复活一样,都是不可能得到的,破戒的人就是这样。

【附录】

唐道世《法苑珠林》卷九〇《破戒篇》第八十八《引证部》："《百喻经》云：昔有国王，有一好树，高广极大，当生胜果，香而甜美。时有一人，来至王所，王语之言：'此之树上，将生美果，汝能食不？'即答王言：'此树高广，虽欲食之，何由能得？'即便断树，望得其果。既无所获，徒自劳苦。后还欲竖，树已枯死，都无生理。世间之人亦复如是，如来法王有持戒树，修诸功德，不解方便，反毁其禁。如彼伐树，复欲还活，都不可得。破戒之人亦复如是。"

三四　送美水喻

昔有一聚落[①]，去王城五由旬[②]，村中有好美水，王敕村人常使日日送其美水。村人疲苦，悉欲移避，远此村去。时彼村主语诸人言："汝等莫去，我当为汝白王，改五由旬作三由旬，使汝得近，往来不疲。"即往白王，王为改之作三由旬。众人闻已，便大欢喜。有人语言："此故是本五由旬，更无有异。"虽闻此言，信王语故，终不肯舍。

世间之人亦复如是，修行正法[③]，度于五道[④]，向涅槃城[⑤]，心生厌惓[⑥]，便欲舍离，顿驾生死，不能复进。如来法王有大方便，于一乘法分别说三。小乘之人闻之欢喜[⑦]，以为易行，修善进德，求度生死。后闻人说："无有三乘[⑧]，故是一道[⑨]。"以信佛语，终不肯舍[⑩]。如彼村人亦复如是。

【校注】

①聚落：梵 grāma，指人群聚居之村落。南朝宋佛陀什、竺道生译《弥沙塞部和醯五分律》卷一《初分》第一《四波罗夷法》："若城堑、若篱栅周回围绕三由旬乃至一屋，是名聚落。"

②由旬：梵 yojana，指公牛挂轭行走或帝王行军一日之路程。后秦僧肇《注维摩诘经》卷六《不思议品》："由旬，天竺里数名也。上由旬六十里，中由旬五十里，下由旬四十里也。"唐玄奘《大唐西域记》卷二："夫数量之称，谓逾缮那。旧曰由旬，又曰逾阇那，又曰由延，皆讹略也。逾缮那者，自古圣王一日军行也。旧传一逾缮那四十里矣，印度国俗乃三十里，圣教所载惟十六里。"唐义净译《根本说一切有部百一羯磨》卷三："言瑜膳那者，既无正翻义。当东夏一驿可三十余里。旧云由旬者，讹略。若准西国俗法，四俱卢舍为一瑜膳那，计一俱卢舍可有八里，即是当其三十二里。若准内教，八俱卢舍为一瑜膳那，一俱卢舍有五百弓，弓有一步数，准其步数才一里半余，将八倍之当十二里，此乃不充一驿。亲验当今西方瑜膳那可有一驿，故今皆作一驿翻之，遮无远滞。"

③正法：梵 sad-dharma，指真实正确之道法。南朝宋求那跋陀罗译《杂阿含经》卷二五："我今当以正法付嘱人、天，诸天、世人共摄受法者，我之教法则千岁不动。"南朝陈月婆首那译《胜天王般若波罗蜜经》卷五《证劝品》："菩萨摩诃萨行般若波罗蜜，通达一切法名为正法。所谓四念处、四正勤、四如意足、五根、五力、七觉分、八圣道分、空无相无愿通达平等，名为正法。"东晋瞿昙僧伽提婆译《增壹阿含经》卷四八《礼三宝品》："夫正法者于欲而除渴爱想，夫正法者于欲而除欲，夫正法者能断生死渊流，夫行正法获平等法。然此正法断诸恶趣，寻此正法得至善处。夫正法者能断爱网，行正法者从有至无，行正法者明靡不照。夫正法者至涅槃界。"

④五道：梵 pañca gatayaḥ，指天道、人道、畜生道、饿鬼道、地狱道。明一如《大明三藏法数》卷一七："五道者，天、人、地狱、饿鬼、畜生也。若言六道，则加阿修罗。此不言者，以阿修罗一道，摄于天、人、畜生、

饿鬼诸趣之中故也。一、天道：天者，最高最上，极大极尊，受用出于自然，快乐莫非如意，由昔广修净行故感此报，是名天道。二、人道：人者，忍也，谓能安忍世间苦乐之境也。又仁也，如《梵摩喻经》云：'清信善人，守仁不杀，知足不盗，贞洁不淫；执信之人，言不欺诳；忠孝之人，不嗜醉酒。'盖天地所生，惟人为贵，由习善行，报感此身，是为人道。三、地狱道：地狱，谓在地之下也。《婆沙论》云：'赡部洲下，过五百逾缮那，乃有地狱。'然此地狱，其量大小不同，其寿延促各异，皆由众生造极恶业，报尽命终，至此受苦也。四、饿鬼道：谓此鬼类，羸瘦丑恶，见者畏惧，穷年卒岁，不遇饮食，或居海底，或近山林，乐少苦多，寿长劫远。由昔悭贪所报，获此身也。五、畜生道：畜生亦名旁生。《婆沙论》云：'畜谓畜养，谓其横生，覆身而行，禀性愚痴，不能自立，为他畜养，故名畜生。'又名旁生者，谓其形旁而行不正，遍在诸处，由昔恶业报生此道也。"

⑤涅槃城：梵 nirvāṇa-pura，指涅槃为圣人所居之解脱境界。南朝宋求那跋陀罗译《楞伽阿跋多罗宝经》卷三《一切佛语心品》："菩萨摩诃萨于如是义，独一静处，闻思修慧，缘自觉了，向涅槃城，习气身转变已，自觉境界，观地地中间胜进义相。"龙树造、后秦鸠摩罗什译《大智度论》卷二〇《释初品》中《三三昧义》："涅槃城有三门，所谓空、无相、无作。"

⑥"惓"，《资福藏》、《碛砂藏》、《普宁藏》、《洪武南藏》、《永乐南藏》、《永乐北藏》、《径山藏》、《清藏》、金陵本作"倦"。

⑦小乘：梵 hīna-yāna，指以自利自为之声闻乘。明一如《大明三藏法数》卷一六："小乘者，即人、天乘也。谓人、天以五戒十善为乘，运

出四趣，故名小乘。”明杨卓《佛学次第统编》："小乘者，对大乘而言。乘者，运载之义，以喻能乘人而到其果地之教法也。有一乘乃至五乘之别。言小乘者，小根小机所乘之义，灭小苦与小利益之教。自利主义之声闻、缘觉、阿罗汉，得小涅槃之法也。”

⑧三乘：梵 trīṇi yānāni，指声闻乘、缘觉乘（梵 pratyeka-buddha）、菩萨乘。前二为小乘，后一为大乘。后秦鸠摩罗什译《妙法莲华经》卷二《譬喻品》："若有众生，内有智性，从佛世尊闻法信受，殷勤精进，欲速出三界，自求涅槃，是名声闻乘；如彼诸子为求羊车、出于火宅。若有众生，从佛世尊闻法信受，殷勤精进，求自然慧，乐独善寂，深知诸法因缘，是名辟支佛乘；如彼诸子为求鹿车、出于火宅。若有众生，从佛世尊闻法信受，勤修精进，求一切智、佛智、自然智、无师智、如来知见、力无所畏，愍念、安乐无量众生，利益天人，度脱一切，是名大乘，菩萨求此乘故，名为摩诃萨；如彼诸子为求牛车、出于火宅。”

⑨案后秦鸠摩罗什译《妙法莲华经》卷一《方便品》："十方佛土中，唯有一乘法，无二亦无三。除佛方便说，但以假名字，引导于众生，说佛智慧故。诸佛出于世，唯此一事实，余二则非真，终不以小乘，济度于众生。佛自住大乘，如其所得法，定慧力庄严，以此度众生。自证无上道，大乘平等法，若以小乘化，乃至于一人，我则堕悭贪，此事为不可。”

⑩案唐澄观《大方广佛华严经疏》卷二："若信执三乘五性，不信一乘一性者，深为可愍。故《百喻经》第二中《王改聚落五由旬为三由旬喻》，以喻方便于一说三；后人但信于三，不信于一，即其事也。”

【译文】

从前有一个人群集聚的村落，离国王的城池有五由旬的距离，村中有上好的水，国王命令村里人每天要给王宫送水。村里的人为此十分疲惫辛苦，全都想迁移躲避到远离村子的地方。当时那个村的村主对众人说道："你们不要走，我为你们向国王申请，将距离从五由旬改为三由旬，使你们能够离王城近一点，往返送水时不感觉那么疲劳。"村主就去向国王申请，国王同意将距离改成三由旬。众人听到这个消息后，都十分高兴。有人说道："从村子到王城的距离仍然是五由旬，没有一点变化。"大家虽然听到这人的异议，但还是相信国王的话，始终不肯离开这个村子。

世间的人也是一样，修行正法，为了度脱于五道，最终趣向涅槃之境，但由于心中产生厌倦，便想放弃舍离，而去寻求能够即刻了脱生死的方法，这样一来修行就不可能再有进展。如来法王有广大方便法门，将本是一乘的大教分别演说为三乘教法。小乘之人听了之后十分欢喜，以为易于行持，修行善法积累功德，以求度脱生死。后来听别人说："根本没有三乘教法，就只有一乘大教。"由于相信佛的方便说教，始终不肯舍弃小乘教法。如同那些村里人一样。

【附录】

唐道世《法苑珠林》卷二四《说听篇》第十六之二《渐顿部》："《百喻经》云：昔有一聚落，去王城五由旬，村中有好美水，王敕村人常使民日日送其美水。村人疲苦，悉欲移避，远此村去。时彼村主语诸人言：'汝等莫去，我当为汝白王，改五由旬作三由旬，使汝得近，往来不疲。'即往白王，王为改之作三由旬。众人闻已，便大欢喜。有人语言：'此故是本五由旬，更无有异。'虽闻此言，信王语故，终不肯舍。世间之人亦复如是，修行正法，度于五道，向涅槃城，心生疲倦，便欲舍离，顿驾生死，不能复进。如来法王有大方便，于一乘法分别说三。小乘之人闻之欢喜，以为易行，修善进德，求度生死。后闻人说：'无有三乘，故是一乘。'以信佛语，终不肯舍。如彼村人亦复如是。"

唐道世《诸经要集》卷二《敬僧篇》第三《渐顿缘》："《百喻经》云：昔有一聚落，去王城五由旬，村中有好美水，王敕村人常使日日送其美水。村人疲苦，悉欲避，远此村去。时彼村主语诸人言：'汝等莫去，我当为汝白王，改五由旬作三由旬，使汝得近，往来不疲。'即往白王，王为改之作三由旬。众人闻已，便大欢喜。有人语言：'此故是本五由旬，更无有异。'虽闻此言，信王语故，终不肯舍。世间之人亦复如是，修行正法，度于五道，向涅槃城，心生疲倦，便欲舍离，顿驾生死，不能复进。如来法王有大方便，于一乘法分别说三。小乘之人闻之欢喜，以为易行，修善进德，求度生死。后闻人说：'无有三乘，故是一乘。'以信佛语，终不肯舍。如彼村人亦复如是。"

唐法藏《华严经探玄记》卷一："《百喻经》第二卷云：昔有一聚落，去王城五由旬，村中有好美水，王敕村人常使日日送其美水。村人疲苦，悉欲移，远此村去。时彼村主语诸人言：'汝等莫去，我当为汝白王，改五由旬作三由旬，使汝得近，去来不疲。'则往白王，王为改之作三由旬。众人闻已，便大欢喜。有人语言：'此故是本五由旬，更无有异。'虽闻此言，信王语故，终不肯舍。世间之人亦复如是，修行正法，度于五道，向涅槃城，心生疲倦，便欲舍离，顿驾生死，不能复进。如来法王有大方便，于一乘法分别说三。小乘之人闻之欢喜，以为易行，修善进德，求度生死。后闻人说：'无三乘，故是一乘。'以信佛语，终不肯舍。如彼村人亦复如是。"

唐澄观《大方广佛华严经随疏演义钞》卷八："《百喻经》第二云：昔有一聚落，去王城五由旬，村中有好美水，王敕村人常使日日进其美水。村人疲苦，悉欲远移，避此村去。时彼村主语诸人言：'汝等莫去，我当为汝白王，改五由旬作三由旬，使汝得近，往来不疲。'即往白王，王为改之作三由旬。众人闻已，便大欢喜。有人语言：'今三由旬，与彼本来五由旬量，更无有异。'虽闻此言，信王语故，终不肯舍。世间之人亦复如是，修行正法，超度五道，向涅槃城，心生疲倦，便欲舍离，顿驾生死，不能复进。如来法王有大方便，于一乘法分别说三。小乘之人闻之欢喜，以为易行，修善进德，求度生死。后闻人说：'无有三乘，但是一道。'以信佛语，终不肯舍。当知彼人亦复如是。"

日本寿灵《华严五教章指事》卷上末："《百喻经》第一卷云：昔有聚落，去王城五百由旬，村中有好美水，王敕村人常使日日送其美水。村人疲苦，悉欲移避，远此村去。时彼村移主语诸人言：'汝等莫去，我当为汝白王，改五百由旬作三由旬，使汝得近，往来不疲。'即往白王，王为改之作三由旬。众人闻已，使大欢喜。有人语言：'此故是本五由旬，更无有异。'虽闻此言，信王语故，终不肯舍。世间之人亦复如是，修行正法，度于五道，向涅槃城，心生厌倦，更欲舍离，顿驾生死，不能复进。如来法王有大方便，于一乘法分别说三。小乘之人闻之欢喜，以为易行，修善进德，求度生死。后闻人说：'无有三乘，故是一道。'以信佛语，终不肯舍。如彼村人亦复如是。"

三五　宝箧镜喻

昔有一人，贫穷困乏，多负人债，无以可偿。即便逃避，至空旷处，值箧[①]，满中珍宝。有一明镜，著珍宝上，以盖覆之。贫人见已，心大欢喜，即便发之，见镜中人，便生惊怖，叉手语言[②]："我谓空箧，都无所有，不知有君在此箧中，莫见瞋也。"

凡夫之人亦复如是[③]，为无量烦恼之所穷困，而为生死魔王债主之所缠著[④]，欲避生死，入佛法中[⑤]，修行善法，作诸功德。如值宝箧，为身见镜之所惑乱[⑥]，妄见有我，即便封著，谓是真实。于是堕落[⑦]，失诸功德、禅定[⑧]、道品[⑨]，无漏诸善[⑩]、三乘道果一切都失。如彼愚人弃于宝箧，著我见者亦复如是[⑪]。

【校注】

①箧：梵 peḍā，指小箱。唐慧琳《一切经音义》卷七："箱箧，《字林》云：'箱，竹器也。'《韵英》云：'盛书盛衣器物名也。'《考声》云：'箧，属也。'案浅曰箱，深曰箧。《考声》云：'箧，椷也。'《字书》云：

'箱属也,'《说文》云:'箧,笥也。'"

②叉手:梵 daśa-nakha-kṛtvā，指将两手手指交叉的一种印度致敬礼法。西晋竺法护译《佛说方等般泥洹经》卷上《四童品》:"阿难。汝为空无菩萨叉十指说是偈言:'其雄根为寂定,空无出大光明,我为勇猛叉手,为师子大吼礼。志一心及精进，积智慧以具足，我为真善叉手，礼无有与等者。'于是佛为贤者阿难说偈言:'为空无菩萨，汝一心叉手，所当得福者，且听我所说。'佛告阿难:'汝用是叉手功德，我般泥洹已后六月中，当独作佛，天上天下人皆当稽首向汝作礼。'"

③凡夫:梵 pṛthag-jana，指未能证见四谛真理的凡庸浅识之人。后秦鸠摩罗什译《金刚般若波罗蜜经》:"如来说有我者，则非有我，而凡夫之人以为有我。"后秦鸠摩罗什译《妙法莲华经》卷二《譬喻品》:"憍慢懈怠，计我见者，莫说此经，凡夫浅识，深著五欲，闻不能解。"隋阇那崛多译《大威德陀罗尼经》卷一三:"此等诸食为凡夫辈，以于生死迷惑流转，住不正道，故名凡夫。"

④"为",《径山藏》本无。

⑤"佛"下,《径山藏》本衍一"佛"。

⑥身见:梵 satkāya-dṛṣṭi，指执著于身体实有之邪见。明一如《大明三藏法数》卷一七:"谓于五阴中，妄计有身，强立主宰，恒起我见，执我、我所，是名身见。"

⑦堕落:梵 prapāta，指丧失道心而堕入恶道。后秦鸠摩罗什译《妙法莲华经》卷二《譬喻品》:"诸子幼稚，未有所识，恋著戏处，或当堕落，为火所烧。"

⑧禅定:梵 dhyāna samādhi，指让心虑定止在一个境界之状态。东

晋慧远《大乘义章》卷一三《八禅定义》："禅者，是其中国之言。此翻名为思惟修习，亦云功德丛林。思惟修者，从因立称。于定境界，审意筹虑，名曰思惟。思心渐进，说为修习；从克定名，思惟修寂。亦可此言，当体为名。禅定之心，正取所缘，名曰思惟。思心增进，说为修习。功德丛林者，从果为名。智慧、神通、四无量等，是其功德。众德积聚，说为丛林。定能生之，因从果目，是故说为功德丛林。所言定者，当体为名。心住一缘，离于散动，故名为定。言三昧者，是外国语，此名正定。定如前释，离于邪乱，故说为正。"

⑨道品：梵 bodhi-pakṣa，指达到涅槃诸道法之品类差别，共有三十七道品，即：四念处、四正勤、四如意足、五根、五力、七觉分、八正道分。龙树造、后秦鸠摩罗什译《大智度论》卷二〇《释初品》中《三三昧义》："三十七品是趣涅槃道，行是道已，得到涅槃城。"隋智顗《法界次第初门》卷中之下《三十七品初门》："四念处：一、身念处，二、受念处，三、心念处，四、法念处。一、身念处者：头等六分，四大五根假合，故名为身；是中观身智慧为念；明见内身五种不净，破净颠倒，即是处也；观外身、内外身亦如是，是为身念处也。二、受念处者：六触因缘生六受，从六受生三受，名之为受；是中观受智慧名为念；明达三受皆苦，破乐颠倒，即是处；观外受、内外受亦如是，是为受念处也。三、心念处者：六识能识诸尘，分别攀缘，谓之为心；是中观内心智慧名之为念；了知心从缘生，刹那不住，念念生灭，破常颠倒，即是处也；观外心、内外心亦尔，是为心念处也。四、法念处者：想、行二阴及三无为法，名之为法；是中观法智慧名为念；通达一切法我、我所，毕竟不可得故，无我破我颠倒，即是处也；观外法、内外法亦如是，是为法念处。

若声闻经中明念处，但说破四倒为念处；若摩诃衍中明念处，即说破八倒为念处也。故《大品经》云：'若能深观四念处，是为坐道场。'四正勤：一、已生恶法为除断，一心勤精进；二、未生恶法不令生，一心勤精进；三、未生善法为生，一心勤精进；四、已生善法为增长，一心勤精进。一、已生恶法为除断，一心勤精进：四念处观时，若懈怠心起，五盖等诸烦恼覆心，离信等五种善根时，如是等恶若已生为断故，一心勤精进，方便除断令尽也。二、未生恶法不令生，一心勤精进：四念处观时，若懈怠心及五盖等诸烦恼恶法虽未生，恐后应生遮信等五种善根，今为不令生故，一心勤精进，方便遮止不令得生也。三、未生善法为生，一心勤精进：四念处观时，信等五种善根未生为令生故，一心勤精进，方便修习令信等善根生也。四、已生善法为增长，一心勤精进：若四念处观时，信等五种善根已生，为令增长故，一心勤精进，方便修习信等善根令不退失，增长成就。此四通名正勤者，破邪道，于正道中勤行故，名正勤也。四如意足：一、欲如意足，二、精进如意足，三、心如意足，四、思惟如意足。一、欲如意足：欲为主得定，断行成就，修如意分，是为欲如意足。二、精进如意足：精进为主得定，断行成就，修如意分，是为精进如意足。三、心如意足：心为主得定，断行成就，修如意足。四、思惟如意足：思惟为主得定，断行成就，修如意分。此通言如意者，四念处中实智慧，四正勤中正精进，精进智慧增多，定力小弱，得四种定摄心故；智定力等，所愿皆得故，名如意足；智定力等，能断结使，故云断行成就也。五根：一、信根，二、精进根，三、念根，四、定根，五、慧根。一、信根：信正道及助道法，是名信根也。二、精进根：行是正道，及诸助道善法时，勤求不息，是名精进根。三、念根：念正道及诸助道善法，更无他念，是名念根也。四、定根：摄心在正道及诸助道善法中相，应不散是，为定根也。五、慧根：为正道及诸助道善法，观无常等十六行，是名慧根。此五通名根者，能生也；行者既得四如意足，智定安隐，即信等五种善法，若似若真，任运而生；譬如阴阳调适，一切种子悉有根生，故名根也。五力：一、信力，二、精进力，三、念力，四、定力，五、慧力。一、信力：信正道及诸助道法时，若信根增长，能遮疑惑，破诸邪信及烦恼，故名信力。二、精进力：行是正道及诸助道法时，若精进根增长，破种种身心懈怠，成办出世之事，是为精进力。三、念力：念正道及诸助道法时，若念根增长，破诸邪念，成就一切出世正念功德，是为念力。四、定力：摄心在正道及诸助道法时，若定根增长，则能破诸乱想，发诸事理禅定，是为定力。五、慧力：为正道及诸助道法，观无常十六行时，若慧根增长，则能遮三界见思之惑，发真无漏，故名慧力。此五通名力者，能坏诸有漏不善，成办出世善事，故名力也。七觉分：一、择法觉分，二、精进觉分，三、喜觉分，四、除觉分，五、舍觉分，六、定觉分，七、念觉分。一、择法觉分：智慧观诸法时，善能简别真伪，不谬取诸虚伪法，故名择法觉分。二、精进觉分：精进修诸道法时，善能觉了不谬，行于无益之苦行，常勤心在真法中行，故名精进觉分。三、喜觉分：若心得法喜，善能觉了此喜，不依颠倒之法而生，欢喜住真法喜，故名喜觉分。四、除觉分：若断除诸见烦恼之时，善能觉了，除诸虚伪，不损真正善根，故名除觉分。五、舍觉分：若舍所见念著之境时，善能觉了所舍之境，虚伪不实，永不追忆，是为舍觉分。六、定觉分：若发诸禅定之时，善能觉了诸禅虚假，不生见爱妄想，是为定觉分。七、念觉分：若修出世道时，善能觉了，常使定慧均平；若心沉没，当念用择法、精进、喜等三觉分察起；若心浮动，当念用除、舍、定等三分摄；故念觉常在二盈之间，调和中适，是念觉分。此七通名觉分者，无学实觉七事能到，故通名觉分。八正道分：一、正见，二、正思惟，三、正语，四、正业，五、正命，六、正精进，七、正念，八、正定。一、正见：若修无漏十六行，见四谛分明，故名正见。二、正思惟：见四谛时，无漏心相应，思惟动发，觉知筹量，为令增长入涅槃，故名正思惟。三、正语：以无漏智慧，除四种邪命，摄口业住一切口正语中，是为正语。四、正业：以无漏智慧，除身一切邪业，住清净正身业中，是名正业。五、正命：以无漏智慧，通除三业中五种邪命，住清净正命中，是为正命。何等五种？一、为利养故，诈现异相奇特；二、为利养故，自说功德；三、为利养故，占相吉凶为人说法；四、为利养故，高声现威令人畏敬；五、为利养故，称说所得供养，以动人心。邪因缘活命，故是为邪命。六、正精进：以无漏智慧相应，勤精进修涅槃道，是为正精进。七、正念：以无漏智慧相应，念正道及助道法，故名正念。八、正定：以无漏智慧相应入定故，故名正定。是八通名正道者，正以不邪为义，今此八法不依偏邪而行，皆名为正，能通至涅槃故名为道。"

⑩无漏：梵 anāsrava，指无有烦恼。隋那连提耶舍译《阿毗昙心论经》卷一《界品》："若行离身见等烦恼，是名无漏。"后秦鸠摩罗什译《摩诃般若波罗蜜经》卷四《句义品》："何等为无漏法？四念处乃至十八不共法及一切智，是名无漏法。"北宋惟净《佛说大乘入诸佛境界智光明庄严经》卷四："无漏者，谓离四种有漏之法。何等为四？一者欲漏，二者有漏，三者无明漏，四者见漏。"

⑪我见：梵 ātma-dṛṣṭi，指执著于有真实自我存在之邪见。护法造、

唐玄奘译《成唯识论》卷四："我见者，谓我执，于非我法，妄计为我，故名我见。"明一如《大明三藏法数》卷二三："谓不知此身，五蕴所成，虚假不实，妄计为身，强立主宰，恒执为我，是为我见。"

【译文】

从前有一个人，十分贫穷困苦，欠了很多人的债，无法予以偿还。于是就逃避躲债，来到一个空旷之处，发现了一个小箱子，里面装满了各种珍宝。有一面明亮的镜子，放在珍宝的上面，用来盖覆住整个珍宝。穷人发现后，心中极大欢喜，马上就打开箱子，但看到镜子中自己的影像，便很惊慌恐惧，叉手行礼道："我以为是个空箱子，什么都没有，但不知道有您在这个箱子里面，切莫见怪生气呀。"

凡夫之人也是一样，被无量的烦恼所困扰，又被生死的魔王债主所缠缚，想逃避生死，进入到佛法之中，修行善法，作各种功德。就好像那个穷人遇到宝箧，被身见之镜所迷惑扰乱，误认为有"我"的存在，产生"我见"执著，以为"我"是真实的。于是堕落迷途，丧失了各种功德、禅定、道品的境界，以及无漏的各种善业、三乘道果等一切全都丧失了。如同那个愚人舍弃了宝箧，执著"我见"的人就是这样。

三六　破五通仙眼喻

昔有一人，入山学道，得五通仙[①]，天眼彻视[②]，能见地中一切伏藏[③]、种种珍宝。国王闻之，心大欢喜，便语臣言："云何得使此人常在我国，不余处去，使我藏中得多珍宝？"有一愚臣，辄便往至，挑仙人双眼，持来白王："臣以挑眼，更不得去，常住是国。"王语臣言："所以贪得仙人住者，能见地中一切伏藏。汝今毁眼[④]，何所复任[⑤]？"

世间之人亦复如是，见他头陀苦行[⑥]，山林旷野[⑦]、冢间[⑧]、树下[⑨]，修四意止及不净观[⑩]；便强将来，于其家中，种种供养毁他善法，使道果不成，丧其道眼[⑪]；已失其利，空无所获，如彼愚臣唐毁他目也。

【校注】

①五通仙：梵 pañcābhijñai ṛṣibhiḥ，指证得五通之仙人。后秦鸠摩罗什译《维摩诘所说经》卷中《佛道品》："或现离淫欲，为五通仙人。"所谓"五通"，指天眼通、天耳通、神足通、他心通、宿命通。明一如《大明三藏法数》卷一五："一、天耳通：天耳通者，谓于世间一切众生苦乐、

忧喜、种种音声，悉能闻也。二、天眼通：天眼通者，谓于世间一切种种形色，及诸众生，死此生彼，苦乐之相，悉能见也。三、宿命通：宿命通者，谓于自身、他身，多生所行之事，悉能知也。四、他心通：他心通者，谓于他人心中思惟种种善恶之事，悉能了知也。五、神足通：神足通者，谓随意变现，飞行自在，一切所为，无有障碍也。"所谓"仙"，唐慧琳《一切经音义》卷八〇："《广雅》云：'仙，化也。'《释名》云：'老而不死曰仙。'《说文》：'长生人也。'"南宋法云《翻译名义集》卷二《仙趣篇》："《般若灯论》云：'声闻、菩萨等亦名仙，佛于中最尊上故，已有一切波罗蜜多功德，善根彼岸，故名大仙。'"

②天眼：梵 divya-cakṣus，指天人之眼。三国魏康僧铠《佛说无量寿经》卷下："天眼通达，无量无限。"龙树造、后秦鸠摩罗什译《大智度论》卷五《初品》中《摩诃萨埵释论》："天眼通者，于眼得色界四大造清净色，是名天眼。天眼所见，自地及下地六道中众生诸物，若近、若远、若覆、若细，诸色无不能照。是天眼有二种：一者从报得，二者从修得。"明一如《大明三藏法数》卷一八："天眼者，谓诸天因修禅定而得也。此眼远近、前后、内外、昼夜、上下皆悉能见，以无色质障碍故也。"

③伏藏：梵 nidhāna，指埋藏于地下或洞中之宝藏。北凉昙无谶译《大般涅槃经》卷七《如来性品》："譬如有人善知伏藏，即取利钁斸地直下，磐石沙砾直过无难。"唐菩提流志译《大宝积经》卷一七《无量寿如来会》："最胜丈夫修行已，于彼贫穷为伏藏。"

④"毁"，《径山藏》本作"悔"。

⑤"任"，《金藏》、《普宁藏》、《洪武南藏》、《永乐南藏》、《永乐北藏》、《径山藏》、《清藏》本作"住"。

⑥头陀：梵 dhūta，指抖擞衣服、饮食、住处三种贪著之行法。东晋慧远《大乘义章》卷一五《十二头陀义》："头陀，胡语，此方正翻名为抖擞。此离著行，从喻名之，如衣抖擞，能去尘垢。修习此行，能舍贪著，故曰抖擞。"南宋法云《翻译名义集》卷一《释氏众名篇》："头陀，新云杜多，此云抖擞，亦云修治，亦云洮汰。《垂裕记》云：'抖擞烦恼故也。'《善住意天子经》云：'头陀者，抖擞贪欲、瞋恚、愚痴，三界内外六入，若不取不舍，不修不著，我说彼人，名为杜多。'今讹称头陀。《大品》云：'须菩提。说法者，受十二头陀：一、作阿兰若，二、常乞食，三、纳衣，四、一坐食，五、节量食，六、中后不饮浆，七、冢间住，八、树下，九、露地住，十、常坐不卧，十一、次第乞食，十二、但三衣。'《大论》六十七云：'十二头陀，不名为戒。能行则戒庄严，不能行不犯戒。'然论但依经次第广释，不分部位，诸文引用多误，故此点出。《南山律钞》：'位分为四：衣二：一、纳衣，二、但三衣；食四：一、乞食，二、不作余食法，三、一坐，四、一揣；处五：一、兰若，二、冢间，三、树下，四、露坐，五、随坐；威仪一：常坐。'此无次第乞食，处加随坐。"

⑦山林旷野：指头陀十二行法之"阿兰若"（梵 araṇya），为出家人适宜之僻静修行处所。南宋法云《翻译名义集》卷七《寺塔坛幢篇》："阿兰若，或名阿练若，《大论》翻'远离处'，《萨婆多论》翻'闲静处'。天台云：'不作众事，名之为闲；无愦闹故，名之为静。'或翻'无诤'，谓所居不与世诤，即离聚落五里处也。肇云：'忿竞生乎众聚，无诤出乎空闲。'故佛赞住于阿兰若。应师翻'空寂'，苑师分三类：'一、达磨阿兰若，即《华严》之初，谓说诸法本来湛寂，无起作义；二名、摩登伽阿兰若，谓冢间处，要去村落一俱卢舍，大牛吼声所不及处；三名、檀

陀迦阿兰若，谓沙碛之处也。'" 明一如《大明三藏法数》卷三四："住阿兰若处，梵语阿兰若，华言寂静处，谓比丘当住于空闲寂静之处，身离愦闹，心离欲尘，永绝攀缘，求无上道，是为头陀行也。"

⑧冢间：指头陀十二行法之"冢间坐"（梵 śmāśānika），为出家人依坟地而坐修行。明一如《大明三藏法数》卷三四："冢间坐，谓无常苦空之观，是佛法之初门，能令厌离三界。比丘住于冢间，常见死尸，臭烂狼籍，火烧鸟啄，则无常不净之想，易得成就，是故冢间坐为头陀行也。"

⑨树下：指头陀十二行法之"树下坐"（梵 niṣaṇṇā vṛkṣa-talaṃmi），为出家人依树下而坐修行。明一如《大明三藏法数》卷三四："树下坐，谓比丘于冢间不得道者，当至树下，思惟求道。如佛生时，成道、转法轮、般涅槃，皆在树下。有如是因缘，是故比丘如佛所行，当树下坐，为头陀行也。"

⑩四意止：梵 catvāri prahāṇāni，指四正勤。见"（三五）宝箧镜喻"校注⑨。

⑪"丧"，《金藏》本作"望"。

【译文】

从前有一个人，到山中去修学道法，成为具有五通之仙人，天眼可以无障碍地透视，能够看到地下所埋的一切宝藏、各种珍宝。国王听说后，心中十分高兴，于是就对大臣们说道："有什么办法可以使此人永远地留在我们国家，而不到别的地方去，使我的库藏中能够获得更多的珍宝呢？"有一个没有智慧的大臣，即刻前往仙人那里，挑出了仙人的双眼，然后拿回来对国王说道："臣已经挑出仙人双眼，他不可能再到别的地方去了，只能永远地住在我们国家了。"国王对愚臣说道："之所以贪求让仙人住在我们国家里，是因为他能够看见地下所埋的一切宝藏。你现在毁掉了仙人的双眼，那他还能起什么作用呢？”

世间的人也是一样，看到别人修习头陀苦行，在山林旷野、坟间、树下，修习四意止及不净观，于是就将其强行请来，接到自己家中，以各种供养来毁坏他的善法，使他的道果不能成就，废丧了他的道眼；已经毁失了他的利益，最终空无所获，如同那个愚臣徒然毁掉仙人双眼一样。

三七　杀群牛喻[①]

昔有一人，有二百五十头牛，常驱逐水草，随时馁食[②]。时有一虎，啖食一牛[③]。尔时，牛主即作念言："已失一牛，俱不全足[④]，用是牛为？"即便驱至深坑高岸[⑤]，排著坑底，尽皆杀之。

凡夫愚人亦复如是，受持如来具足之戒[⑥]，若犯一戒，不生惭愧清净忏悔[⑦]，便作念言："我已破一戒[⑧]，既不具足[⑨]，何用持为？"一切都破，无一在者。如彼愚人尽杀群牛，无一在者。

【校注】

①"杀"，《金藏》本作"煞"。下同。

②馁：指喂食。明慧机《庆忠铁壁机禅师语录》卷一二："布袋头开，馁驴馁马，要骑便骑，要下便下。"

③啖：梵 bhakṣayati，指吃。唐慧琳《一切经音义》卷一："《广雅》：'啖，食也。'"唐般若译《大乘本生心地观经》卷四《厌舍品》："如彼饿虎，于虚空中接彼婴孩而啖食之。"

④“全”，《金藏》、《资福藏》、《碛砂藏》、《普宁藏》本作“令”。

⑤高岸：指高崖。唐慧琳《一切经音义》卷一：“山崖，《韵英》云：‘高岸也。’《集训》云：‘山际边处也。’《说文》：‘高边也。’”

⑥具足之戒：指具足圆满之戒，即具足戒（梵 upasaṃpanna）。明一如《大明三藏法数》卷四：“具足戒者，即二百五十戒也。谓波罗夷法，凡四条；僧伽婆尸沙法，凡一十三条；不定法，凡二条；尼萨耆波逸提法，凡三十条；波逸提法，凡九十条；波罗提提舍尼法，凡四条；众学戒法，凡一百条；灭诤法，凡七条。此二百五十戒，是出家比丘所持，是名出家具足戒。”

⑦惭愧：梵 hrī-vyapatrāpya，指惭与愧。五百大阿罗汉造、唐玄奘译《阿毗达磨大毗婆沙论卷第三十五《杂蕴》第一中《无惭愧纳息》：“‘惭愧何差别？’答：‘于自在者有怖畏转，是惭；于诸罪中深见怖畏，是愧。如是差别。’问：‘何故复作此论？’答：‘阿毗达磨说此二法，展转相应，其相相似。今欲分别惭、愧二种性相差别，故作此论。谓于自在者有怖畏转，是惭；于诸罪中深见怖畏，是愧。复次，有所恭敬，是惭；有所怖畏，是愧。’”

⑧“已”，《资福藏》、《碛砂藏》、《普宁藏》、《洪武南藏》、《永乐南藏》、《永乐北藏》、《径山藏》、《清藏》本作“以”。

⑨“既”，《金藏》、《资福藏》、《普宁藏》、《洪武南藏》、《永乐南藏》、《永乐北藏》、《径山藏》、《清藏》本作“归”。

【译文】

从前有一个人，饲养了二百五十头牛，经常赶着它们到水草充足的地方，随时喂食。当时有一只老虎，吃掉了一头牛。当时，牛的主人便想道："已经失去了一头牛，数目凑不全二百五十头了，那还要这些牛作什么呢？"于是就将其余的牛驱赶到深坑高崖之间，将它们赶至坑底，然后全部杀掉了。

凡夫愚人也是一样，受持了如来的具足戒，如果违犯了一条戒律，不产生惭愧的清净忏悔之心，反而想道："我已经破了一条戒律，既然已经不具足全部戒律，那还用持戒作什么呢？"于是将所有戒律全都破掉，没有一条戒在继续受持。如同那个愚人杀掉所有的牛，没有一头留下一样。

【附录】

北宋元照《四分律行事钞资持记》中一上《释篇聚篇》："《百喻经》云：有人养牛二百五十，其一大者为虎所食。其主念言：'数既不全，何用看守？'遂一时杀之。愚痴比丘亦尔，既犯一戒，余即雷同。"

三八 饮木筒水喻

昔有一人，行来渴乏，见木筒中有清净流水，就而饮之。饮水已足，即便举手语木筒言："我已饮竟，水莫复来。"虽作是语，水流如故，便瞋恚言："我已饮竟，语汝莫来，何以故来？"有人见之，言："汝大愚痴，无有智慧。汝何以不去，语言莫来？"即为挽却，牵余处去。

世间之人亦复如是，为生死渴爱，饮五欲咸水。既为五欲之所疲厌，如彼饮足，便作是言："汝色、声、香、味，莫复更来使我见也。"然此五欲相续不断，既见之已，便复瞋恚："语汝速灭，莫复更生，何以故来使我见之？"时有智人而语之言："汝欲得离者，当摄汝六情①，闭其心意②，妄想不生③，便得解脱。何必不见，欲使不生？"如彼饮水愚人，等无有异。

【校注】

①六情：梵 ṣaḍ-indriya，指六根皆具情识也。龙树造、后秦鸠摩罗什译《大智度论》卷四八《释四念处品》："眼等五情名为内身，色等五

尘名为外身。”隋吉藏《中观论疏》卷四末《六情品》："问：‘意可是情，余五云何是情？’答：‘意当体名情，余五生情识之果，从果得称也。六情亦名六根，五根能生五识，意根能生意识。六情亦名六依，为六识所依。’”参“（九八）小儿得大龟喻”校注①。

②心意：指心（梵 citta）与意（梵 manas）。护法造、唐玄奘译《成唯识论》卷五："谓薄伽梵处处经中，说心、意、识三种别义。集起名心，思量名意，了别名识，是三别义。如是三义，虽通八识，而随胜显。第八名心，集诸法种，起诸法故；第七名意，缘藏识等，恒审思量为我等故；余六名识，于六别境，粗动间断，了别转故。”世亲造、唐玄奘译《阿毗达磨俱舍论》卷四《分别根品》："集起故名心，思量故名意。复有释言：净不净界种种差别故名为心，即此为他作所依止故名为意，作能依止故名为识。故心、意、识三名所诠，义虽有异而体是一。”

③妄想：梵 vikalpa，指虚妄不实之分别想法。东晋慧远《大乘义章》卷三《四空义》："言妄想者，所谓凡夫迷实之心，起诸法相，辨相施名，依名取相，所取不实，故曰妄想。”后秦僧肇《注维摩诘经》卷三《弟子品》："垢实无也。在妄想中是垢耳；若无妄想，垢即净也。妄想，妄分别之想也。”南朝宋畺良耶舍译《佛说观无量寿佛经》："行者所闻，出定之时，忆持不舍，令与修多罗合。若不合者，名为妄想。”隋智顗《摩诃止观》卷七下："诸法皆妄想，和合故有。”唐不空译《金刚顶瑜伽中发阿耨多罗三藐三菩提心论》："夫迷途之法从妄想生，乃至展转成无量无边烦恼。”

【译文】

从前有一个人，走路走得又渴又累，看见木筒中有清净的流水，于是就畅饮起来。此人喝足了水，就举起手来对木筒说道："我已经喝完了，水就不用再流出来了。”虽然说了这些话，可水流仍像以前那样没有变化，他便生气地说道：“我已经喝完水了，对你说不要再流了，为什么还要流出来呢？”有人看到他这一举动，说道：“你真是极大愚痴，没有智慧。你为什么不赶紧离开，而说那些水不要再流出来的话呢？”即刻将他挽起，拉到别的地方去了。

世间的人也是一样，为了满足对生死的贪恋，而饮下五欲的咸水。被五欲弄得疲惫厌烦了，就好像那人喝足了水，于是就说道：“你们这些色、声、香、味等六尘之境，不要再出来让我看见了。”然而这些五欲仍然相续不断地出现，世人看见之后，便又生气道：“告诉你们要迅速灭掉，不要再出现了，为什么又出来让我看见呢？”当时具有智慧的人对他说道：“你想得以彻底脱离，应当收摄你的六情，封闭你心与意的作用，令妄想不再产生，这样就能得到解脱。何必为了不想见到，而想使它不再产生呢？”如同那个喝水的愚人一样，没有差别。

三九　见他人涂舍喻[1]

昔有一人，往至他舍，见他屋舍，墙壁涂治，其地平正，清净甚好，便问之言："用何和涂[2]，得如是好[3]？"主人答言："用稻谷敖[4]，水浸令熟，和泥涂壁[5]，故得如是。"愚人即便而作念言："若纯以稻敖，不如合稻而用作之，壁可白净。"泥始平好[6]，便用稻谷和泥，用涂其壁，望得平正，返更高下[7]，壁都劈裂[8]。虚弃稻谷，都无利益，不如惠施，可得功德。

凡夫之人亦复如是，闻圣人说法[9]，修行诸善，舍此身已，可得生天及以解脱。便自杀身[10]，望得生天及以解脱，徒自虚丧[11]，空无所获[12]。如彼愚人亦复如是[13]。

【校注】

①"人"，《资福藏》、《碛砂藏》、《普宁藏》、《洪武南藏》、《永乐南藏》、《永乐北藏》、《径山藏》、《清藏》本无。

②"涂"，《资福藏》、《碛砂藏》、《普宁藏》、《洪武南藏》、《永乐南藏》、《永乐北藏》、《径山藏》、《清藏》本作"泥"。

③"是"，《径山藏》、金陵本作"见"。

④麸：指破碎的麦壳或稻谷壳。唐道掖《净名经集解关中疏》卷上《菩萨品》："如世间和麸之麦，皆诣场鞭打，麸去麦全。"

⑤"泥涂"，《金藏》、《资福藏》、《碛砂藏》、《普宁藏》、《洪武南藏》、《永乐南藏》、《永乐北藏》、《径山藏》、《清藏》本作"涂泥"。

⑥"始"，《资福藏》、《碛砂藏》、《普宁藏》、《洪武南藏》、《永乐南藏》、《永乐北藏》、《径山藏》、《清藏》、金陵本作"治"。

⑦"返"，《资福藏》、《碛砂藏》、《普宁藏》、《洪武南藏》、《永乐南藏》、《永乐北藏》、《径山藏》、《清藏》本作"反"。

⑧"劈"，《金藏》本作"磗"，《资福藏》、《碛砂藏》、《普宁藏》、《洪武南藏》、《永乐南藏》、《永乐北藏》、《径山藏》、《清藏》本作"坼"，金陵本作"坼"。

⑨圣人：梵 ārya，指证道断惑之人。北凉昙无谶译《大般涅槃经》卷一一《圣行品》："以何等故，名佛、菩萨为圣人耶？如是等人有圣法故，常观诸法性空寂故，以是义故，故名圣人；有圣戒故，复名圣人；有圣定慧故，故名圣人；有七圣财，所谓信、戒、惭、愧、多闻、智慧、舍离，故名圣人；有七圣觉故，故名圣人。"

⑩"杀"，《金藏》本作"煞"。

⑪"虚"，《金藏》本作"灵"。

⑫"所"，《资福藏》、《碛砂藏》、《普宁藏》、《洪武南藏》、《永乐南藏》、《永乐北藏》、《径山藏》、《清藏》本作"可"。

⑬"亦复如是"，原无，从文义，据《金藏》本补。

【译文】

从前有一个人，到别人家里去，看到别人家的房屋，墙壁粉刷均匀，地面修整平正，十分清净美观，便问他道：“你用什么材料混合涂抹，使墙壁看起来这么好？”这家的主人回答道：“用稻谷皮，拿水浸泡令熟，再与泥混合后用来涂抹墙壁，才得到如此的效果。”愚人于是就想道：“如果只是用稻皮，不如直接混合稻子来用作原料，这样墙壁可以涂得更白净些。”愚人弄好了泥，就将稻谷和上泥，用来涂抹墙壁，希望墙壁能够平正，但反而高低不平，墙壁表面也都裂开了。白白浪费了稻谷，全无一点利益，还不如将稻谷用作布施，可以获得功德。

凡夫之人也是一样，听到圣人说法，要修行各种善业，舍弃这个肉身之后，就可以往生天界并得到解脱。于是就自杀身命，希望可以往生天界并得到解脱，徒然自丧性命，没有一点收获。如同那个愚人一样。

四〇　治秃喻

昔有一人，头上无毛，冬则大寒，夏则患热，兼为蚊虻之所唼食，昼夜受恼，甚以为苦。有一医师，多诸方术[①]。时彼秃人往至其所[②]，语其医言："唯愿大师为我治之。"时彼医师亦复头秃，即便脱帽示之，而语之言："我亦患之，以为痛苦。若令我治能得差者，应先自治，以除其患。"

世间之人亦复如是，为生、老、病、死之所侵恼，欲求长生不死之处。闻有沙门、婆罗门等世之良医，善疗众患，便往其所，而语之言："唯愿为我除此无常生死之患[③]，常处安乐，长存不变。"时婆罗门等即便报言："我亦患此无常生、老、病、死，种种求觅长存之处[④]，终不能得。今我若能使汝得者，我亦应先自得，令汝亦得。"如彼患秃之人，徒自疲劳，不能得差。

【校注】

①方术：指方士所行之术也。南朝齐刘勰《文心雕龙》卷二五《书记》："方者，隅也。医药攻病，各有所立，专精一隅，故药术称方。术者，

路也。筭历极数，见路乃明，《九章》积微，故以为术，《淮南》、《万毕》皆其类也。”

②“时”，《金藏》本无。

③“此”，《资福藏》、《碛砂藏》、《普宁藏》、《洪武南藏》、《永乐南藏》、《永乐北藏》、《径山藏》、《清藏》本作“去”。

无常：梵 anitya，指世间一切诸法皆不可能永恒存在。北凉昙无谶译《大般涅槃经》卷一《寿命品》：“是身无常，念念不住，犹如电光、暴水、幻炎，亦如画水，随画随合。”龙树造、后秦鸠摩罗什译《大智度论》卷二三《初品》中《十想释论》：“观一切有为法无常，智慧相应相，是名无常想。一切有为法无常者，新新生灭故，属因缘故，不增积故。复次，生时无来处，灭亦无去处，是故名无常。复次，二种世间无常故说无常：一者众生无常，二者世界无常。”明杨卓《佛学次第统编》：“世间一切之法，生灭迁流，刹那不住，谓之无常。无常有二：一、刹那无常谓刹那刹那，生、住、异、灭之变化也。二、相续无常谓一期相续之上，生、住、异、灭之四相也。”参“（九四）摩尼水窦喻”校注⑤。

④“觅”，《径山藏》、《清藏》本作“见”。

【译文】

从前有一个人，头上没有长头发，在冬天则感觉很冷，在夏天又感觉很热，并且又被蚊虻叮咬，昼夜受尽烦恼，深感十分痛苦。有一个医生，会很多方术。于是那个秃人就去到医生那里，对那位医生说道：“希望大师能为我治疗秃病。”那位医师也是一个秃子，于是就脱下帽子给秃人看，并对他说：“我也有秃病，也感到十分痛苦。如果我能给你治好秃病，就应该先给自己治疗，清除我的病患。”

世间的人也是一样，被生、老、病、死所侵扰烦恼，想寻求长生不死的办法。听说有沙门、婆罗门等世间的良医，善于治疗各种病患，于是就到他们那里去，对他们说道："只希望能为我去除无常生死的过患，让我恒常处于安乐之中，长期生存而不变异。"此时婆罗门等就对他说道："我也忧患这些无常、生、老、病、死，也多方寻求能够长期生存的办法，但始终不能得到。现在我如果能使你获得长生不死，我就应该先让自己获得，然后再让你获得。"如同那个患秃病的人一样，徒然耗费体力，而不能将病治好。

四一　毗舍阇鬼喻

昔有二毗舍阇鬼[①]，共有一箧、一杖、一屐[②]。二鬼共诤，各各欲得[③]。二鬼纷纭竟日，不能使平。时有一人，来见之已，而问之言："此箧、杖、屐有何奇异，汝等共诤瞋忿乃尔[④]？"二鬼答言："我此箧者，能出一切衣服、饮食、床褥、卧具，资生之物尽从中出[⑤]。执此杖者，怨敌归服[⑥]，无敢与诤。著此屐者，能令人飞行无挂碍[⑦]。"此人闻已，即语鬼言："汝等小远，我当为尔平等分之[⑧]。"鬼闻其语，寻即远避。此人即时抱箧、捉杖，蹑屐而飞。二鬼愕然，竟无所得。人语鬼言："尔等所诤，我已得去，今使尔等更无所诤。"

毗舍阇者，喻于众魔及以外道；布施如箧，人天五道资用之具皆从中出；禅定如杖，消伏魔怨[⑨]、烦恼之贼[⑩]；持戒如屐，必升人天；诸魔外道诤箧者，喻于有漏中强求果报[⑪]，空无所得。若能修行善行，及以布施、持戒、禅定，便得离苦，获得道果。

【校注】

①毗舍阇：梵 piśāca，指吸食人精气之鬼名。南朝梁僧伽婆罗译《孔雀王咒经》卷下："毗舍阇，梁言颠鬼。"唐玄应《一切经音义》卷二一："毕舍遮，旧云毗舍阇，又作毗舍遮，鬼名也。饿鬼中胜者也，亦言颠狂鬼也。"唐慧苑《新译大方广佛华严经音义》卷下："毗舍阇王，毗舍阇之王，即是东方提头赖吒，此云持国。谓护持国土领二部鬼：一名毗舍阇，此云啖精鬼。二名乾闼婆，此云寻香也。"南宋法云《翻译名义集》卷二《鬼神篇》："毗舍阇，亦云毗舍遮，又云毕舍遮，又云毗舍支，又臂舍柘。此云啖精气，啖人及五谷之精气。梁言颠鬼。"

②"屐"，《金藏》本作"跂"。下同。

屐：梵 pādukā，指鞋。唐慧琳《一切经音义》卷八八："《孔丛子》云：'著高头方履，以见平原君是也'《庄子》："以屐屩为服。"谓今之有齿履也。《说文》：'履，谓屩也。'"

③"各各"，《金藏》、《资福藏》、《碛砂藏》、《普宁藏》、《洪武南藏》、《永乐南藏》、《永乐北藏》、《径山藏》、《清藏》本作"各"。

④瞋忿：梵 krodha，指愤怒。明一如《大明三藏法数》卷三三："瞋忿者，恚怒也。谓人于违情之境，不顺己意，便发恚怒，而忘失正念也。"

⑤资生：梵 upakaraṇa，指资助维持人之生命。后秦鸠摩罗什译《妙法莲华经》卷六《法师功德品》："若说俗间经书、治世语言、资生业等，皆顺正法。"龙树造、后秦鸠摩罗什译《大智度论》卷一九："正命者，一切资生、活命之具，悉正不邪。"

⑥"服"，《资福藏》、《碛砂藏》、《普宁藏》、《洪武南藏》、《永乐南藏》、《永乐北藏》、《径山藏》、《清藏》本作"伏"。

⑦挂碍：梵 āvaraṇa，指牵挂阻碍。唐玄奘译《般若波罗蜜多心经》：“依般若波罗蜜多故，心无挂碍，无挂碍故，无有恐怖。”龙树造、后秦鸠摩罗什译《大智度论》卷六：“云何名意无挂碍？菩萨于一切怨亲、非怨非亲人中，等心无有碍。”

⑧“尔”，《资福藏》、《碛砂藏》、《普宁藏》、《洪武南藏》、《永乐南藏》、《永乐北藏》、《径山藏》、《清藏》本作“汝”。

⑨“消”，《资福藏》、《碛砂藏》、《普宁藏》、《洪武南藏》、《永乐南藏》、《永乐北藏》、《径山藏》、《清藏》本作“销”。

⑩烦恼之贼：指烦恼贼（梵 kleśa-śatru）。东晋法显译《大般涅槃经》卷下：“我等既去无上法王，烦恼之贼日见侵逼。”后秦鸠摩罗什译《维摩诘所说经》卷下《菩萨行品》：“以智慧剑，破烦恼贼。”南朝宋畺良耶舍译《佛说观无量寿佛经》：“未来世一切众生，为烦恼贼之所害。”隋智𫖮《佛说观无量寿佛经疏》：“烦恼贼者，此能损慧命伤法身，故名为贼也。”

⑪有漏：梵 sāsrava，指有烦恼。弥勒造、唐玄奘译《瑜伽师地论》卷六四《摄决择分》中《闻所成慧地》：“略由五相建立有漏：一、能生劣界诸烦恼，二、能生中界诸烦恼，三、能生妙界诸烦恼，四、能生无欲乐有诸烦恼，五、能生有欲乐有诸烦恼。”

【译文】

从前有两个毗舍阇鬼，共同拥有一个箱子、一根木杖和一双鞋。这两个鬼争来夺去，都想得到这三样东西。两个鬼吵闹了一整天，都不能平静下来。此时来了一个人，看到这种情景后，就问两个鬼道：“这个箱子、这根木杖和这双鞋到底有什么奇异之处，使得你们如此的愤怒争吵呢？”两个鬼回答道：“我们的这个箱子，能够变出一切的衣服、饮食、床褥、卧具等，生活所需物品都可以从箱子中变出来。拿着这根木杖，一切结怨敌人都会屈服，不敢与你争斗。穿上这双鞋子，可以让人在空中飞行没有障碍。”这个人听了之后，便对两个鬼说道：“你们稍微离我远一点，我为你们平均分配这些东西。”这两个鬼听了他的话后，立即远远地避开。此人这时迅速抱起箱子、拿起木杖，穿上鞋子腾空而起。两个鬼见状全都惊呆了，自己竟然一无所得。那人对鬼说道：“你们所争夺的东西，我已经全部拿走了，现在你们再也没有什么好争的了。”

毗舍阇鬼，是比喻众魔及非佛的外道；布施就好像那个箱子，人、天等五道所用的东西都可以从里面变出来；禅定就好像那根木杖，可以消灭降伏魔怨和烦恼；持戒就好像那双鞋，如果持戒精严必定能往生人、天等善道；诸魔外道争夺箱子，是比喻在有漏烦恼中强求解脱果报，最终必将空无所得。如果能修习善行，以及修持布施、持戒、禅定等六度之行，便可以脱离苦海，获得道果。

【附录】

唐道世《法苑珠林》卷四五《审察篇》第四十三《审过部》：“《百喻经》云：昔有二毗舍阇鬼，共有一箧、一杖、一屐。二鬼共诤，各欲得二。二鬼纷纭，竟日不能使平。时有一人，来见之已，而问之言：‘此箧、杖、屐有何奇异，汝等共诤，瞋忿乃尔？’二鬼答言：‘我此箧者，能出一切衣服、饮食、床褥、卧具，资生之物，尽从中出。执此杖者，怨敌归伏，无敢与诤。著此屐者，能令人飞行，无有挂碍。’此人闻已，即语鬼言：‘汝等小远，我当为尔平等分之。’鬼闻其语，寻即远避。此人即时抱箧、捉杖，蹑屐而飞。二鬼愕然，竟无所得。人语鬼言：‘尔等所诤，我已得去，今使尔等更无所诤。’毗舍阇者，喻于众魔及以外道；布施如箧，人天五道资用之具皆从中出；禅定如杖，消伏魔怨、烦恼之贼；持戒如屐，必升人天。诸魔外道诤箧者，喻于有漏中强求果报，空无所得。若能修行善行，及以布施、持戒、禅定，便得离苦，获得道果。”

第三卷

四二　估客驼死喻[①]

譬如估客，游行商贾，会于路中，而驼卒死。驼上所载，多有珍宝、细软、上氎[②]，种种杂物。驼既死已，即剥其皮。商主舍行，坐二弟子而语之言[③]："好看驼皮，莫使湿烂[④]。"其后天雨，二人顽嚚[⑤]，尽以好氎，覆此皮上，氎尽烂坏[⑥]。皮氎之价，理自悬殊，以愚痴故，以氎覆皮。

世间之人亦复如是，其不杀者[⑦]，喻于白氎；其驼皮者，即喻财货；天雨湿烂，喻于放逸败坏善行。不杀戒者[⑧]，即佛法身[⑨]，最上妙因[⑩]，然不能修；但以财货，造诸塔庙，供养众僧。舍根取末，不求其本，漂浪五道，莫能自出。是故行者[⑪]，应当精心持不杀戒。

【校注】

①"驼"，《金藏》本作"馳"。下同。

②氎：梵 karpāsa，指细棉布。唐慧琳《一切经音义》卷六四："白氎，音牒。案氎者，西国木棉花如柳絮，彼国土俗皆抽捻以纺为缕，织以为布，名之为氎。"

③“弟子”，《资福藏》、《碛砂藏》、《普宁藏》、《洪武南藏》、《永乐南藏》、《永乐北藏》、《径山藏》、《清藏》本作“子弟”。

④“烂”，《金藏》本作“澜”。

⑤“罽”，《资福藏》、《碛砂藏》、《普宁藏》、《洪武南藏》、《永乐南藏》、《永乐北藏》、《径山藏》、《清藏》、金陵本作“痴”。

⑥“烂坏”，《金藏》、《普宁藏》、《洪武南藏》、《永乐南藏》、《永乐北藏》、《清藏》本作“澜坏”，《资福藏》、《碛砂藏》、《径山藏》本作“湿烂”。

⑦“杀”，《金藏》本作“煞”。下同。

⑧不杀戒：梵 prāṇātipāta-virati。见“序品”校注⑲。

⑨法身：梵 dharma-kāya，指佛的法性之真身。东晋慧远《大乘义章》卷一八《大般涅槃义》：“言法身者，解有两义：一、显法本性以成其身，名为法身；二、以一切诸功德法而成身，故名为法身。”明一如《大明三藏法数》卷一：“法身者，谓本有法性之身，若佛出世及不出世，常住不动，无有变易也。”

⑩妙因：指殊妙之行因。隋智𫖮《妙法莲华经文句》卷四上：“妙因斯满，极果顿圆，此乃授法身记莂。”

⑪行者：梵 yogin，指修行佛道之人。南朝宋畺良耶舍译《佛说观无量寿佛经》：“读诵大乘，劝进行者。”北宋道诚《释氏要览》卷上《师资》：“经中多呼修行人为行者。”

【译文】

就好比商人，到处游走经商，在路途之中，骆驼忽然死了。骆驼背负的，有很多珍宝、贵重物品、上好的白氎布，以及各种杂物。骆驼已经死了，就把它的皮剥下来。商主放下货物准备继续行路，他对留下来的两个弟子说道："好好看管骆驼皮，不要让它受潮腐烂。"商主走了之后天就开始下雨，两个弟子愚痴顽固，全用上好的白氎布去遮盖到骆驼皮上，白氎布全都受潮腐烂变坏了。骆驼皮与白氎布的价值相差悬殊，但由于两个弟子的愚痴，反而用白氎布来遮盖骆驼皮。

世间的人也是一样，那些不杀生的人，就好比白氎布；那张骆驼皮，就好比钱财货物；天上下雨使布受潮腐烂，就好比那些行为放荡而败坏了善行的人。不杀生的戒律，就是佛的法身，为最上乘和微妙行因，然而不能因之修行；反而用钱财货物，去修建各种佛塔寺庙，供养众多的僧人。这是一种舍本逐末的做法，不去追求修行的根本，漂流浪荡于五道之中，不能从生死轮回中解脱出来。所以修行的人，应当精诚至心地去修持不杀生的戒律。

四三　磨大石喻

譬如有人[①]，磨一大石，勤加功力[②]，经历日月，作小戏牛，用功既重，所期甚轻。

世间之人亦复如是，磨大石者，喻于学问精勤劳苦；作小牛者，喻于名闻互相是非。夫为学者，研思精微，博通多识，宜应履行，远求胜果；方求名誉，憍慢贡高[③]，增长过患[④]。

【校注】

①"如"，《径山藏》本作"于"。

②功力：梵 yatna，指所耗费之时间与人力。东晋佛陀跋陀罗译《佛说观佛三昧海经》卷六《观四无量心品》："如是之人，若生边地无佛法处，念佛功力，自然悟解，成辟支佛。"

③贡高：梵 abhimāna，指自大之心态。后秦僧肇《注维摩诘经》卷七《佛道品》："慢心自高，如山峰不停水，菩萨现力士伏贡高心，然后润以法水。"

④过患：梵 apakṣāla，指过失与忧患。唐法海《六祖大师法宝坛经·付嘱》："若著相于外而作法求真，或广立道场说有无之过患，如是之人累

劫不得见性。”

【译文】

就好比有一个人，磨一块很大的石头，勤奋卖力地去磨，花费了很长时间，将大石头做成了一头玩偶小牛，耗费的功夫很大，而所期待的成果却很轻很小。

世间的人也是一样，磨大石头，就好比为了学问而精心勤奋刻苦钻研；磨成玩偶小牛，就好比为了名声而互相斗争是非。一个真正作学问的人，研究思维必须精密细微，而且要广博通达见多识广，还应将所学付诸于实践，从而才能长远追求殊胜果报；如果一味追求名声和荣誉，骄慢自大，只能增长过失和忧患。

【附录】

唐道世《法苑珠林》卷四五《审察篇》第四十三《审学部》："《百喻经》云：譬如有人，磨一大石，勤加功力，经历日月，作小戏牛。用功既重，所期甚轻。世间之人亦复如是，磨大石者，喻于学问，精勤劳苦；作小牛者，喻于名闻，互相是非。夫为学者，研思精微，博通多识，宜应履行，远求胜果。方求名誉，憍慢贡高。增长过患。”

四四　欲食半饼喻[1]

譬如有人[2]，因其饥故，食七枚煎饼。食六枚半已，便得饱满。其人恚悔，以手自打，而作是言："我今饱足，由此半饼，然前六饼唐自捐弃[3]。设知半饼能充足者[4]，应先食之。"

世间之人亦复如是，从本以来，常无有乐，然其痴倒，横生乐想。如彼痴人，于半番饼生于饱想[5]。世人无知，以富贵为乐。夫富贵者，求时甚苦；既获得已，守护亦苦；后还失之，忧念复苦。于三时中[6]，都无有乐。犹如衣食[7]，遮故名乐；于辛苦中，横生乐想。诸佛说言："三界无安[8]，皆是大苦[9]。凡夫倒惑，横生乐想[10]。"

【校注】

①"欲"，《金藏》、《资福藏》、《碛砂藏》、《普宁藏》、《洪武南藏》、《永乐南藏》、《永乐北藏》、《径山藏》、《清藏》本无。

②"如"，《径山藏》本作"于"。

③捐弃：梵 vinivartita，指抛弃。东晋瞿昙僧伽提婆译《增壹阿含经》

卷三三《等法品》："贤圣弟子捐弃妻财，以信坚固。"南朝宋求那跋陀罗译《杂阿含经》卷一〇："譬如焚尸火梠，捐弃塚间，不为樵伐之所采拾。"

④"知"，《资福藏》、《碛砂藏》、《普宁藏》、《洪武南藏》、《永乐南藏》、《永乐北藏》、《径山藏》、《清藏》本作"如"。

⑤"番"，《金藏》本作"幡"。

⑥三时：指昼夜三时。古印度将一天分为六时，晨朝、日中、日没为昼三时，初夜、中夜、后夜为夜三时。东汉安世高译《佛说舍利弗悔过经》："常以平旦、日中、日入、人定、夜半、鸡鸣时，澡漱整衣服，叉手礼拜十方，自在所向当悔过。"

⑦"食"，《金藏》本作"服"。

⑧三界：梵 trayo dhātavaḥ，指欲界（梵 kāma-dhātu）、色界（梵 rūpa-dhātu）、无色界（梵 ārūpya-dhātu）。明一如《大明三藏法数》卷七："界，限也，别也。谓三界分限各别不同，故名界也。一、欲界，欲有四种：一者情欲，二者色欲，三者食欲，四者淫欲。下极阿鼻地狱，上至第六他化天，男女相参，多诸染欲，故名欲界。二、色界，色即色质，谓虽离欲界秽恶之色，而有清净之色，始从初禅梵天，终至阿迦腻吒天，凡有一十八天，并无女形，亦无欲染，皆是化生，尚有色质，故名色界。三、无色界，谓但有心识而无色质也。始从空处，终至非非想处，凡有四天。但有受想行识四心，而无形质，故名无色界。"

⑨案后秦鸠摩罗什译《妙法莲华经》卷二《譬喻品》："三界无安，犹如火宅，众苦充满，甚可怖畏。"

⑩案北凉昙无谶译《大般涅槃经》卷一一《圣行品》："一切众生于下苦中，横生乐想。"

【译文】

就好比有一个人，因为肚子十分饥饿，准备吃七个煎饼。吃了六个半煎饼以后，就觉得已经饱了。他又气又悔，用手自己打自己，并说道："我现在之所以感觉饱了，就是因为吃了最后半个煎饼，却把前六个煎饼白白浪费掉了。假如知道吃了最后半个煎饼就能饱的话，就应该先吃这半个煎饼。"

世间的人也是一样，从本生以来，就没有一点快乐，但由于众生的愚痴颠倒，执著产生了快乐的错觉。如同那个愚人，对那半个煎饼产生饱的感觉一样。世间的人没有智慧，以为富贵就是快乐的。然而富贵，在寻求时是十分辛苦的；在获得以后，守护富贵也是十分辛苦的；以后再丧失了富贵，忧虑忆念还是辛苦的。在一天昼夜三个时段中，没有一刻是快乐的。就好像穿衣、吃饭，由于有寒冷、饥饿等痛苦相对才感觉它们是快乐的；所以众生都是在辛苦之中，执著产生快乐的错觉。诸佛说过："三界当中没有一处是安乐的地方，全是极大痛苦的。凡夫由于颠倒惑乱，执著产生快乐的错觉。"

四五　奴守门喻

譬如有人，将欲远行，敕其奴言："尔好守门，并看驴、索。"其主行后，时邻里家有作乐者，此奴欲听，不能自安。寻以索系门，置于驴上，负至戏处，听其作乐。奴去之后，舍中财物贼尽持去。大家行还①，问其奴言："财宝所在？"奴便答言："大家先付门、驴及索，自是以外，非奴所知。"大家复言："留尔守门，正为财物；财物既失，用于门为？"

生死愚人，为爱奴仆②，亦复如是。如来教诫③，常护根门④，莫著六尘⑤，守无明驴⑥，看于爱索。而诸比丘不奉佛教，贪求利养，诈现清白⑦；静处而坐，心意流驰；贪著五欲⑧，为色、声、香、味之所惑乱，无明覆心，爱索缠缚；正念⑨、觉意⑩、道品财宝，悉皆散失。

【校注】

①大家：指奴仆对主人之称呼。东晋瞿昙僧伽提婆译《中阿含经》卷三三《善生经》："如是大家观奴婢使人，大家当以五事愍念给恤奴婢使人。云何为五？一者随其力而作业，二者随时食之，三者随时饮之，

四者及日休息，五者病给汤药。”

②爱：梵 tṛṣṇā，指十二缘起之一。唐玄奘译《分别缘起初胜法门经》卷下：“复言：‘世尊。云何名爱？’世尊告曰：‘谓于现在自体贪著。’”东晋慧远《大乘义章》卷五末《九结义》：“贪染名爱。”唐窥基《成唯识论述记》卷八本：“耽染为爱。”见“（一五）医与王女药令卒长大喻”校注⑥。

③教诫：梵 anuśāsana，指教诲与训诫。明一如《大明三藏法数》卷五：“谓如来教诸弟子，是应作，是不应作；是应信，是不应信；是应亲近，是不应亲近；是法杂染，是法清净；行如是道得声闻乘，行如是道得缘觉乘，行如是道成就大乘；现诸神变，而为教诫。”弥勒造、唐玄奘译《瑜伽师地论》卷三八《本地分》中《菩萨地》第十五《初持瑜伽处力种姓品》：“云何教诫？当知教诫略有五种：一者遮止有罪现行；二者开许无罪现行；三者若有于所遮止开许法中，暂行犯者，如法谏诲；四者若有于彼法中，数数轻慢，而毁犯者，以无染浊，无有变异，亲善意乐，如法呵摈，与作忆念；五者若有于所遮止开许法中，能正行者，慈爱称叹真实功德，令其欢喜。当知是名略说菩萨五种教诫，所谓：遮止、开许、谏诲、呵摈、庆慰。”五百大阿罗汉造、唐玄奘译《阿毗达磨大毗婆沙论》卷一六《杂蕴》第一中《智纳息》：“问：‘教诫、教授有何差别？’答：‘遮无利益，故名教诫；与有利益，故名教授。复次，教住正念，故名教诫；教住正知，故名教授。复次，令修有表，故名教诫；令修无表，故名教授。复次，令修奢摩他，故名教诫；令修毗钵舍那，故名教授。复次，令修圣道，故名教诫；令得圣果，故名教授。复次，令修世间善法，故名教诫；令修出世善法，故名教授。是谓教诫、教授差别。’”

④根门：梵 indriya，指六根为烦恼妄尘进出之门户。南朝宋求那跋陀罗译《杂阿含经》卷一一："善关闭根门，正念摄心住。"舍利子造、唐玄奘译《阿毗达磨集异门足论》卷二《二法品》："苾刍当知，诸多闻圣弟子，眼见色已由眼根故，不取其相不取随好，即于是处能护眼根，由住能护不起世贪，忧恶不善法不随心生长，彼于眼根能防能守，由斯故说能护眼根，以能护眼根贪、瞋、痴不起，耳、鼻、舌、身、意根亦尔。且说意根者，谓意了法已由意根故，不取其相不取随好，即于是处能护意根，由住能护不起世贪，忧恶不善法不随心生长，彼于意根能防能守，由斯故说能护意根。以能护意根贪、瞋、痴不起，彼由发起如理思择，眼见诸色，耳闻诸声，鼻嗅诸香，舌尝诸味，身觉诸触，意了诸法，于六根门能防、能等防、能遍防、能藏、能覆、能蔽、能寂静、能调伏、能守护，是谓能护根门。"

⑤六尘：梵 ṣaḍ-viṣayāḥ，指六根所缘取的六种对境。唐道宣《净心诫观法》卷下："云何名尘？坌污净心，触身成垢，故名尘。"隋智𫖮《法界次第初门》卷上之上《十二入初门》："尘以染污为义，以能染污情识，故通名为尘也。"明一如《大明三藏法数》卷二一："尘，即染污之义。谓能染污情识，而使真性不能显发，《涅槃经》中称此六尘，名六大贼，以能劫夺一切善法故也。一、色尘，谓青黄赤白之色，及男女形貌色等，是名色尘。二、声尘，谓丝竹环佩之声，及男女歌咏声等，是名声尘。三、香尘，谓旃檀沉水饮食之香，及男女身分所有香等，是名香尘。四、味尘，谓种种饮食肴膳美味等，是名味尘。五、触尘，触，即着也。谓男女身分柔软细滑，及纱衣上服等，是名触尘。六、法尘，谓意根对前五尘分别好丑，而起善恶诸法，是名法尘。"明杨卓《佛学次第统编》："依于六

根所接之尘有六：谓色、声、香、味、触、法，是为六尘。尘即染污之义，以能染污情识之故。一、色，谓眼所见者，如明暗质碍等。以能染污眼根，故谓色尘。二、声，谓耳所闻者，如动静美恶等。以能染污耳根，故谓声尘。三、香，谓鼻所嗅者，如通塞香臭等。以能染污鼻根，故谓香尘。四、味，谓舌所尝者，如咸淡甘辛等。以能染污舌根，故谓味尘。五、触，谓身所感者，如离合冷暖等。以能染污身根，故谓触尘。六、法，谓意所知者，如生灭善恶等。以能染污意根，故谓法尘。此之六尘，尚有其他六欲、六入、六处、六境、六贼等名义，兹不繁及。"

⑥无明：梵 avidyā，指烦恼覆盖本性而不能明了诸法事理。后秦竺佛念译《菩萨璎珞本业经》卷上《贤圣学观品》："无明者，名不了一切法，迷法界而起三界业果。"东晋慧远《大乘义章》卷四《十二因缘义》："言无明者，痴暗之心，体无慧明，故曰无明。"五百大阿罗汉造、唐玄奘译《阿毗达磨大毗婆沙论》卷二五《杂蕴》第一中《补特伽罗纳息》："问：'何故名无明？无明是何义？'答：'不达、不解、不了，是无明义。'问：'若尔，除无明，诸余法亦不达、不解、不了，何故不名无明？'答：'若不达、不解、不了，以愚痴为自相者，是无明。余法不尔，故非无明。"大目乾连造、唐玄奘译《阿毗达磨法蕴足论》卷一一《缘起品》："云何无明？谓于前际无知，后际无知，前后际无知，于内无知，外无知，内外无知，于业无知，异熟无知，业异熟无知，于善作业无知，恶作业无知，善恶作业无知，于因无知，因所生法无知，于佛法僧无知，于苦集灭道无知，于善不善法无知，于有罪无罪法无知，于应修不应修法无知，于下劣胜妙法无知，于黑白法无知，于有敌对法无知，于缘生无知，于六触处如实无知。如是无知、无见、非现观、黑暗、愚痴、无明、盲冥、

罩网缠里、顽骙浑浊、障、盖、发盲、发无明、发无智、发劣慧、障碍善品、令不涅槃、无明漏、无明瀑流、无明轭、无明毒根、无明毒茎、无明毒枝、无明毒叶、无明毒花、无明毒果，痴、等痴、极痴，欣、等欣、极欣，痴类、痴生，总名无明。”弥勒造、唐玄奘译《瑜伽师地论》卷五八《摄决择分》中《有寻有伺等三地》："无明者，谓于所知真实觉悟能覆能障心所为性。此略四种：一、无解愚，二、放逸愚，三、染污愚，四、不染污愚。若于不见闻觉知所知义中，所有无智，名无解愚。若于见闻觉知所知义中，散乱失念，所有无智，名放逸愚。于颠倒心所有无智，名染污愚。不颠倒心所有无智，名不染污愚。又此无明，总有二种：一、烦恼相应无明，二、独行无明。非无愚痴而起诸惑，是故贪等余惑相应所有无明，名烦恼相应无明。若无贪等诸烦恼缠，但于苦等诸谛境中，由不如理作意力故，钝慧士夫补特伽罗，诸不如实简择，覆障缠裹暗昧等心所性，名独行无明。”

⑦清白：梵 śukla，指佛所说无漏善法。隋慧远《无量寿经义疏》卷下："所显之法，出离邪谤，名为清白。"隋吉藏《无量寿经义疏》："显明清白者，无相之解。是无漏明，故云清白。"

⑧贪著：梵 adhyavasāna，指贪求执著。明一如《大明三藏法数》卷二〇："引取之心为贪，谓于六尘等顺情之境，引取无厌，恋著不舍，故名贪著。”后秦鸠摩罗什译《大宝积经》卷七八《富楼那会》："邪念生贪著，贪著生烦恼。正念无贪著，余烦恼亦尽。”后秦鸠摩罗什译《佛垂般涅槃略说教诫经》："若有智慧，则无贪著。"

⑨正念：梵 samyak-smṛti，指如实忆念正法，为八正道之一。大目乾连造、唐玄奘译《阿毗达磨法蕴足论》卷六《圣谛品》："云何正念？

谓圣弟子于苦思惟苦，乃至于道思惟道，无漏作意相应所有念，随念、专念、忆念，不忘不失，不遗不漏，不失法性，心明记性，是名正念。”明一如《大明三藏法数》卷二四：“谓人思念戒、定、慧正道及五停心助道之法，堪能进至涅槃，是名正念。”见“(三五)宝箧镜喻”校注⑨。

⑩觉意：梵 bodhy-aṅga，又作“觉分”，指七种能够觉悟智慧的行法。明一如《大明三藏法数》卷三七：“觉即觉了，分即支分。谓此七法，各有支派分齐也。一、择觉分，谓拣择诸法之真伪也。二、精进觉分，谓修诸道法，无有间杂也。三、喜觉分，谓契悟真法，得欢喜也。四、除觉分，谓断除诸见烦恼也。五、舍觉分，谓舍离所见念着之境也。六、定觉分，谓觉了所发之禅定也。七、念觉分，谓思惟所修之道法也。”参“(三五)宝箧镜喻”校注⑨。

【译文】

就好比有一个人，准备出一趟远门，吩咐他的家奴道：“你要好好守护大门，并且看好驴和绳索。”主人走了以后，当时邻居家有人弹奏乐曲，这个家奴想去听，心中浮躁不能自安。于是就用绳索把门板捆了起来，放到驴背上，驮到演戏的地方，然后听他们弹奏音乐。家奴走了以后，家中的财物被盗贼全都偷走了。主人出行回来后，问他的家奴道：“财宝都到哪里去了？”家奴回答道：“主人您只吩咐让我看管好大门、驴及绳索，除了这三样之外的东西，不是我所能知道的。”主人又说道：“留你守门，正是为了看管财物；财物已经失去了，还要门有什么用呢？”

如同流转于生死的愚人，被爱所奴役一样。如来经常教诫，要始终看护于六根之门，不要执著于六尘之境，守住无明之驴，看好爱之绳索。

而诸位比丘不能奉持佛之教诫，贪求利益供养，假装显现出修行清白；于静处打坐时，心意迁流驰骋不能专一；贪著于五欲，被色、声、香、味等六尘境界所迷惑扰乱，无明遮覆本心，被爱的绳索所缠绕束缚；八正念、七觉分、三十七道品的财宝，全都散失殆尽了。

四六　偷犛牛喻[①]

譬如一村，共偷犛牛，而共食之。其失牛者，逐迹至村，唤此村人，问其由状，而语之言："尔在此村不[②]？"偷者对曰："我实无村。"又问："尔村中有池，在此池边共食牛不？"答言："无池。"又问："池傍有树不？"对言："无树。"又问："偷牛之时，在尔村东不？"对曰："无东。"又问："当尔偷牛，非日中时耶[③]？"对曰："无中。"又问："纵可无村[④]，及以无树，何有天下无东无时？知尔妄语[⑤]，都不可信。尔偷牛食不？"对言："实食。"

破戒之人亦复如是，覆藏罪过，不肯发露[⑥]，死入地狱。诸天善神[⑦]，以天眼观，不得覆藏。如彼食牛，不得欺拒[⑧]。

【校注】

①"犛"，《资福藏》本作"猫"。下同。

犛牛：梵 camara，指牦牛。后秦鸠摩罗什译《妙法莲华经》卷一《方便品》："深著于五欲，如犛牛爱尾。"唐窥基《妙法莲华经玄赞》卷四末："犛牛，《说文》：'西南夷长髦牛也。'有作'猫'字，人间捕鼠者，非此中义。有作猫牦，不知所从。”

②“尔在”，金陵本作“在尔”。

不：通“否”。

③日中时：梵 madhyāhna，指中午。南朝宋求那跋陀罗译《杂阿含经》卷二七：“若晨朝时、日中时、日暮时，若欲正受，随其所欲。”

④“纵可”，《金藏》本作“从可”，《资福藏》、《碛砂藏》、《普宁藏》、《洪武南藏》、《永乐南藏》、《永乐北藏》、《径山藏》、《清藏》本作“从何”。

⑤妄语：梵 mṛṣā-vāda，指为欺骗他人所作之虚妄言语。南朝宋求那跋陀罗译《杂阿含经》卷三七：“作不实说，不见言见，见言不见，不闻言闻，闻言不闻，知言不知，不知言知，因自因他，或因财利，知而妄语，而不舍离，是名妄语。”东晋慧远《大乘义章》卷七《十不善业义》：“言不当实，故称为妄。妄有所谈，故名妄语。”龙树造、后秦鸠摩罗什译《大智度论》卷一三《释初品》中《戒相义》：“妄语者，不净心，欲诳他，覆隐实，出异语，生口业，是名妄语。”弥勒造、唐玄奘译《瑜伽师地论》卷八《本地分》中《有寻有伺等三地》：“云何妄语？谓于他有情，起覆想说欲乐，起染污心，若即于彼起伪证方便，及于伪证究竟中，所有语业。”明一如《大明三藏法数》卷三三：“谓妄语之罪，亦令众生堕三恶道；若生人中，得二种果报：一者多被诽谤，二者为他所诳，是名妄语果报。”

⑥发露：梵 āviṣ-kṛta，指坦白自己所犯之过罪。明一如《大明三藏法数》卷二九：“谓修行之人，所有过失，不可隐覆，即当发露忏悔。”《毗尼母经》卷三：“欲发露者，要具五法：一、整衣服，二、脱革屣，三、胡跪，四、合掌，五、说所犯事。如是应忏悔，若不尔不名忏悔。”

⑦善神：指护持正法之神。东晋帛尸梨蜜多罗译《佛说灌顶三归五戒带佩护身咒经》卷三："佛语梵志：'是为三归五戒法也。汝善持之，勿有毁犯。'说已，梵志因白佛言：'世尊说言：若持五戒者，有二十五善神卫护人身，在人左右，守于宫宅门户之上，使万事吉祥。惟愿世尊为我说之。'佛言：'梵志。我今略演，敕天帝释使四天王遣诸善神，营护汝身。'"

⑧"拒"，《资福藏》、《碛砂藏》、《普宁藏》、《洪武南藏》、《永乐南藏》、《永乐北藏》、《径山藏》、《清藏》本作"抵"。

【译文】

就好比有一个村庄，村里人共同偷了一头牦牛，而且一起吃了它。那位丢失牛的人，追着踪迹来到村里，召唤村里的人，询问有关情况，并说道："你们是住在这个村子里吗？"偷牛者回答道："我实际上没有村子。"失主又问道："你们村子里有一个水池，是在这个水池边上共同吃的牛吧？"偷牛者回答道："没有水池。"失主又问道："水池旁边有没有树？"偷牛者回答道："没有树。"失主又问道："偷牛的时候，是在你们村子东边吧？"偷牛者回答道："没有东方。"失主又问道："当你们偷牛的时候，不是在日中时分吗？"偷牛者回答道："没有日中时分。"失主又问道："纵然可以没有村子，没有树，但世界上怎么可能没有东方、没有时间呢？知道你们在说假话，都是不可信的。你们是不是把偷来的牛给吃了？"偷牛者回答道："确实给吃了。"

破戒的人也是一样，掩盖自己的罪过，不肯坦白承认，死后堕入地狱。诸位天上的善神，用天眼观察，任何罪过都是掩盖不了的。如同那些吃牛的人一样，是不得欺骗抵赖的。

四七　贫人作鸳鸯鸣喻[1]

昔外国节，法庆之日[2]，一切妇女尽持优钵罗华[3]，以为鬘饰[4]。有一贫人，其妇语言："尔若能得优钵罗华来用与我，为尔作妻；若不能得，我舍尔去。"其夫先来常善能作鸳鸯之鸣[5]，即入王池作鸳鸯鸣，偷优钵罗华。时守池者而作是问："池中者谁？"而此贫人失口答言："我是鸳鸯。"守者捉得，将诣王所，而于中道[6]，复更和声作鸳鸯鸣。守池者言："尔先不作，今作何益？"

世间愚人亦复如是，终身残害，作众恶业[7]，不习心行，使令调善，临命终时，方言："今我欲得修善。"狱卒将去[8]，付阎罗王[9]。虽欲修善，亦无所及已。如彼愚人，欲到王所，作鸳鸯鸣。

【校注】

①"人"下，《径山藏》本有"能"。

②"昔外国节，法庆之日"，《资福藏》、《碛砂藏》、《普宁藏》、《洪武南藏》、《永乐南藏》、《永乐北藏》、《径山藏》、《清藏》本作"昔外国法，

节庆之日”。

③优钵罗华：梵 utpala，指睡莲，以青色为胜。唐慧苑《新译大方广佛华严经音义》卷上：“优钵罗，具正云尼罗乌钵罗。尼罗者，此云青。乌钵罗者，花号也。其叶狭长，近下小圆，向上渐尖。佛眼似之，经多为喻。其花茎似藕，稍有刺也。”唐玄应《一切经音义》卷三：“优钵剌，又作沤钵罗，此译云黛花也。”唐窥基《妙法莲华经玄赞》卷二本：“优钵罗者，此云红莲华，居池为名。”唐一行《大毗卢遮那成佛经疏》卷一五《秘密漫荼罗品》：“优钵罗，有赤、白二色，又有不赤不白者，形如泥卢钵罗花。”

④鬘饰：梵 mālya-vataṃsaka，指以花为鬘而作身首之装饰。唐玄应《一切经音义》卷一：“梵言俱苏摩，此译云华；摩罗，此译云鬘。案西国结鬘师多用苏摩那华，行列结之，以为条贯，无问男女贵贱，皆此庄严，或首或身，以为饰好。则诸经中有华鬘、天鬘、宝鬘等，同其事也。”

⑤鸳鸯：梵 cakra-vāka，指雌雄偶居不离之鸟名，雄称鸳，雌称鸯。唐慧琳《一切经音义》卷四：“《毛诗》曰：‘鸳鸯于飞。’《传》曰：‘鸳鸯，匹鸟也。言其止为匹偶，飞则双飞也。’”北凉昙无谶译《大般涅槃经》卷八《如来性品》：“鸟有二种，一名迦邻提，二名鸳鸯。游止共俱，不相舍离。是苦、无常、无我等法亦复如是，不得相离。”

⑥“中道”，《资福藏》、《碛砂藏》、《普宁藏》、《洪武南藏》、《永乐南藏》、《永乐北藏》、《径山藏》、《清藏》本作“道中”。

⑦“众”，《资福藏》、《碛砂藏》、《普宁藏》、《洪武南藏》、《永乐南藏》、《永乐北藏》、《径山藏》、《清藏》本作“诸”。

恶业：梵 akuśalaṃ karma，指身、口、意造作之不善行业。唐般若译《大方广佛华严经》卷四〇《入不思议解脱境界普贤行愿品》：“我昔所造诸恶业，皆由无始贪、恚、痴。”世亲造、唐玄奘译《阿毗达磨俱舍论》卷一六《分别业品》："颂曰：‘杀粗语瞋恚，究竟皆由瞋；盗邪行及贪，皆由贪究竟；邪见痴究竟，许所余由三。’论曰：‘恶业道中，杀生、粗语、瞋恚业道，由瞋究竟；要无所顾极粗恶心现在前时，此三成故。诸不与取、欲邪行、贪，此三业道由贪究竟；要有所顾极染污心现在前时，此三成故。邪见究竟要由愚痴，由上品痴现前成故。虚诳、离间、杂秽语三，许一一由三根究竟，以贪瞋等现在前时，一一能令此三成故。’诸恶业道何处起耶？颂曰：‘有情具名色，名身等处起。’论曰：‘如前所说四节业道，三三一三，随其次第，于有情等四处而生。谓杀等三，有情处起；偷盗等三，众具处起；唯邪见一，名色处起；虚诳语等三，名身等处起。”

⑧狱卒：梵 cāraka-pāla，指地狱之鬼卒。龙树造、后秦鸠摩罗什译《大智度论》卷一六《释初品》中《毗梨耶波罗蜜义》："恶罗刹、狱卒作种种形：牛马、猪羊、獐鹿、狐狗，虎狼、师子、六驳、大鸟、雕鹫、鹎鸟，作此种种诸鸟兽头而来，吞啖咬啮，龂掣罪人。”五百大阿罗汉造、唐玄奘译《阿毗达磨大毗婆沙论》卷一七二《定蕴》第七中《摄纳息》："心常怀忿毒，好集诸恶业，见他苦生悦，死作琰魔卒。”

⑨阎罗王：梵 Yama-rāja，指地狱之主神。唐道世《法苑珠林》卷七《六道篇》："阎罗王者，昔为毗沙国王，与维陀始生王共战，兵力不敌，因立誓愿为地狱主。臣佐十八人，领百万之众，头有角耳，皆悉忿怼，同立誓曰：‘后当奉助，治此罪人。’毗沙王者，今阎罗王是；十八大臣者，今诸小王是；百万之众，诸阿傍是。”明一如《大明三藏法数》卷三五："阎摩罗王，梵语阎摩罗，华言双王，又云只王，谓由此王与妹皆作狱主，故云双。兄治男事，妹治女事，故云只。又云息诤，谓止罪人诤故。或云：

是菩萨为利益众生故，变化所作。《正法念经》载阎罗王为人说偈云：'汝得人身不修道，如入宝山空手归，汝今自作还自受，叫唤苦者欲何为？'又《十王经》云：'阎王于未来世作佛，号普王如来。'谓菩萨变化者，良有以也。"

【译文】

从前在外国的节日，举行庆典的那天，所有妇女都会拿优钵罗花，穿成花环来作为装饰。有一个穷人，他的妻子对他说道："你如果能得到优钵罗花来送给我，就继续做你的妻子；如果不能得到，我就舍你而去。"她的丈夫以前就善于模仿鸳鸯的叫声，于是就潜入国王的水池中模仿鸳鸯叫声，以便偷取优钵罗花。当时看守池子的人就问道："水池中是谁？"这个穷人失口回答道："我是鸳鸯。"守池人于是将其抓获，押往国王那里，而在途中，穷人仍然不停地模仿鸳鸯叫声。守池人说道："你先前不模仿鸳鸯叫声，现在模仿又有什么用呢？"

世间的愚人也是一样，一辈子残害他人，造作了很多的恶业，不去修习心行，让心调伏变善，直到临终的时候，才说："现在我想修习善法。"可地狱的鬼卒已经将他抓去，交付给阎罗王了。虽然想修善法，但却来不及了。如同那个愚人，想到国王那里偷花，而模仿鸳鸯叫声一样。

【附录】

唐道世《法苑珠林》卷五四《惰慢篇》第六十一《引证部》、唐道世《诸经要集》卷一六《堕慢部》第二十五《引证缘》："《百喻经》云：昔外国节庆之日，一切妇女尽持忧（优）钵罗华，以为鬘饰。有一贫人，其妇语言：'尔若能得忧（优）钵罗华来与我，为尔作妻；若不能得，我舍尔去。'其夫先来常善能作鸳鸯之鸣，即入王池作鸳鸯鸣，偷忧（优）钵罗华。时守池者而作是问：‘池中者谁？’而此贫人失口答言：‘我是鸳鸯。’守者捉得，将诣王所。而于中道，复更和声作鸳鸯鸣。守池者言：‘尔先不作，今作何益？’世间愚人亦复如是，终身残害，作众恶业，不习心行，使令调善，临命终时，方言：‘今我欲得修善。’狱卒将去，付阎罗王。虽欲修善，亦无所及。如彼愚人，欲到王所，作鸳鸯鸣。”

明弘赞《沩山警策句释记》卷上：“《百喻经》云：昔外国有一贫人，善能作鸳鸯鸣。欲偷莲花，即入王池，作鸳鸯鸣。时守池人疑而问曰：‘池中是谁？’贫人失口答言：‘我是鸳鸯。’守者捉得，将诣王所。至中途，复更作鸳鸯鸣。守者言：‘汝先不作，今作何益？’世间愚人亦复如是，终身作众恶业，不习心行，使令调善，临命终时，方言：‘我今欲修善。’时狱卒将去，付阎罗王所。虽欲修善，亦无所及。如彼愚人，欲到王所，方作鸳鸯鸣。”

四八　野干为折树枝所打喻

譬如野干[①]，在于树下，风吹枝折，堕其脊上。即便闭目，不欲看树，舍弃而走。到于露地，乃至日暮亦不肯来。遥见风吹大树，枝柯动摇上下[②]，便言唤我，寻来树下。

愚痴弟子亦复如是，已得出家，得近师长，以小呵责[③]，即便逃走。复于后时，遇恶知识[④]，恼乱不已，方还师所[⑤]。如是去来[⑥]，是为愚惑。

【校注】

①野干：梵 śṛgala，指一种野兽。唐玄应《一切经音义》卷二四："野干，梵言悉伽罗。形色青黄，如狗群行，夜鸣，声如狼也。字有作'射干'。"北宋睦庵《祖庭事苑》卷七："野干，梵云悉迦罗。此言野干，亦名夜干，或射干。色青黄，如狗，群行夜鸣，其声如狼，又野干形小尾大，能上树，疑枯枝不登；狐即形大，疑冰不渡，不能上树。"

②枝柯：梵 pallava，指树木枝茎。唐慧琳《一切经音义》卷三六："枝柯，《毛诗》：'惟作之枝，其叶蓬蓬。'《说文》云：'木别生也。'《广雅》：'柯，茎也。'顾野王云：'柯，亦枝柯也。'"隋阇那崛多译《佛本行集经》

卷二七《向菩提树品》："以初春月所出可爱一切树木，悉著花果，枝柯自垂。"

③呵责：指诃责。见"（一三）说人喜瞋喻"校注⑩。

④恶知识：梵 pāpa-mitra，指能导人以恶法邪道之人。东汉安世高译《佛说尸迦罗越六方礼经》："恶知识复有四辈：一者难谏晓教之作善故，与恶者相随；二者教之莫与喜酒人为伴故，与嗜酒人相随；三者教之自守，益更多事；四者教之与贤者为友，故与博掩子为厚。恶知识复有四辈：一者小侵之便大怒，二者有急情使之不肯行，三者见人有急时避人走，四者见人死亡弃不视。"北凉昙无谶译《大般涅槃经》卷二二《光明遍照高贵德王菩萨品》："菩萨摩诃萨观于恶象及恶知识，等无有二。何以故？俱坏身故。菩萨摩诃萨于恶象等，心无怖惧；于恶知识，生畏惧心。何以故？是恶象等，唯能坏身，不能坏心；恶知识者，二俱坏故。是恶象等，唯坏一身；恶知识者，坏无量善身、无量善心。是恶象等，唯能破坏不净臭身；恶知识者，能坏净身及以净心。是恶象等，能坏肉身；恶知识者，坏于法身。为恶象杀，不至三恶；为恶友杀，必至三恶。是恶象等，但为身怨；恶知识者，为善法怨。是故菩萨常当远离诸恶知识。"

⑤"师所"，原作"所去"，从文义，据《资福藏》、《碛砂藏》、《普宁藏》、《洪武南藏》、《永乐南藏》、《永乐北藏》、《径山藏》、《清藏》、金陵本改。

⑥"去"，《金藏》本作"走"。

【译文】

就好比有一只野干，趴在树下，风把树枝给吹断了，掉到它的背上。它立即闭起眼睛，不敢去看树，舍弃树下而急忙逃走。它来到了一块空地，直到太阳落山都不肯再回到树下。它远远看见风吹大树，枝杈上下摇动，便以为是在召唤它，于是又回到树下。

愚痴的佛弟子也是一样，已经出家，得以亲近师长，由于受到了小小的批评，就即刻逃走了。又于后来遇到恶知识，使得自己烦恼迷乱，这才回到了师长身边。像这样一去一来的举动，着实是愚痴迷惑。

【附录】

唐道世《法苑珠林》卷五三《愚戆篇》第五十九《杂痴部》第三《怖树》："《百喻经》云：譬如野干，在于树下，风吹枝折，堕其脊上。即便闭目，不欲看树，舍弃而走。到于露地，乃至日暮，亦不肯来。遥见风吹大树，枝柯动摇上下，便言唤我，还来树下。愚痴弟子亦复如是，已得出家，得近师长，以小呵责，即便逃走。复于后时，遇恶知识，恼乱不已，方还师所。如是去来，是为愚惑。"

四九　小儿争分别毛喻

譬如昔日[①]，有二小儿，入河遨戏[②]，于此水底，得一把毛。一小儿言：“此是仙须。”一小儿言：“此是罴毛[③]。”尔时河边有一仙人，此二小儿诤之不已，诣彼仙所决其所疑。而彼仙人，寻即取米及胡麻子，口中含嚼，吐著掌中，语小儿言：“我掌中者，似孔雀屎[④]。”而此仙人不答他问，人皆笑之[⑤]。

世间愚人亦复如是，说法之时，戏论诸法，不答正理。如彼仙人不答所问，为一切人之所嗤笑。浮漫虚说亦复如是[⑥]。

【校注】

①“譬如”，《径山藏》本无。

②遨戏：指游戏。僧伽斯那撰、三国吴支谦译《菩萨本缘经》卷中《一切持王子品》：“尔时，二子近在不远山中遨戏。”北魏瞿昙般若流支译《正法念处经》卷三九《观天品》：“迭共遨戏，游行受乐。”

③“是”，《金藏》、《资福藏》、《碛砂藏》、《普宁藏》、《洪武南藏》、

《永乐南藏》、《永乐北藏》、《径山藏》、《清藏》本无。

罴：梵 ṛkṣa，指一种熊。唐慧琳《一切经音义》卷一一："《诗》云：'惟熊惟罴。'《说文》云：'狩名也。'《尔雅》云：'罴，如熊，黄白色。'郭璞云：'罴，似熊而大熊类也。头长高，猛憨多力，能拔木。'"

④孔雀屎：指孔雀之粪便。唐苏敬《新修本草》卷一五《禽》下："孔雀屎，微寒，主女子带下，小便不利。出广、益诸州，都下亦养之。方家不见用其屎也。谨案：孔雀屎，交广有，剑南元无。"

⑤"笑"，原作"知"。案下文云："如彼仙人不答所问，为一切人之所嗤笑。"故据《金藏》本改。

⑥浮漫：指轻率。《佛使比丘迦旃延说法没尽偈百二十章》："证处设乖谬，反说无本末，闻受皆浮漫，讲论无清话。"北魏昙鸾《无量寿经优婆提舍愿生偈注》卷下："是知止语浮漫。"

【译文】

就好比从前的某一天，有两个小孩儿，进到河里游戏，在水底下得到一把毛。其中一个小孩儿说道："这是仙人的胡须。"另一个小孩儿说道："这是罴熊的毛。"当时河边有一位仙人，这两个小孩儿争执不下，就到仙人那里去解决他们的疑惑。而那个仙人，立刻取来米和胡麻子，放到嘴里咀嚼后，吐在手掌当中，对这两个小孩子说道："我手掌中的东西，很像孔雀的粪便。"这位仙人并没有回答两个小孩儿所提出的问题，人们全都嘲笑他。

世间的愚人也是一样，在说法的时候，戏论诸法，不回答真正的道理。如同那个仙人不回答所提出的问题，被一切世人所嘲笑一样。轻率空虚的言论就是这样。

五〇　医治脊偻喻

譬如有人，卒患脊偻[①]，请医疗之[②]。医以酥涂[③]，上下著板，用力痛压，不觉双目一时并出。

世间愚人亦复如是，为修福故，治生估贩[④]，作诸非法。其事虽成，利不补害，将来之世入于地狱。喻双目出。

【校注】

①脊偻：梵 kubja，指因脊柱弯曲而驼背。东晋瞿昙僧伽提婆译《增壹阿含经》卷一二《三宝品》："年过少壮，牙齿缺落，头发皓白，身体垢界，皮缓面皱，脊偻呻吟，身如故车，形体战掉，扶杖而行。"

②"之"，《资福藏》、《碛砂藏》、《普宁藏》、《洪武南藏》、《永乐南藏》、《永乐北藏》、《径山藏》、《清藏》、金陵本作"治"。

③酥：梵 ghṛta，指从牛乳或羊乳炼制成之酥油。辽希麟《续一切经音义》卷七："酥，乳酪也。"龙树造、后秦鸠摩罗什译《大智度论》卷一八《释初品》中《般若波罗蜜》："譬如牛乳、驴乳，其乳虽同，牛乳攒则成酥，驴乳攒则成尿。"

④治生：梵 pratipakṣodaya，指经营生计。后秦佛陀耶舍、竺佛念译《长

阿含经》卷一三《阿摩昼经》:“又如有人举财治生,大得利还,还本主物,余财足用。”

【译文】

就好比有一个人,忽然得了脊柱弯曲的病,请医生给他治疗。医生用酥油涂抹驼背,再用两块木板上下夹住,然后用力痛压木板,还没等有反应两个眼球就被挤出来了。

世间的愚人也是一样,为了修得福报,便去谋生经商,做了很多非法的事情。他的事业虽有成就,但所得利益不能弥补已造成的危害,将来后世必将堕入地狱。如同譬喻中那个病人的双眼被压出来一样。

五一　五人买婢共使作喻[①]

譬如五人，共买一婢[②]。其中一人语此婢言："与我浣衣[③]。"次有一人复语浣衣[④]，婢语次者："先与其浣[⑤]。"后者恚曰："我共前人同买于汝，云何独尔？"即鞭十下。如是五人，各打十下。

五阴亦尔，烦恼因缘[⑥]，合成此身；而此五阴，恒以生、老、病、死无量苦恼，搒笞众生[⑦]。

【校注】

①"共"，《金藏》本无。

②"共"，《径山藏》本作"其"。

婢：梵 ceṭī，指女仆。北宋法天译《佛说金刚手菩萨降伏一切部多大教王经》卷下："持诵者言：'汝为我婢女，即听允日给金钱一百。'"

③浣：梵 dhāvana，指洗涤。唐慧琳《一切经音义》卷四七："郑笺《毛诗》云：'浣，谓濯也。'刘兆注《公羊传》云：'濯，生练曰漱，去旧垢曰浣。'"三国吴支谦译《佛说斋经》："譬如以淳灰浣衣，垢污得除。"

④"次"，金陵本作"又"。

⑤“其”，《金藏》本作“某”。

⑥因缘：梵 hetu-pratyaya，指内在之因与外在之缘。南宋法云《翻译名义集》卷四《释十二支篇》：“尼陀那，此云因缘。什曰：‘力强为因，力弱为缘。’肇曰：‘前缘相生因也，现相助成缘也。’生曰：‘因谓先无其事而从彼生也，缘谓素有其分而从彼起也。’故因亲而缘疏，缘觉根利，通观三世，有因有缘，是名因缘。”明杨卓《佛学次第统编》：“就因之义分之，说有因缘。因缘者，于一物之生，赋与强力曰因，旁添弱力曰缘。例如种子因也，雨露农夫等缘也。虽辨因果，应识因缘。若但知因，则惑于缘，因果之义缺矣。”

⑦搒笞：梵 tāḍita-latā，指拷打折磨。唐慧琳《一切经音义》卷一六：“搒笞，顾野王：‘搒，击也。’《字书》：‘捶也。’《说文》：‘笞，击也。’”三国吴支谦译《撰集百缘经》卷一〇《诸缘品》第十《长者身体生疮缘》：“王即然可，寻至其家，执彼长者，系缚搒笞，楚毒无量，举身伤破，脓血横流，痛不可言。”

【译文】

就好比有五个人，共同买了一个女仆。其中一个人对女仆说道：“给我洗衣服。”又有一个人也说让她洗衣服，女仆就对第二个人说道：“先给第一个人洗。”第二个人生气地说道：“我和前面那个人一同买的你，为什么你只单独给他洗衣服呢？”于是就鞭打了女仆十下。就这样他们五个人，各打了女仆十下。

五阴也是一样，是由烦恼因缘组合成了这个身体；而这五阴总是以生、老、病、死等无量痛苦和烦恼，来鞭笞着众生。

五二 伎儿作乐喻[①]

譬如伎儿[②]，王前作乐，王许千钱。后从王索，王不与之。王语之言[③]："汝向作乐，空乐我耳[④]；我与汝钱，亦乐汝耳。"

世间果报亦复如是[⑤]，人中、天上虽受少乐，亦无有实，无常败灭，不得久住。如彼空乐。

【校注】

①"儿"，《资福藏》、《碛砂藏》、《普宁藏》、《洪武南藏》、《永乐南藏》、《永乐北藏》、《径山藏》、《清藏》本作"人"。下同。

②伎儿：梵 naṭa，指古代以歌舞为业之人。南朝宋求那跋陀罗译《杂阿含经》卷三二："我闻古昔歌舞戏笑耆年宿士作如是说：'若伎儿于大众中歌舞戏笑，作种种伎，令彼大众欢乐喜笑。以是业缘，身坏命终，生欢喜天。"隋阇那崛多译《佛本行集经》卷一四《空声劝厌品》："令彼宫内婇女、伎儿所作音声歌曲，不顺五欲之事，唯传涅槃住持信解微妙之声。"

③"语"，《径山藏》本作"与"。

④"耳"，《金藏》本作"身"。

⑤果报：梵 vipāka，指由过去业因所造成之果而感召之酬报。明杨卓《佛学次第统编》："就果之义，若分别之，亦可说为果报二义。果者结果，报者报得，果有总义，报具别义。于一果体上，有种种之报境也。但在通常，亦通用之。"

【译文】

就好比艺人，在国王面前演奏音乐，国王答应赏给他一千钱。后来他向国王索要，国王不给他。国王对艺人说道："你向来演奏音乐，只是空洞地愉悦了我的耳朵；我说给你钱，也只是愉悦一下你的耳朵。"

世间的果报也是一样，在人间或是天上虽然享受到一点快乐，但没有任何真实之处，一切都是无常且要最终败坏毁灭掉的，不可能得以永久保持。如同那个"空乐我耳"的譬喻一样。

五三　师患脚付二弟子喻

譬如一师，有二弟子。其师患脚，遣二弟子，人当一脚，随时按摩。其二弟子，常相憎嫉。一弟子行，其一弟子捉其所当按摩之脚，以石打折。彼既来已，忿其如是，复捉其人所按之脚，寻复打折。

佛法学徒亦复如是①，方等学者②，非斥小乘③；小乘学者，复非方等④。故使大圣法典⑤，二途兼亡⑥。

【校注】

①学徒：梵 śiṣya，指学生。最胜子造、唐玄奘译《瑜伽师地论释》："论体五分，尽在心中。欲为学徒分别解说，自假兴问，为起说因。"

②方等：梵 vaipulya，指大乘。北宋元照《佛说阿弥陀经义疏》："一切大乘皆以方等实相为体，方谓方广，等即平等。实相妙理，横遍诸法，故名方广；竖该凡圣，故言平等。故知横竖一切诸法，悉自缘生，皆不思议，无非实相，此通一代大乘所诠之理。"北宋从义《天台四教集解》卷上："方者，广也。等者，平等也。若大方广者，理性广博，名之为大；理正为方，包富为广。今之方等者，四教俱说，事方等也；三谛俱谈，理方

等也。若理方等，五时之中，唯除鹿苑，余皆有之。以诸大乘悉谈三谛故，云大乘方等经典；若事方等，正唯在于第三时也。”明一如《大明三藏法数》：“众机普被曰方，四教并谈曰等。盖由前鹿苑中说小乘法，二乘之人，得少为足，便谓究竟，故假维摩居士以呵斥之，使其耻小慕大，故说《维摩》、《楞伽》等经。”

学者：梵 vedaka，指求学之人。隋智顗《妙法莲华经玄义》卷八下：“小乘论师，专于名相而起诤竞，非法毁人，世代仿效，为法怨仇。大乘学者亦复如是，学妙有者自称至极，闻毕竟空而生诽谤，不受其法，不耐其人。”

③“斥”，《金藏》本作“于”。

非斥：指非难排斥。唐玄奘《大唐西域记》卷一一《摩腊婆国》：“彼婆罗门踞所持座，非斥正法，敷述邪宗。”

④案隋吉藏《法华义疏》卷一〇《安乐行品》：“不说经典过者：如来说法，浅深随机，终归一道，不得执大呵小、执小呵大。如《百喻经》说：‘有二弟子，互打师两脚。’即其事也。”又唐窥基《妙法莲华经玄赞》卷九本：“《智度论》云：‘善人相者，不自赞毁，不赞毁他。’若毁法者，《百喻经》说，如二人洗父之脚，互相诽毁，便令损折。”

⑤大圣：梵 mahā-muni，指佛之尊号。后秦鸠摩罗什译《妙法莲华经》卷三《药草喻品》：“大圣世尊，于诸天人、一切众中，而宣是言。”北宋知礼《观无量寿佛经疏妙宗钞》卷一：“佛是极圣，故称为大。”

法典：梵 ākhyāyikā，指佛教正法经典。西晋竺法护译《正法华经》卷六《药王如来品》：“佛灭度后，若有信此正法典者，受持、书写、供养、奉顺，为他人说，德乃若斯。”南朝梁僧祐《出三藏记集》卷二：“昔刘向校书已见佛经，故知成帝之前法典久至矣。”

⑥“亡”，宋本、元本、明本作“忘”。

【译文】

就好比一个老师，有两个弟子。那个老师患有脚病，就分派两个弟子一人负责一只脚，随时按摩。他的这两个弟子，素来就相互厌恶嫉妒。一个弟子外出，另一个弟子就抓起外出弟子所负责按摩的脚，用石头给打断了。等那个弟子外出回来后，十分气愤他如此的做法，又抓起他所负责按摩的那只脚，也给打断了。

学习佛法的人也是一样，学习大乘佛法的人，就责难小乘佛法；学习小乘佛法的人，又责难大乘佛法。这样就使佛陀大圣留下的法典，所宣说的方等和小乘两大派系的内容，全都丧失了它的本来教义。

【附录】

唐道宣《四分律删繁补阙行事钞》卷中《篇聚名报篇》：“《百喻经》云：昔有一师，畜二弟子，各当一脚，随时按摩。其大弟子，嫌彼小者，便打折其所当之脚。彼又嫌之，又折大者所当之脚。譬今方等学者，非于小乘；小乘学者，又非方等。故使大圣法典，二途兼亡。”

唐大觉《四分律行事钞批》卷六本：“《百喻经》下卷云：譬如一师，有二弟子。其师患脚，遣二弟子，人当一脚，随时按摩。其二弟子，常相憎嫉。一弟子行，其一弟子捉其所当按摩之脚，以石打折。彼既来已，忿其如是，复捉其人所按之脚，寻复打折。佛法学徒亦复如是，方等学者，非于小乘；小乘学者，复非方等。故使大圣法典，二途兼亡。”

北宋守一《律宗会元》卷下《诸文戒行门》：“《百喻经》云：昔有一师，畜二弟子，各当一脚，随时按摩。其大弟子嫌彼小者，便打折其所当之脚。彼又嫌之，又折大者所当之脚。譬今方等学者，非于小乘；小乘学者，又非方等。故使大圣法典，二途兼亡。”

日本玄睿《大乘三论大义钞》卷三：“《百喻经》云：譬如一师，有二弟子。其师患脚，使二弟子各按一足。其二弟子，互相憎嫉，迭折两脚，师即便死。佛法学徒亦复如是，方等学者，非其小乘；小乘学者，复非方等。大圣法典，而令破灭。”

五四　蛇头尾共争在前喻[①]

譬如有蛇，尾语头言："我应在前。"头语尾言[②]："我恒在前，何以卒尔？"头果在前[③]，其尾缠树，不能得去；放尾在前，即堕火坑，烧烂而死。

师徒弟子亦复如是，言师耆老[④]，每恒在前；我诸年少，应为导首[⑤]。如是年少，不闲戒律[⑥]，多有所犯，因即相牵，入于地狱。

【校注】

①"共"，《金藏》、《资福藏》、《碛砂藏》、《普宁藏》、《洪武南藏》、《永乐南藏》、《永乐北藏》本无。

②"语"，《径山藏》本作"与"。

③果：指决断。唐慧琳《一切经音义》卷一七："孔安国注《尚书》云：'煞敌为果，致果为毅也。'"北宋法贤《佛说最上根本大乐金刚不空三昧大教王经》卷六《一切如来大三昧曼拏罗仪轨分》："果决成就事，获具足圣财。"

④耆老：梵 jarā，指老人。龙树造、后秦鸠摩罗什译《大智度论》

卷二二《释初品》中《八念义》:"如是耆老相，还变成少身，如服还年药，是事何由然？"

⑤导首：梵 pariṇāyaka，指领头人。北凉昙无谶译《大般涅槃经》卷四《如来性品》:"示为众生，而作导首。"弥勒造、唐玄奘译《瑜伽师地论》卷三八《本地分》中《菩萨地》第十五《初持瑜伽处菩提品》:"我当独一，于无导首诸世界中，为作导首。"南宋普济《五灯会元》卷一〇《金陵清凉泰钦法灯禅师》:"先师法席五百众，今只有十数人在诸方为导首。"

⑥闲：指熟习。唐玄应《一切经音义》卷二四："闲，谓习解之称也。惯习工善曰闲。"唐义净译《根本说一切有部毗奈耶出家事》卷三："时有年老无知苾刍，不闲戒律，度一外道。"唐道世《法苑珠林》卷七四《十恶篇》第八十四之二《偷盗部》第五《互用部》:"数闻边方道俗，不闲戒律，虽有好心经营三宝，任己凡情，互用三宝物，乃至齐上圣僧钱。"

【译文】

就好比有一条蛇，它的尾巴对头说道："我应该在前面。"头对尾巴说道:"我一直都在前面，怎么能一下子就到后面去呢？"头坚持在前面，而尾巴则缠住树干，蛇不能得以前进；放尾巴在前面，蛇随即堕入火坑，被烧烂而死。

师父和徒弟也是一样，总说师父因为年长，每每排在前面；而我们这些年轻人，才应该做领头人。这些年轻人，不熟习戒律，经常犯戒，因而和他们的师父相互牵连，一同堕入地狱。

【附录】

道略集《杂譬喻经》："昔有一蛇，头尾自相与诤。头语尾曰：'我应为大。'尾语头曰：'我亦应大。'头曰：'我有耳能听，有目能视，有口能食，行时最在前，是故可为大。汝无此术，不应为大。’尾曰：‘我令汝去，故得去耳。若我以身，绕木三匝，三日而不已，头遂不得去求食，饥饿垂死。’头语尾曰：‘汝可放之，听汝为大。’尾闻其言，即时放之。复语尾曰：‘汝既为大，听汝在前行。’尾在前行，未经数步，堕火坑而死。此喻僧中或有聪明大德上座能断法律，下有小者不肯顺从，上座力不能制，便语之言：‘欲尔随意。’事不成济，俱堕非法，喻若彼蛇坠火坑也。”

五五　愿为王剃须喻

昔者有王，有一亲信，于军阵中没命救王[①]，使得安全。王大欢喜，与其所愿，即便问言："汝何所求？恣汝所欲[②]。"臣便答言："王剃须时，愿听我剃。"王言："此事若适汝意，听汝所愿。"如此愚人，世人所笑。半国之治，大臣辅相，悉皆可得，乃求贱业。

愚人亦尔。诸佛于无量劫，难行苦行，自致成佛[③]。若得遇佛及值遗法[④]，人身难得[⑤]，譬如盲龟值浮木孔[⑥]。此二难值，今已遭遇，然其意劣，奉持少戒，便以为足，不求涅槃胜妙法也[⑦]。无心进求[⑧]，自行邪事，便以为足[⑨]。

【校注】

①"没"，《资福藏》、《碛砂藏》、《普宁藏》、《洪武南藏》、《永乐南藏》、《永乐北藏》、《径山藏》、《清藏》、金陵本作"殁"。

②恣：梵 pravārayati，指听任。《般泥洹经》卷下："须跋得入，忻然悦豫，善心生焉。见佛欢喜，礼问恭辞，气重揖让，毕一面住。白佛言：'欲有所问，岂有闲暇？一决其疑。'佛言：'便问。恣汝所欲，闻可得解。'"

③案后秦鸠摩罗什译《妙法莲华经》卷四《提婆达多品》："智积菩萨言：'我见释迦如来，于无量劫难行苦行，积功累德，求菩萨道，未曾止息。'"弥勒造、唐玄奘译《瑜伽师地论》卷二一《本地分》中《声闻地》第十三《初瑜伽处种姓地》："云何名为诸佛出世？谓如有一普于一切诸有情类，起善利益增上意乐，修习多千难行苦行，经三大劫阿僧企耶，积集广大福德智慧二种资粮，获得最后上妙之身，安坐无上胜菩提座，断除五盖，于四念住善住其心，修三十七菩提分法，现证无上正等菩提，如是名为诸佛出世。过去、未来、现在诸佛，皆由如是名为出世。"

④遗法：梵 śāsana，指佛去世后所遗留之教法。唐魏徵《隋书》卷三五《经籍志》："每佛灭度，遗法相传，有正、象、末三等淳樗之异。"唐玄奘《大唐西域记》卷七《婆罗痆斯国》："有婆罗门子慈氏者，身真金色，光明照朗，当舍家成正觉，广为众生三会说法。其济度者，皆我遗法植福众生也。其于三宝，深敬一心，在家出家、持戒犯戒皆蒙化导，证果解脱。三会说法之中，度我遗法之徒。"

⑤人身难得：指能够转世为人甚为难得。明一如《大明三藏法数》卷二〇："谓因行五常五戒，出离四趣，方得人身。经云：'得人身者，如爪上土；失人身者，如大地土。'以其得少失多，故云人身难得。"后秦鸠摩罗什译《梵网经》卷上《梵网经菩萨戒序》："一失人身，万劫不复。"北凉昙无谶译《大般涅槃经》卷二《寿命品》："佛出世难，人身难得，值佛生信是事亦难。"唐实叉难陀《大方广佛华严经》卷六四《入法界品》："时善财童子作如是念：'得人身难，离诸难难，得无难难，得净法难，得值佛难，具诸根难，闻佛法难，遇善人难，逢真善知识难，受如理正教难，得正命难，随法行难。"

⑥案南朝宋求那跋陀罗译《杂阿含经》卷一五："如是我闻，一时，佛住猕猴池侧重阁讲堂。尔时，世尊告诸比丘：'譬如大地悉成大海，有一盲龟，寿无量劫，百年一出其头。海中有浮木，止有一孔，漂流海浪，随风东西。盲龟百年一出其头，当得遇此孔不？'阿难白佛：'不能。世尊。所以者何？此盲龟若至海东，浮木随风，或至海西。南、北四维，围绕亦尔，不必相得。'佛告阿难：'盲龟浮木，虽复差违，或复相得。愚痴凡夫，漂流五趣，暂复人身，甚难于彼。所以者何？彼诸众生，不行其义、不行法、不行善、不行真实，展转杀害，强者陵弱，造无量恶故。是故比丘，于四圣谛，当未无间等者，当勤方便，起增上欲，学无间等。'佛说此经已。诸比丘闻佛所说，欢喜奉行。"北凉昙无谶译《大般涅槃经》卷二《寿命品》："生世为人难，值佛世亦难，犹如大海中，盲龟值浮孔。"

⑦涅槃：梵 nirvāṇa，指灭尽生死等一切烦恼，而达到寂静解脱之佛境。弥勒造、唐玄奘译《瑜伽师地论》卷四六《本地分》中《菩萨地》第十五《初持瑜伽处菩提分品》："又诸菩萨观一切行，先因永断，后无余灭，其余毕竟不起不生，说名涅槃。"东晋慧远《大乘义章》卷一八《大般涅槃义》："外国涅槃，此翻为灭。灭烦恼故，灭生死故，名之为灭。离众相故，大寂静故，亦名为灭。"后秦僧肇《肇论·涅槃无名论》："僧肇言：泥曰、泥洹、涅槃，此三名前后异出，盖是楚夏不同耳。云涅槃，音正也。无名曰：经称有余涅槃、无余涅槃者，秦言无为，亦名灭度。无为者，取于虚无寂寞妙灭绝于有为。灭度者，言其大患永灭，超度四流。"隋灌顶《大般涅槃经玄义》卷上："既可得翻，且举十家：一、竺道生，时人呼为涅槃圣，翻为灭。引文云：'闻佛唱灭，悲哀请住，魔王所以劝令速灭云云。'二、庄严大斌，翻为寂灭。引文云：'生灭灭已，寂灭为乐。前家止灭于生，

后家灭生复灭于灭，故言寂灭云云。’三、白马爱，翻为秘藏。引文云：‘皆悉安住，秘密藏中云云。’四、长干影，翻为安乐。引文云：‘如人病差，名为安乐。安乐名涅槃。’五、定林柔，翻为无累解脱。既无创疣，即无累也。六、太宗昌，翻为解脱。引《四相品》云：‘涅槃名解脱。’《迦叶品》云：‘慈悲即真解脱，解脱即大涅槃。’七梁武，翻为不生。引文云：‘断烦恼者，不名涅槃。不生烦恼，乃名涅槃。’八、《肇论》云无为，亦云灭度。九、会稽基，偏用无为一义为翻也。十、开善光宅，同用灭度。”

⑧案东汉迦叶摩腾、竺法兰译《四十二章经》：“佛言：夫人离三恶道，得为人难；既得为人，去女即男难；既得为男，六情完具难；六情已具，生中国难；既处中国，值奉佛道难；既奉佛道，值有道之君难；生菩萨家难；既生菩萨家，以心信三尊值佛世难。”

⑨“以”，《资福藏》、《碛砂藏》、《普宁藏》、《洪武南藏》、《永乐南藏》、《永乐北藏》、《径山藏》、《清藏》本作“已”。

【译文】

从前有一个国王，他有一个亲信，在两军对阵中冒着生命危险救了国王，使国王获得了安全。国王十分高兴，准备满足他的愿望，于是就问他道：“你有什么要求？随你想要的都可以。”这个臣子便回答道：“国王剃胡须的时候，希望能让我来剃。”国王说道：“这件事如果符合你意愿，就答应你的要求。”这种愚笨的人，被世人所嘲笑。半个国家的治理权，大臣辅相的高官要职，全都可以得到，反而要求卑贱的职业。

没有智慧的人也是一样。诸佛在无量劫中，修诸苦行，自悟成佛。如果能够遇到佛及其遗法，人的这个肉身都是很难得到的，就好像一只瞎龟能够钻到海中浮木的孔洞中一样。这两件难以遇到的事，现在都已经遭遇了，但由于意志低劣，奉持很少的戒律，就以为足够了，不去追求涅槃殊胜的妙法了。无心进而求取佛道，自己又做了很多邪恶之事，就以为足够了。

五六　索无物喻

昔有二人，道中共行，见有一人，将胡麻车[1]，在崄路中不能得前[2]。时将车者语彼二人[3]："佐我推车，出此崄路。"二人答言："与我何物？"将车者言："无物与汝。"时此二人即佐推车，至于平地，语将车人言："与我物来。"答言："无物。"又复语言："与我无物。"二人之中，其一人者含笑而言："彼不肯与，何足为愁？"其人答言："与我'无物'，必应有'无物'。"其一人言："无物者，二字共合，是为假名[4]。"

世俗凡夫，若无物者[5]，便生无所有处[6]。第二人言"无物者"[7]，即是无相、无愿无作[8]。

【校注】

①"胡"，《资福藏》、《碛砂藏》、《普宁藏》、《洪武南藏》、《永乐南藏》、《永乐北藏》、《径山藏》、《清藏》本作"故"。

②崄路：梵 kāntāra，指高险之道。隋那连提耶舍译《大悲经》卷五《殖善根品》："是诸商人，犹尚不应旷野险路开诸宝货，况唤群贼？"

③将车：指驾车。北凉法盛译《佛说菩萨投身饴饿虎起塔因缘经》：

“时婆罗门使奴将车，入山斫樵，于市卖之。”

④假名：梵 prajñapti，指假定之名。东晋慧远《大乘义章》卷一《假名义》：“言假名者，释有四义：一、诸法无名，假与施名，故曰假名；如贫贱人假称富贵，如是等也。二、假他得名，故号假名；如假诸阴得众生名，假栋梁等得屋宅名，如是一切；又复大小、长短等事，假他得名；大假小故，得其大名，小亦如是；长假短故，得其长名，短亦如是，如是一切故曰假名。三、假之名，称曰假名；世俗诸法，各非定性，假他而有，名为假法；树假之称，故曰假名。四者、诸法假名而有，故曰假名。是义云何？废名论法，法如幻化，非有非无，亦非非有，亦非非无，无一定相可以自别，以名呼法，法随名转，方有种种诸法差别，假名故有，是故诸法说为假名。”明一如《大明三藏法数》卷八：“谓世间一切事物及以众生，虽因众缘和合而有种种名字，皆无自性，虚假不实。众生迷故，于此假名，起执取相。”

⑤“若”，《资福藏》、《碛砂藏》、《普宁藏》、《洪武南藏》、《永乐南藏》、《永乐北藏》、《径山藏》、《清藏》、金陵本作“著”。

⑥无所有处：梵 ākiñcanyāyatana，指无色界四空天之第三天。明一如《大明三藏法数》卷二七：“无所有处地者，即无色界第三天也。谓此天厌空处无边，识处三世流转无际，舍此二处，而入无所有处定。住于此定，怡然寂静，诸想不起也。”

⑦“第”，《资福藏》、《碛砂藏》、《普宁藏》、《洪武南藏》、《永乐南藏》、《永乐北藏》、《径山藏》、《清藏》本作“其”。

⑧案前“若无物者”即喻空，合后“无相、无愿无作”即为“三解脱门”。此三具足，方为解脱；若只执其一，则非解脱也。隋智顗《法界

次第初门》卷中之下《三解脱初门》："《大智度论》云：'三十七品是趣涅槃道行，是道已到涅槃。涅槃城有三门，谓：空、无相、无作。'既已说道故，次应说到处门也。此三通名解脱门者，解脱即是涅槃，门谓能通。此三法能通行者，得入涅槃，故名解脱门也。亦云三昧，三昧义如前说。但三昧即是当体得名，解脱从能通之用以受称也。此无别法，有师解云：'因时名三昧，证果则变名解脱。'此类如八背舍、八解脱也。一、空解脱门：云何名空解脱门？观诸法无我、我所故空。所以者何？诸法从因缘和合生，无有作者，无有受者，能如是通达者，是名空解脱门。是空解脱门缘二行，谓：空、无我。二、无相解脱门：云何名无相解脱门？观男女相，一异相等，是相中求实皆不可得，故无相。所以者何？若诸法无我、我所故空，空故无男无女一异等法；我、我所中名字是异，以是故男女一异等相实不可得，能如是通达者，是为无相解脱门。是解脱缘四行，谓：尽、灭、妙、出。三、无作解脱门：云何名无作解脱门？若知一切法无相，即都无所作，是名无作。所以者何？若于法有所得者，即于三界而有愿求，因是造作三有之业。今一切相皆不可得故，则于三界无所愿求，不造一切三有生死之业，无业故无报，是为无作解脱门。是无作解脱门缘十行，谓：无常、苦、集、因、缘、生、道、正、进、乘也。"

【译文】

从前有两个人，在道路中共同行走，看见有一个人赶着一辆装满胡麻的车子，在一段险峻的路段中不能得以前进。当时这个赶车的人对那两个人说道："帮我推车，走出这段险峻的道路。"两个人回答道："能给我什么东西呢？"赶车的人说道："没有东西给你们。"当时这两个人就帮着推车，来到平坦的地方后，对赶车的人说道："给我东西吧。"赶车的人回答道："没有东西（即'无物'）。"他们又说道："给我'无物'。"两人中的一个人含笑说道："你不愿意给，是有什么难处吗？"那个人回答道："给我'无物'，就必须有'无物'存在。"其中的一个人说道："所谓'无物'，乃'无'和'物'的组合，就是个假合的名相而已。"

世俗的凡夫，如同执著"无物"一样，认为有一个"空"的境界存在，从而就往生到无所有处天。第二个人所说的"无物"，就是无相、无愿无作。

五七　踢长者口喻

昔有大富长者，左右之人欲取其意，皆尽恭敬。长者唾时，左右侍人以脚蹋却①。有一人愚者②，不及得蹋，而作是言："若唾地者，诸人蹋却；欲唾之时，我当先蹋。"于是长者正欲咳唾，时此愚人即便举脚，蹋长者口，破唇折齿。长者语愚人言："汝何以故蹋我唇口？"愚人答言："若长者唾出口落地，左右谄者③，已得蹋去。我虽欲蹋，每常不及。以是之故，唾欲出口，举脚先蹋，望得汝意。"

凡物须时，时未及到，强设功力，返得苦恼④。以是之故，世人当知时与非时⑤。

【校注】

①"侍"，《资福藏》、《碛砂藏》、《普宁藏》、《洪武南藏》、《永乐南藏》、《永乐北藏》、《径山藏》、《清藏》、金陵本作"之"。

②"人"，《资福藏》、《碛砂藏》、《普宁藏》、《洪武南藏》、《永乐南藏》、《永乐北藏》、《径山藏》、《清藏》、金陵本无。

③谄：梵 śaṭhya，指阿谀奉承。唐慧琳《一切经音义》卷一一："《易》

曰：‘君子上交不谄，下交不媟。’何休注《公羊传》云：‘谄，犹佞也。’《庄子》：‘希意道言谓之谄。’《说文》：‘谄，谀也。’”

④“返”，《资福藏》、《碛砂藏》、《普宁藏》、《洪武南藏》、《永乐南藏》、《永乐北藏》、《径山藏》、《清藏》本作“反”。

⑤案东晋瞿昙僧伽提婆译《中阿含经》卷三三《善生经》：“人非时行者，当知有六灾患。云何为六？一者不自护，二者不护财物，三者不护妻子，四者为人所疑，五者多生苦患，六者为人所谤。居士子。人非时行者，不经营作事；作事不营，则功业不成；未得财物，则不能得；本有财物，便转消耗。”

⑥案此“说理”部分，道略集《杂譬喻经》表义不同，见“附录”。

【译文】

从前有一个十分富有的长者，周围的人想获得他的欢心，全都对他恭恭敬敬。长者在吐痰的时候，周围的侍从就用脚将痰踩掉。有一个愚笨的人，总赶不及踩，便想道：“如果痰已吐到地上，大家就将它踩掉了；在正要吐的时候，我应当先去踩。”于是长者正想咳嗽吐痰，这个愚人就抬起脚，去踩长者的嘴，踩破了嘴唇、踩折了牙齿。长者对愚人说道：“你为什么要踩我的嘴呢？”愚人回答道：“如果长者将痰吐出口落到地上，周围谄媚之人就已经将痰踩掉了。我虽然也想去踩，每次都赶不及。出于这个原因，在您刚想将痰吐出口时，我抬脚先去踩，希望能够获得您的欢心。”

任何事物都必须顺应时机，时机还没有到，便强行施设功力，反而会得到痛苦与烦恼。出于这个道理，世间的人应当知道判断时与非时。

【附录】

道略集《杂譬喻经》："外国小人，事贵人欲得其意，见贵人唾地，竞来以足蹋去之。有一人不大健剿，虽欲蹋之，初不能得。后见贵人欲唾，始聚口时，便以足蹋其口。贵人问言：'汝欲反耶？何故蹋吾口？'小人答言：'我是好意，不欲反也。'贵人问言：'汝若不反，何以至是？'小人答言：'贵人唾时，我常欲蹋唾。唾才出口，众人恒夺。我前初不能得，是故就口中蹋之也。'此喻论议时，要须义出口，然后难也。若义在口，理未宣明，便兴难者，喻若就口中蹋之也。"

唐道世《法苑珠林》卷五四《惰慢篇》第六十一《引证部》第二、唐道世《诸经要集》卷一六《堕慢部》第二十五《引证缘》第二："《百喻经》云：昔有大富长者，左右之人欲取其意，皆尽恭敬。长者唾时，左右侍人以脚蹋却。有一愚者不及得蹋，而作是言：'若唾地者，诸人蹋却。欲唾之时，我当先蹋。'于是长者正欲欬唾，时此愚人即便举脚，蹋长者口，破唇折齿。长者语言：'汝何以故，蹋我唇口？'愚人具答所由：'故唾欲出，举脚先蹋，望得汝意。'凡物须时，时未及到，强设功力，反得苦恼。以是之故，世人当知时与非时。"

五八　二子分财喻

昔摩罗国[①]，有一刹利[②]，得病极重，必知定死，诫敕二子："我死之后，善分财物。"二子随教，于其死后分作二分，兄言弟分不平。尔时有一愚老人言[③]："教汝分物，使得平等。现所有物，破作二分。云何破之？所谓衣裳中割作二分，槃瓶亦复中破作二分[④]，所有瓫瓨亦破作二分[⑤]，钱亦破作二分。"如是一切所有财物尽皆破之，而作二分。如是分物，人所嗤笑。

如诸外道，偏修分别论[⑥]。论门有四种[⑦]：有决定答论门[⑧]，譬如："一切有皆死？"此是决定答论门[⑨]。"死者必有生？"是应分别答："爱尽者无生[⑩]，有爱必有生[⑪]。"是名分别答论门。有问："人为最胜不[⑫]？"应反问言："汝问三恶道？为问诸天？若问三恶道，人实为最胜；若问于诸天，人必为不如。"如是等义名反问答论门。若问十四难[⑬]，若问：'世界及众生[⑭]，有边、无边，有终始、无终始。'如是等义名置答论门。诸外道愚痴，自以为智慧，破于四种论，作一分别论。喻如愚人分钱物，破钱为两段。

【校注】

①摩罗国：梵 Malla，指位于恒河北部之古印度国名，为十六大国之一，释迦牟尼即去世于该国首都拘尸那揭罗城。南朝梁宝唱《翻梵语》卷八《国土名》："摩罗国，译曰花也。"南朝宋昙摩蜜多译《观虚空藏菩萨经》："般涅槃塔，在摩罗国拘尸罗城双树间。"北凉昙无谶译《大方等无想经》卷一《大云初分大众健度》："有十六大国：鸯伽陀国、摩伽陀国、迦尸国、拘萨罗国、跋耆国、摩罗国、分陀国、须摩国、阿摩国、阿槃提国、拘留国、半时罗国、跋嗟国、首罗先那国、夜槃那国、剑蒲阇国。"

②刹利：为刹帝利（梵 kṣatriya）之简称，指印度四大种姓之第二种姓。龙树造、后秦鸠摩罗什译《大智度论》卷三二《释初品》中《四缘义》："刹利者，王及大臣也。"后秦僧肇《注维摩诘经》卷二《方便品》："刹利，王种也，秦言田主。劫初人食地味，转食自然粳米。后人情渐伪，各有封殖，遂立有德，处平分田。此王者之始也，故相承为名焉。"唐玄奘《大唐西域记》卷二："刹帝利，王种也。旧曰刹利，略也。奕世君临，仁恕为志。"参"（二九）贫人烧粗褐衣喻"校注②。

③"愚"，《资福藏》、《碛砂藏》本作"里"，《洪武南藏》、《永乐南藏》、《永乐北藏》、《径山藏》、《清藏》本作"野"。

④"槃"，《资福藏》、《碛砂藏》、《普宁藏》、《洪武南藏》、《永乐南藏》、《永乐北藏》、《径山藏》、《清藏》本作"盘"。

槃：通"盘"。

⑤瓨：指一种长颈容器。唐慧琳《一切经音义》卷二六："《说文》：'似罂，长头，受十升者也。'"卷三〇："《考声》云：'瓶类也。大者受一斗，

今无大小之制也。'《说文》:'似罃,长颈也。'"

⑥“论”,《金藏》、《资福藏》、《碛砂藏》、《普宁藏》、《洪武南藏》、《永乐南藏》、《永乐北藏》、《径山藏》、《清藏》本无。

⑦论门有四种:指后所列:决定答论门(梵 ekāṃśena-vyākaraṇa)、分别答论门(梵 vibhajya-vyākaraṇa)、反问答论门(梵 paripṛcchā-vyākaraṇa)、置答论门(梵 sthāpanīya-vyākaraṇa)。世亲造、唐玄奘译《阿毗达磨俱舍论》卷一九《分别随眠品》:“论曰:且问四者:一、应一向记,二、应分别记,三、应反诘记,四、应舍置记。此四如次,如有问者,问死生、胜我、一异等;记有四者,谓答四问。若作是问:'一切有情皆当死不?'应一向记:'一切有情皆定当死。'若作是问:'一切死者皆当生不?'应分别记:'有烦恼者当生,非余。'若作是问:'人为胜劣?'应反诘记:'为何所方?若言方天,应记人劣;若言方下,应记人胜。'若作是问:'蕴与有情为一为异?'应舍置记:'有情无实,故一异性不成。如石女儿、白黑等性,如何舍置而立记名。以记彼问言,此不应记故。'"

⑧“决”,《金藏》本作“次”。形误。

⑨“论门”,《金藏》、《资福藏》、《碛砂藏》、《普宁藏》、《洪武南藏》、《永乐南藏》、《永乐北藏》、《径山藏》、《清藏》本无。

⑩爱尽者无生:指逆观十二因缘之还灭门。五百大阿罗汉造、唐玄奘译《阿毗达磨大毗婆沙论》卷二三《杂蕴》第一中《补特伽罗纳息》:“若以果推因,名逆观察。”《别译杂阿含经》卷一〇:“无明灭则行灭,行灭则识灭,识灭则名色灭,名色灭则六入灭,六入灭则触灭,触灭则受灭,受灭则爱灭,爱灭则取灭,取灭则有灭,有灭则生灭,生灭则老死忧悲苦恼众苦聚集灭尽,则大苦聚灭。”参“(一五)医与王女药令卒长大喻”

校注⑥。

⑪有爱必有生：指顺观十二因缘之流转门。五百大阿罗汉造、唐玄奘译《阿毗达磨大毗婆沙论》卷二三《杂蕴》第一中《补特伽罗纳息》：“若以因推果，名顺观察。”《别译杂阿含经》卷一〇：“因于无明则有行生，因行故有识，因识故有名色，因名色故有六入，因六入故有触，因触故有受，因受故有爱，因爱故有取，因取故有有，因有故有生，因生故有老死忧悲苦恼众苦聚集。”参“（一五）医与王女药令卒长大喻”校注⑥。

⑫不：通“否”。

⑬十四难：梵 caturdaśāvyākṛta-vastu，指十四个佛不予回答的问题。龙树造、后秦鸠摩罗什译《大智度论》卷二《初品总说如是我闻释论》：“何等十四难？世界及我常、世界及我无常、世界及我亦有常亦无常、世界及我亦非有常亦非无常、世界及我有边无边、亦有边亦无边、亦非有边亦非无边、死后有神去后世、无神去后世、亦有神去亦无神去、死后亦非有神去、亦非无神去后世、是身是神、身异神异。”隋慧远《大乘义章》卷六《十四难义》：“所言难者，执邪征正，目之为难。亦可邪执碍于圣道，能与出世为留难，故名之为难。难别不同，宣说十四。就十四中，常无常见，有其四种；边无边见，亦有四种；如去不如去，复有四种；身、神一异，有其二种，是故合有十四难也。”

⑭世界：梵 loka-dhātu，指众生所依居住之无常处所。明一如《大明三藏法数》卷四：“世，谓过去、现在、未来迁流为世。界，谓东、西、南、北四方分位为界。以世涉方，故名世界。”

【译文】

从前在摩罗国，有一位刹帝利种姓的人，得病极重，已经知道自己必定要死去了，便告诫两个儿子说道："我死了之后，要妥善分配财物。"两个儿子遵从遗嘱，在他死后将财物分作两份，而哥哥说弟弟分得不公平。当时有一个十分愚笨的老人说道："教你们如何分配财物，可以使得公平均等。现将所有的财物，都破为两份。如何破呢？就是将衣服从中间割成两份，盘、瓶也从中间破成两份，所有盆、缸也破成两份，钱币也破成两份。"就这样一切财物全都被毁破了，并分成两份。这样分配财物的方法，被人们所嘲笑。

这就好比各种非佛的外道，偏执地修习分别之论。论的门类共有四种：第一种"决定答论门"，比如有人问："一切生命体都会死亡吗？"对于这个问题的回答是肯定的，所以属于决定答论门。有人问："死去的生命体还会再生吗？"对于这个问题就应该分别回答："如果'爱'灭尽了就不会再生，如果还有'爱'存在则必然会再生。"这就是第二种"分别答论门"。有人问："人是不是最高级的生命体？"对于这个问题就应该反问："你是问与三恶道中生命体相比呢？还是问与各种天界中生命体相比呢？如果是问与三恶道中生命体相比，人确实是最高级的；如果是问与各种天界中生命体相比，人必定是不如的。"像这样的问答就属于第三种"反问答论门"。如果有人问十四难，比如问："世界及众生，是有边际？还是没有边际？是有始有终的？还是没有始终的？"像这样的问题就属于第四种"置答论门"，即搁置不予回答。各种非佛外道十分的愚痴，自以为很有智慧，能够打破这四种论门，而别作一种分别之论。如同譬喻中的愚人分配钱物，将钱币破为两段一样。

【附录】

唐道世《法苑珠林》卷二四《说听篇》第十六之二《简众部》："《百

喻经》：问答有四：一、有决定答，譬如人问：'一切有生皆死？'此是决定答。二、问：'死者必有生？'是应分别答：'爱尽者，无生；有爱者，必有生。'是名分别答。三、有问：'人为最胜不？'此应反问言：'汝问三恶道，为问诸天？若问三恶道，人实为最胜。若问于诸天，人必为不如。'如是等义名反问答。四、若问十四难，若问：'世界及众生，有边、无边，有始终、无始终？'如是等义名置答论问。若论诸外道愚痴，自以为智，不闲四论，唯作一分别论。"

北宋从义《法华三大部补注》卷七："《百喻经》云：一、决定答，二、分别答，三、反问答，四、置答。一、决定答者，如人问云：'一切皆有死？'此应决定答云：'死也。'二、分别答者，如人问云：'死者必有生不？'此应分别答：'无爱者，不生；有爱者，有生也。'三、反问答者，如人问：'人为最胜不？'此应反问答：'汝问三恶道邪？问天人耶？若问恶道，人实为最胜；若问诸天人，必不如也。'四、置问答者，如人问：'世界及我常？世界及我无常？世界及我亦常亦无常？世界及我非有常非无常？世界及我有边？世界及我无边？世界及我亦有边亦无边？世界及我非有边非无边？死后有神去？死后无神去？死后亦有神去亦无神去？死后亦非有神去亦非无神去？神异身邪？身异神邪？'此十四难，皆置而为答也。"

五九　观作瓶喻

譬如二人至陶师所，观其蹋轮而作瓦瓶[①]，看无厌足[②]。一人舍去，往至大会，极得美馔[③]，又获珍宝。一人观瓶，而作是言："待我看讫。"如是渐冉，乃至日没，观瓶不已，失于衣食。

愚人亦尔。修理家务[④]，不觉非常[⑤]。

今日营此事，明日造彼业。

诸佛大龙出[⑥]，雷音遍世间[⑦]。

法雨无障碍[⑧]，缘事故不闻。

不知死卒至，失此诸佛会。

不得法珍宝，常处恶道穷，

背弃于正法[⑨]。

彼观缘事瓶，终常无竟已[⑩]，

是故失法利，永无解脱时[⑪]。

【校注】

①瓦瓶：指一种陶制容器。唐慧琳《一切经音义》卷八："《说文》：

‘汲水器也。’小缶也。”三国吴支谦译《大明度经》卷四《譬喻品》：“譬若持瓦瓶行担水，安隐归至。”

②厌足：梵 paritṛpta，指满足。后秦佛陀耶舍、竺佛念译《长阿含经》卷一《大本经》：“多人所敬爱，如金像始成，男女共谛观，视之无厌足。”

③馐：梵 bhojana，指食物。唐慧琳《一切经音义》卷一二：“《考声》云：‘五味必佳曰馐。’《说文》：‘具食也。’”后秦鸠摩罗什译《妙法莲华经》卷三《授记品》：“如从饥国来，忽遇大王馐。”

④修理：梵 pratisaṃskāraṇa，指操持料理。北魏瞿昙般若流支译《正法念处经》卷五九《观天品》：“懈怠之人，势力薄少，人所轻贱。亦复不能修理家业，贫穷下贱，不能营作，治生贸易，耕田种殖，及以余事悉不能作。”

⑤非常：梵 anitya，指无常。东汉安世高译《佛说尸迦罗越六方礼经》：“放心自纵意，命过复何言，人当虑非常，对来无有期。”西晋白法祖译《佛般泥洹经》卷上：“常念人命非常。”

⑥人龙：梵 Mahānāga，指以水中最大力之龙喻于佛。东晋瞿昙僧伽提婆译《中阿含经》卷二九《龙象经》：“如来于世间，天及魔、梵、沙门、梵志，从人至天，不以身、口、意害，是故我名龙。”《大智度论》卷三《初品》中《共摩诃比丘僧释论》：“‘摩诃’言大，‘那’名不，‘伽’名罪。诸阿罗汉诸烦恼断，以是故名不罪。复次，‘那伽’或名龙、或名象。是五千阿罗汉，诸无数阿罗汉中最大力，是以故言如龙如象。水行中龙力大，陆行中象力大。复次，如善调象王，能破大军，直入不回，不畏刀杖，不难水火，不走不退，死至不避。诸阿罗汉亦复如是，修禅定智慧，故能破魔军及诸结使贼，骂詈挝打不悔不恚，老死水火不畏不难。复次，

如大龙王从大海出，起于大云遍覆虚空，放大电光明照天地，澍大洪雨润泽万物。诸阿罗汉亦复如是，从禅定智慧大海水中出，起慈悲云润及可度，现大光明种种变化，说实法相雨弟子心，令生善牙。”

⑦雷音：梵 megha-svara，指佛说法之声音犹如雷震，亦为佛三十二相之一。马鸣造、后秦鸠摩罗什译《大庄严论经》卷八："尔时，世尊犹如晴天无诸云翳，出深远声，犹如雷音。”唐地婆诃罗译《方广大庄严经》卷三《诞生品》："何等名为三十二相？（中略）二十、声如雷音，清畅和雅。”《大方便佛报恩经》卷七《亲近品》："和合集聚三十二相、八十种好所有功德，增至千万亿倍，乃成如来深远雷音，其声闻乎无量无边不可思议微尘等诸佛世界。”

⑧法雨：梵 dharma-varṣa，指佛法如雨可润泽万物。《别译杂阿含经》卷一〇："譬如天降大雨，随下水流，注于大海。汝之教法，亦复如是。男女长幼及以衰老，蒙佛法雨，于长夜中尽趣涅槃。”南朝宋求那跋陀罗译《杂阿含经》卷九："以大法雨，雨我身中，如雨甘露。”隋阇那崛多译《佛本行集经》卷一七《舍宫出家品》："此处今出是大龙，当雨世间大法雨，润益三界诸众生，除其热恼诸邪病。”

⑨“于（於）”，原作“放”，形误，据《资福藏》、《碛砂藏》、《普宁藏》、《洪武南藏》、《永乐南藏》、《永乐北藏》、《径山藏》、《清藏》、金陵本改。

背弃：指背离抛弃。西晋竺法护译《修行道地经》卷四《行空品》："吾有亲老，适见背弃。”《大方广如来秘密藏经》卷下："是众生心自当改悔，以缘如来生悔心故，背弃生死一切之罪。“

⑩“常”，《资福藏》、《碛砂藏》、《普宁藏》、《洪武南藏》、《永乐南藏》、《永乐北藏》、《径山藏》、《清藏》本作“当”。

⑪“永”,《金藏》本作“求”。

【译文】

这就好比有两个人，来到一个制作陶器的师傅那里，旁观他脚踩转轮制作瓦瓶，看得十分入神没有满足。一个人离开，来到一个大的集会，得到了各种美食,又获得了很多的珍宝。一个人还在看制作瓦瓶,并说道:“等我把制作过程看完。”就这样逐渐到了日没时分，那人还一直在观看瓶子的制作过程，失去了获得衣食的机会。

没有智慧的人也是一样，整天忙于料理家务，不知不觉中生命就逝去了。

今天谋划着做这件事，明天又去造作别的事。

诸佛犹如大龙之出现，音声如雷震遍布世间。

法雨润物是无障碍的，众生因俗事不能听闻。

不知道死亡马上将至，错失了此次诸佛盛会。

不能获得佛法之珍宝，永远处于恶道穷途中，

背离抛弃于佛陀正法。

如同那人旁观做瓦瓶，始终观看而无有结束，

因此丧失佛法的利益，永远没有解脱的时候。

六〇　见水底金影喻

昔有痴人，往大池所，见水底影，有真金像，谓呼有金。即入水中，挠泥求觅[1]。疲极不得，还出复坐。须臾水清，又现金色[2]。复更入里，挠泥更求觅，亦复不得。其如是[3]，父觅子，得来见子，而问子言："汝何所作，疲困如是？"子白父言："水底有真金，我时投水，欲挠泥取，疲极不得。"父看水底真金之影，而知此金在于树上。所以知之，影现水底。其父言曰："必飞鸟衔金，著于树上。"即随父语，上树求得。

凡夫愚痴人，无智亦如是。

于无我阴中[4]，横生有我想。

如彼见金影，勤苦而求觅，

徒劳无所得[5]。

【校注】

①挠：梵 kṣubhita，指搅和。唐慧琳《一切经音义》卷四八："《说文》：'挠，搅乱也。'"

②“又”，《资福藏》、《碛砂藏》、《普宁藏》、《洪武南藏》、《永乐南藏》、《永乐北藏》、《径山藏》、《清藏》本作“复”。

③“如是”，《资福藏》、《碛砂藏》、《普宁藏》、《洪武南藏》、《永乐南藏》、《永乐北藏》、《径山藏》、《清藏》、金陵本无。

④无我：梵 anātman，指一切事物皆缘起而性空，故无有内在主宰之存在。北凉昙无谶译《大般涅槃经》卷二〇《梵行品》：“以无常故苦，以苦故空，以空故无我。若是无常、苦、空、无我，为何所杀？杀无常者得常涅槃，杀苦得乐，杀空得实，杀于无我而得真我。”龙树造、后秦鸠摩罗什译《大智度论》卷二二《释初品》中《八念义》：“一切法无我，诸法内无主、无作者、无知、无见、无生者、无造业者，一切法皆属因缘，属因缘故不自在，不自在故无我，我相不可得故。如《破我品》中，说——是名无我印。问曰：‘何以故但作法无常，一切法无我？’答曰：‘不作法无因无缘故，不生不灭；不生不灭故，不名为无常。复次，不作法中，不生心著颠倒；以是故，不说是无常，可说言无我。有人说神是常遍知相，以是故，说一切法中无我。’”东晋慧远《大乘义章》卷二《四优檀那义》：“自体名法，法无性实，故曰无我。”隋智顗《摩诃止观》卷七下：“又无智慧故，计言有我。以慧观之，实无有我。我在何处？头足支节一一谛观，了不见我。何处有人及以众生？业力机关，假为空聚。从众缘生，无有宰主。”唐宗密《华严原人论》：“形骸之色，思虑之心，从无始来，因缘力故，念念生灭，相续无穷，如水涓涓，如灯焰焰，身心假合，似一似常。凡愚不觉之，执之为我，实此我故，即起贪、瞋、痴等三毒，三毒击意，发动身口，造一切业。”参“（九四）摩尼水窦喻”校注⑤。

阴：梵 skandha，指五阴聚合之身。隋慧远《大乘义章》卷第八《五阴义》："言五阴者，所谓色、受、想、行、识也。质碍名色，又复形现亦名为色；领纳称受，《毗昙》亦言觉知名受；取相名想，《毗昙》亦言顺知名想；起作名行；了别名识，《毗昙》亦云分别名识。此之五种，经名为阴，亦名为众。聚积名阴，阴积多法，故复名众。问曰：'一色一受、想等，无多聚积，云何名阴而复名众？'释言：'此等阴积之分，故名为阴。多中之分，故复名众。'"参"（二七）治鞭疮喻"校注⑤。

⑤案此"说理"部分，道略集《众经撰杂譬喻》表义不同，见"附录"。

【译文】

从前有一个十分愚痴的人，去到大水池边，看到水底的倒影有真金的形像，便以为有金子。于是就进入水中，翻搅池泥来寻找，累得精疲力竭也没有找到，又从水中出来坐下休息。过了一会儿水变清了，又显现出金子的颜色，他又进入水中，翻搅池泥再次寻找，还是没有找到。他这样反复入水找金的同时，他的父亲来到池边找他，问道："你到底干什么了，累成这个样子？"儿子对父亲说道："水底下有真金，我刚才跳入水中，想翻搅池泥取出金子，累得精疲力竭也没有找到。"父亲看到水底真金的影像后，知道这块金子在树上；之所以如此推知，就是因为金子的影子映现在水底。他的父亲说道："必定是飞鸟衔着金子，放在了树上。"于是按照父亲的话，痴人爬上树找到了金子。

世间凡夫与愚痴之人，也是一样的没有智慧。

在根本无我的身体中，总是产生有我的妄想。

如同那人看到金影后，勤苦并反复入水寻找，

最终是徒劳一无所获。

【附录】

道略集、后秦鸠摩罗什译《众经撰杂譬喻》卷下："昔有父子二人共居，入山斫林，泉水有黄金，子便归求父索分言：'我不用余物，物尽与父。惟与我车牛一具，米二斛，荻斫各一枚。'父不听之，数谏不止。父便与之言：'汝莫复来归。'子便入山掘泉水中金，日日终不能得。父便共相将往视之，观如是金，仰视山头边有金若山，影现水中，便上山以大木幢堕金于地。父语儿：'求之法当，云何但掘水，何时当得。'子不晓求金者，唯人不持五戒。但逐听色声，人身岂复可还得也。父者，唯如黠之求金者，观如本末时，持佛五戒，加行十善，生天人身，世世不失，后得佛道果。"

六一　梵天弟子造物因喻[①]

婆罗门众皆言："大梵天王是世间父[②]，能造万物，造万物主者。"有弟子言："我亦能造万物。"实是愚痴，自谓有智，语梵天言："我欲造万物。"梵天王语言："莫作此意，汝不能造。"不用天语，便欲造物。梵天见其弟子所造之物，即语之言："汝作头太大，作项极小[③]；作手太大，作臂极小；作脚极小，作踵极大[④]，作如似毗舍阇鬼[⑤]。"以此义，当知各各自业所造，非梵天能造。

诸佛说法，不著二边[⑥]，亦不著断[⑦]，亦不著常[⑧]，如似八正道说法[⑨]。诸外道见断、见常事已[⑩]，便生执著，欺诳世间，作法形像，所说实是非法。

【校注】

①"因"，《径山藏》、《清藏》本无。

②大梵天王：梵 Mahā-brahmā-deva，指色界初禅天之第三天天主。五百大阿罗汉造、唐玄奘译《阿毗达磨大毗婆沙论》卷九八《智蕴》第三中《五种纳息》："问：'大梵天王住在何处？梵辅梵众住何处耶？''西

方诸师作如是说：初静虑地处别有三：一、梵众天处，二、梵辅天处，三、大梵天处。此处即是静虑中间。迦湿弥罗诸论师说：初静虑地唯有二处，即梵辅天中有高胜静处，如近聚落有胜园林，是大梵王常所居处。此处即是静虑中间。'问：'大梵天等身量云何？'答：'大梵王身量一逾缮那半，梵辅天身量一逾缮那，梵众天身量半逾缮那。'问：'大梵天等寿量云何？'答：'大梵王寿量一劫半，梵辅天寿量一劫，梵众天寿量半劫。'"唐道世《法苑珠林》卷二《三界篇》："此大梵天无别住处，但于梵辅有层台高显严博，大梵天王独于上住，以别群下于此。三天之中，梵众是庶民，梵辅是臣，大梵是君。唯此初禅有其君臣民庶之别，自此已上悉皆无也。"

③项：梵 grīva，指脖子后部。唐慧琳《一切经音义》卷一："《说文》云：'前曰颈，后曰项。'"

④踵：梵 pārṣṇi，指脚后跟。唐慧琳《一切经音义》卷六〇："《声类》：'踵，足跟也。'"

⑤"作"，《金藏》、《资福藏》、《碛砂藏》、《普宁藏》、《洪武南藏》、《永乐南藏》、《永乐北藏》、《径山藏》、《清藏》、金陵本无。

⑥二边：梵 dvaya-anta，指断见与常见。南朝宋求那跋陀罗译《杂阿含经》卷三四："若先来有我则是常见，于今断灭则是断见，如来离于二边，处中说法。"

⑦断：梵 uccheda-dṛṣṭi，指执著世界及人断灭无续之断见。明一如《大明三藏法数》卷二三："谓不知诸法本性空寂，常住不坏，而反起断灭之见，妄计此身死已不复更生，是为断见。"卷二五："谓众生于五阴之身，妄计今世灭已，更不再生，则成断灭，是名断见。"

⑧常：梵 śāśvata-dṛṣṭi，指执著世界及人常住不灭之常见。明一如《大

明三藏法数》卷二三："谓不知己身及诸外物皆悉无常，终归坏灭，而反妄计为常，是为常见。"卷二五："谓众生于五阴之身，妄计今世虽灭，后世复生，相续不断，是名常见。"

⑨八正道：梵 āryāṣṭāṅgika-mārga，指八种正确通向涅槃解脱之路径。明一如《大明三藏法数》卷三七："不邪曰正，能通曰道。一、正见，谓能见真理也。二、正思惟，谓心无邪念也。三、正语，谓言无虚妄也。四、正业，谓白净善业也。五、正命，谓依法乞食活命也。六、正精进，谓修诸道行无间杂也。七、正念，谓专心忆念善法也。八、正定，谓一心住于真空之理也。"参"(三五) 宝箧镜喻"校注⑨。

⑩"见断、见常"，《资福藏》、《碛砂藏》、《普宁藏》、《洪武南藏》、《永乐南藏》、《永乐北藏》、《径山藏》、《清藏》本作"见是断、常"。

【译文】

婆罗门种姓的人都说："大梵天王是世间的创造者，能够创造出万物，是创造万物的主宰。"有弟子说道："我也能创造万物。"其实是十分愚痴，自以为很有智慧，他对大梵天王说道："我想创造万物。"大梵天王说道："不要有这种想法，你不能创造万物。"这个弟子不听大梵天王的话，就想创造万物。大梵天王看了这个弟子所造之物，就对他说道："你做的头太大，做的脖子太小；做的手太大，做的胳膊太小；做的脚太小，做的脚后跟太大，做出的好像毗舍阇鬼一样。"由此可见，应当知道世间万物都是由各自业报所造，并非是大梵天王能够创造出来的。

诸佛所说教法，不执著于二边见，既不执著于断见，也不执著于常见，如同八正道所阐释的道理一样。各种非佛的外道看见断、常等现象后，就产生执著，欺骗迷惑世间，作出正法形像，而所讲说的实际上都不是正法。

六二　病人食雉肉喻

昔有一人，病患委笃[①]，良医占之云："须恒食一种雉肉，可得愈病。"而此病者，市得一雉，食之已尽，更不复食。医于后时，见便问之："汝病愈未？"病者答言："医先教我恒食雉肉，是故今者食一雉已尽，更不敢食。"医复语言："若前雉已尽，何不更食？汝今云何止食一雉[②]，望得愈病？"

一切外道亦复如是，闻佛、菩萨无上良医说言[③]："当解心识[④]。"外道等执于常见，便谓过去[⑤]、未来、现在唯是一识，无有迁谢。犹食一雉，是故不能疗其愚惑、烦恼之病。大智诸佛，教诸外道，除其常见。一切诸法念念生灭，何有一识常恒不变[⑥]？如彼世医，教更食雉，而得病愈。佛亦如是，教诸众生，令得解诸法坏故不常、续故不断[⑦]，即得划除常见之病[⑧]。

【校注】

①委笃：指病危。南朝宋求那跋陀罗译《杂阿含经》卷三七："时有释氏沙罗，疾病委笃。"

②“止”，原作“正”，从文义，据《金藏》、《资福藏》、《碛砂藏》、《普宁藏》、《洪武南藏》、《永乐南藏》、《永乐北藏》、《径山藏》、《清藏》、金陵本改。

③案南朝宋求那跋陀罗译《杂阿含经》卷一五：“如是我闻，一时，佛住波罗奈国仙人住处鹿野苑中。尔时，世尊告诸比丘：‘有四法成就名曰大医王者，所应王之具、王之分。何等为四？一者善知病，二者善知病源，三者善知病对治，四者善知治病已、当来更不动发。云何名良医善知病？谓良医善知如是如是种种病，是名良医善知病。云何良医善知病源？谓良医善知此病因风起、癖阴起、涎唾起、众冷起、因现事起、时节起，是名良医善知病源。云何良医善知病对治？谓良医善知种种病，应涂药、应吐、应下、应灌鼻、应熏、应取汗，如是此种种对治，是名良医善知对治。云何良医善知治病已，于未来世永不动发？谓良医善治种种病，令究竟除，于未来世永不复起，是名良医善知治病更不动发。如来、应、等正觉为大医王，成就四德，疗众生病亦复如是。云何为四？谓如来知此是苦圣谛如实知，此是苦集圣谛如实知，此是苦灭圣谛如实知，此是苦灭道迹圣谛如实知。诸比丘。彼世间良医于生根本对治不如实知，老、病、死、忧、悲、恼苦根本对治不如实知。如来、应、等正觉为大医王，于生根本对治如实知，于老、病、死、忧、悲、恼苦根本对治如实知，是故如来、应、等正觉名大医王。’佛说此经已，诸比丘闻佛所说，欢喜奉行。”

④心识：指心与识（梵 vijñāna）。见“（三八）饮木筒水喻”校注②。

⑤“谓”，《资福藏》、《碛砂藏》、《普宁藏》、《洪武南藏》、《永乐南藏》、《永乐北藏》、《径山藏》、《清藏》本作“为”。

⑥案护法造、唐玄奘译《成唯识论》卷三："阿赖耶识为断为常？非断非常，以恒转故。恒，谓此识无始时来，一类相续，常无间断。是界趣生施设本故，性坚持种令不失故。转，谓此识无始时来，念念生灭，前后变异，因灭果生，非常一故。可为转识熏成种故。恒言遮断，转表非常。犹如瀑流，因果法尔。如瀑流水，非断非常，相续长时，有所漂溺。此识亦尔，从无始来生灭相续、非常非断，漂溺有情，令不出离。又如瀑流，虽风等击起诸波浪，而流不断。此识亦尔，虽遇众缘，起眼识等，而恒相续。又如瀑流，漂水下上鱼草等物，随流不舍。此识亦尔，与内习气，外触等法，恒相随转。如是法喻，意显此识，无始因果，非断常义。谓此识性，无始时来，刹那刹那，果生因灭。果生故非断，因灭故非常。非断非常是缘起理，故说此识恒转如流。过去、未来既非实有，非常可尔，非断如何？断岂得成缘起正理？过去、未来若是实有，可许非断，如何非常？常亦不成缘起正理。岂斥他过，己义便成？若不摧邪，难以显正。前因灭位，后果即生；如秤两头，低昂时等。如是因果相续如流，何假去来方成非断？因现有位，后果未生，因是谁因？果现有时，前因已灭，果是谁果？既无因果，谁离断常？若有因时，已有后果。果既本有，何待前因？因义既无果义，宁有无因无果，岂离断常？因果义成，依法作用，故所诘难非预我宗。体既本有，用亦应然，所待因缘亦本有故。由斯汝义，因果定无，应信大乘缘起正理。谓此正理，深妙离言，因果等言皆假施设。观现在法，有引后用，假立当果，对说现因。观现在法，有酬前相，假立曾因，对说现果。假谓现识，似彼相现，如是因果，理趣显然。远离二边，契会中道，诸有智者，应顺修学。"

⑦案《别译杂阿含经》卷一〇："复次，阿难。若说有我，即堕常

见；若说无我，即堕断见。如来说法，舍离二边，会于中道。以此诸法坏故不常、续故不断，不常不断。”隋吉藏《百论疏》卷下《破因中有果品》：“《涅槃经》云：‘众生起见凡有二种：一、断，二、常。’前执有成常，今舍常入断，有所得心必依倚故也。内曰：‘续故不断，坏故不常。’续故不断，破其断见；坏故不常，破其常见。以其前执于断，故前破断；除断恐还入常，故次破常。问：‘旧亦云：实灭不常，假续不断。与今何异？’答：‘彼义实灭不常，犹是断义；续故不断，犹是常义；故乃执常为不断，执断为不常。此乃断常互存，犹是断常义耳。今明盖是两弹，非双取也。言其非常者，明其非是常，非谓是非常；不断亦尔。又常云：实灭不常，假续不断，乃无断常而有生灭。今明既不断常，即不生灭。故《中论》云：深求不常不断，即是不生不灭。又旧虽明不断不常，而犹执二世无义；数人不断不常，执二世有义。今明不断不常，即非无非有，显在注文。’问：‘论主何故作续故不断、坏故不常？’答云：‘若论始末有二破：一、就缘破，如就执有，求有无从。二、对缘破，但对缘破有二：一、借无破有，借邪破邪；二、申正破邪，即今文是也。以外通不出因中有无，有即是常，无即是断。今对有无断常，明非有非无、不断不常，故是中道即对偏明中。’问：‘今续故不断、坏故不常，云何是非有非无？’答：‘续故不断，破因中无；坏故不常，破因中有。僧佉执因中有，因不失坏故也。’”

⑧“划”，《资福藏》、《碛砂藏》、《普宁藏》、《洪武南藏》、《永乐南藏》、《永乐北藏》、《径山藏》、《清藏》本作“灭”。

【译文】

从前有一个人，患病已致病危，有一位好医生给他诊断道：“你必须坚持吃一种雉鸡的肉，才可以使病痊愈。”而这个病人，在集市上买回一只雉鸡，吃完这只雉鸡以后，就不再继续吃了。那位医生过了些时候，复诊时问他道："你的病好了没有？"病人回答道："医生先前教我坚持吃雉鸡的肉，所以现在我已经将一只雉鸡吃完了，就不敢再吃了。"医生又说道："如果前面那只雉鸡已经吃完了，为什么不再继续吃下去呢？你现在为什么只吃一只雉鸡，就期望能治好病呢？"

一切非佛的外道也是一样，听闻佛、菩萨这样无上良医的教诲："应当了解心识。"而外道执著于"常见"，便称过去、未来、现在只是一个"识"，恒常没有迁谢变化。犹如吃一只雉鸡，并不能治疗他们愚惑、烦恼的病患。具有广大智慧的诸佛，教导那些外道，去除他们的"常见"。一切诸法都是念念生灭无常的，何尝有一个"识"是永恒不变的呢？如同那个世间的医生，让病人继续吃雉鸡的肉，才能使病痊愈一样。佛也是如此，教导一切众生，令他们了解一切诸法都会毁灭故不永恒、但又相续故不断灭的道理，于是就可以铲除"常见"的病患。

六三　伎儿著戏罗刹服共相惊怖喻[1]

昔乾陀卫国有诸伎儿[2]，因时饥俭[3]，逐食他土[4]，经婆罗新山[5]，而此山中素饶恶鬼、食人罗刹[6]。时诸伎儿会宿山中，山中风寒，然火而卧[7]。伎人之中有患寒者，著彼戏本罗刹之服[8]，向火而坐。时行伴中[9]，从睡寤者，卒见火边有一罗刹，竟不谛观[10]，舍之而走；遂相惊动，一切伴侣悉皆逃奔。时彼伴中著罗刹衣者，亦复寻逐[11]，奔驰绝走[12]。诸同行者见其在后，谓欲加害，倍增惶怖，越度山河，投赴沟壑，身体伤破，疲极委顿[13]，乃至天明方知非鬼。

一切凡夫亦复如是，处于烦恼饥俭善法，而欲远求常、乐、我、净无上法食[14]，便于五阴之中横计于我。以我见故，流驰生死，烦恼所逐，不得自在，坠堕三途恶趣沟壑[15]。至天明者，喻生死夜尽[16]，智慧明晓，方知五阴无有真我。

【校注】

①“儿”，《资福藏》、《碛砂藏》、《普宁藏》、《洪武南藏》、《永乐南

藏》、《永乐北藏》、《径山藏》、《清藏》本作“人”。下同。

②乾陀卫：梵 Gandhāra，指古印度国名，为十六大国之一，位于今巴基斯坦境内白沙瓦(Peshawar)。唐玄奘《大唐西域记》卷二：“健驮逻国，旧曰乾陀卫，讹也。北印度境，东西千余里，南北八百余里，东临信度河。国大都城号布路沙布逻，周四十余里。”唐慧苑《新译大方广佛华严经音义》卷下：“乾陀罗国，此云持地国，谓昔此国多有道果圣贤，住持其境，不为他国侵害也。又云‘乾陀’是香；‘罗’谓‘陀罗’，此云遍也。言遍此国内多生香气之花，故名香遍国。其国在中印度北，北印度南，二界中间也。”唐玄应《一切经音义》卷三：“乾陀越国，应云乾陀婆那，此译云香林。《明度经》云：‘香净国。’同一也。香净，梵言乾陀越，或作健。”

③饥俭：梵 durbhikṣa，指饥荒。东晋瞿昙僧伽提婆译《中阿含经》卷一六《蜱肆经》：“犹如商人与其大众，有千乘车，行饥俭道。”南朝齐僧伽跋陀罗译《善见律毗婆沙》卷五：“饥俭者，饮食难得。”

④“逐”，《资福藏》、《碛砂藏》、《普宁藏》、《洪武南藏》、《永乐南藏》、《永乐北藏》、《径山藏》、《清藏》本作“遂”。

逐食：指乞讨求食。唐道世《法苑珠林》卷七九《十恶篇》第八十四《邪见部》第十三《感应缘》：“宋吴兴沈僧覆，大明末，本土饥荒，逐食至山阳，昼入村野乞食。”

⑤婆罗新山：梵 vārāsena，即婆罗犀那雪山。因梵文 sena，音译“新”，该字尾音为浊鼻音“ng”，故不需补足 na 音；而音译“犀那”，即完全意义上的一一对应，故两音译均可。唐玄奘《大唐西域记》卷一二：“越迦毕试国边城小邑，凡数十所，至大雪山婆罗犀那大岭。岭极崇峻，危磴

敧倾，蹊径盘迂，岩岫回互。或入深谷，或上高崖，盛夏合冻，凿冰而度。行经三日，方至岭上。寒风凄烈，积雪弥谷，行旅经涉，莫能伫足。飞隼翱翔，不能越度，足趾步履，然后翻飞，下望诸山，若观培塿。赡部洲中，斯岭特高。其巅无树，唯多石峰，攒立丛倚，森然若林。又三日行，方得下岭，至安呾罗缚国。”案季羡林《大唐西域记校注》："疑指今Khāwak山口。”即今阿富汗兴都库什山（Hindu Kush Mountains）西部之卡瓦克山口。

⑥罗刹：梵rāksasa，指吃人之恶鬼。唐玄应《一切经音义》卷二四："罗刹娑，或云阿落刹娑，是恶鬼之通名也。又云罗叉娑，此云护者；若女，则名啰叉私。旧云罗刹，讹略。”唐慧琳《一切经音义》卷七："罗刹娑，梵语也，古云罗刹，讹也。(中略）此乃暴恶鬼名也。男即极丑，女即甚姝美，并皆食啖于人。别有罗刹女国，居海岛之中，如《佛本行经》中具说也。”卷二五："罗刹，此云恶鬼也。食人血肉，或飞空、或地行，捷疾可畏。”明一如《大明三藏法数》卷二五："梵语罗刹，华言速疾鬼。又云可畏，以其暴恶可畏故也。”

⑦然：通“燃”。

⑧“本”，《资福藏》、《碛砂藏》、《普宁藏》、《洪武南藏》、《永乐南藏》、《永乐北藏》、《径山藏》、《清藏》、金陵本作“衣”。

⑨“时行”，《金藏》本作“行时”。

⑩谛观：梵dṛṣṭvā，指审视观察。隋阇那崛多译《佛本行集经》卷一五《耶输陀罗梦品》："一心谛观太子之面，眼睛不瞬。”

⑪“逐”，《资福藏》、《碛砂藏》、《普宁藏》本作“遂”。

⑫绝走：指快速奔跑。隋智顗《摩诃止观》卷七下："獐闻猎围，

霍惊绝走。”

⑬委顿：指疲乏颓废。东晋瞿昙僧伽提婆译《中阿含经》卷五《水喻经》：“见此行人，远涉长路，中道得病，极困委顿。”

⑭常乐我净：梵 nitya-sukha-atma-subha，指涅槃四德。明一如《大明三藏法数》卷九：“四德者，如来所证常乐我净之德也。谓如来心体本空，应用无染，离凡夫、二乘、菩萨偏邪之颠倒，故称为德。一、常德：常者不迁不变之谓也。性体虚融，湛然常住，历三世而不迁，混万法而不变，故名常德。二、乐德：乐者，安隐寂灭之谓也。离生死逼迫之苦，证涅槃寂灭之乐，故名乐德。三、我德：我者，自在无碍之谓也。然有妄我、真我。若外道、凡夫于五阴身强立主宰，执之为我，乃是妄我。若佛所具八自在，称为我者，即是真我，故名我德。四、净德：净者，离垢无染之谓也。无诸惑染，湛然清净，如大圆镜，了无纤翳，故名净德。”

无上法食：梵 anuttara dharmāhāra，指出世间法食。东晋瞿昙僧伽提婆译《增壹阿含经》卷一五《高幢品》：“如来身者，以法为食。”明一如《大明三藏法数》卷一八：“谓世间之食，但能资益生死之身。修行之人，于世美味，心不贪嗜。常持正念，以禅悦法喜等为食，则能长养善根，出离生死，成就菩提，故有出世间五种食也。一、念食：谓修圣道之人，常持正念，长养一切善根；如世之食，资益身根，是为念食。二、法喜食：谓修出世行人，爱乐大法，资长道种，心生欢喜，是为法喜食。三、禅悦食：谓修出世行人，由得定力，自资长养慧命，道品圆明，心常喜乐，是为禅悦食。四、愿食：谓修圣道之人，以愿持身，不舍万行，长养一切善根；如世之食，资益身根，是为愿食。五、解脱食：解脱即自在之义也。谓修圣道之人，离诸业缚，于法自在，即得长养一切菩提善根；如世之食，资益身根，是为解脱食。”

⑮三途：又作“三涂”，指三恶道。明一如《大明三藏法数》卷八：“火途即地狱道也，谓其处受苦众生，常为镬汤炉炭等热苦所逼。刀途即饿鬼道也，谓其处受苦众生，常受刀杖驱逼等苦。血途即畜生道也，谓其处受苦众生，强者伏弱，互相吞啖，饮血食肉。”参“（一四）杀商主祀天喻”校注⑩。

⑯生死夜：梵 saṃsāra-rātri，指众生沉溺生死犹如身处漫漫长夜。护法造、唐玄奘译《成唯识论》卷七：“未得真觉，恒处梦中，故佛说为生死长夜。”隋吉藏《胜鬘宝窟》卷中本：“生死渊旷名长，无解自照称夜。又生死难脱，故称长夜。”

【译文】

从前在乾陀卫国有很多的伎儿，由于当时闹饥荒，就到别的地方谋食，途经婆罗新山，而在这座山中历来就多有恶鬼和吃人的罗刹。当时这些伎儿一起夜宿山中，山中的风很寒冷，便燃起火来睡觉。在这些伎儿之中有人患了风寒，他穿着戏中罗刹的服装，冲着火坐者。这时一起行路的同伴中，有人从睡梦中醒来，忽然看见在火边有一个罗刹，竟然还没仔细看清，就转身逃走；于是互相惊动，所有同行伴侣全都逃走了。此时那个穿罗刹戏装的人，也追着同伴们，一同快速地奔逃。那些同行伎儿看到他在后面追，以为是罗刹想要加害他们，倍感惊惶恐怖，便翻山渡河，跨越沟壑，使得身体受伤破损，精神极度疲惫颓废，直到天亮才知道后面追的不是鬼。

一切凡夫也是一样，处于烦恼之中损耗善法，又想长远寻求常、乐、我、净的无上法食，就在五阴之中执著有一个“我”的存在。正是由于有了“我见”的缘故，流转驰走于生死之中，被烦恼所追逐，不能获得解脱自在，堕落于三途恶道的沟壑之中。到天亮了，是比喻生死长夜已尽，智慧曙光出现，才知道五阴之中没有一个真实的“我”的存在。

六四　人谓故屋中有恶鬼喻

昔有故屋，人谓此室常有恶鬼，皆悉怖畏，不敢寝息。时有一人自谓大胆，而作是言："我欲入此室中，寄卧一宿。"即入宿止。后有一人，自谓胆勇胜于前人①。复闻傍人言此室中，恒有恶鬼，即欲入中，排门将前②。时先入者谓其是鬼，即复推门，遮不听前。在后来者，复谓有鬼。二人斗诤，遂至天明，既相睹已，方知非鬼。

一切世人亦复如是，因缘暂会，无有宰主，一一推析，谁是我者？然诸众生，横计是非，强生诤讼。如彼二人等无差别。

【校注】

①胆勇：指胆量与勇气。北魏吉迦夜、昙曜译《杂宝藏经》卷九《波罗奈王闻冢间唤缘》："王集诸婆罗门太史相师，而与议言：'我常于夜，耳闻冢间唤我之声，我常恐惧，怖不敢应。'诸人答言：'彼冢墓间，必有妖物作是音声。今宜遣使有胆勇者，诣冢往看。'"北凉昙无谶译《大般涅槃经》卷六《如来性品》："或时有人，素无胆勇，诈作健相。"

②排门：指推门。三国吴康僧会译《六度集经》卷五《忍辱度无极章》第三《释家毕罪经》："魔奋势拔钥排门，兵入犹塘决水翻。"北宋延寿《宗镜录》卷二〇："故知不即心为道者，如千人排门，无一得入。若了心顿入者，犹一人拔关，能通万汇。"

【译文】

从前有一间旧屋子，人们都说这间屋子经常有恶鬼出没，大家都很恐惧，不敢到屋里睡觉休息。当时有一个人自称胆子很大，并且说道："我要进入这个屋子里，寄宿一夜。"于是就进去住了。后来又有一个人，自称胆量和勇气要胜过前一个人。又听旁边的人说这间屋子里总有恶鬼出没，于是也想到里面去，便推门准备进去。这时那个先进去的人以为他是鬼，立即将门推住，不让他进来。而后来的这个人，也以为屋里有鬼。这两个人里外斗争，直至天亮，在相互看清对方之后，才知道对方都不是鬼。

一切世间上的人也是一样，都是因缘暂时和合产生的，其中没有一个主宰，逐一推理分析，谁又是"我"呢？然而所有众生，总是执著是非，强行发生争辩。如同譬喻中的那两个人一样没有差别。

【附录】

龙树造、后秦鸠摩罗什译《大智度论》卷九一《释照明品》："如山中有一佛图，彼中有一别房，房中有鬼来恐恼道人，故诸道人皆舍房而去。有一客僧来，维那处分令住此空房，而语之言：'此房中有鬼神，喜恼人，能住中者住。'客僧自以持戒力多，闻故言：'小鬼何所能，我能伏之。'即入房住。暮，更有一僧来求住处，维那亦令在此房住，亦语有鬼恼人。其人亦言：'小鬼何所能，我当伏之。'先入者闭户端坐待鬼，后来者夜暗打户求入。先入者谓为是鬼不为开户，后来者极力打户。在内道人以力拒之，外者得胜排户得入。内者打之，外者亦极力熟打。至明旦相见，乃是故旧同学，各相愧谢。众人云集，笑而怪之。众生亦如是，五众无我无人，空取相致斗诤。若支解在地，但有骨肉，无人无我。”

六五　五百欢喜丸喻

昔有一妇，荒淫无度，欲情既盛，嫉恶其夫。每思方策，规欲残害[1]，种种设计，不得其便。会值其夫，聘使邻国[2]。妇密为计，造毒药丸，欲用害夫，诈语夫言："尔今远使，虑有乏短。今我造作五百欢喜丸[3]，用为资粮[4]，以送于尔。尔若出国，至他境界，饥困之时，乃可取食。"

夫用其言，至他界已，未及食之。于夜暗中，止宿林间，畏惧恶兽，上树避之，其欢喜丸忘置树下。即以其夜，值五百偷贼，盗彼国王五百匹马并及宝物，来止树下。由其逃突，尽皆饥渴，于其树下见欢喜丸，诸贼取已，各食一丸。药毒气盛，五百群贼一时俱死。时树上人，至天明已，见此群贼死在树下，诈以刀箭斫射死尸，收其鞍马并及财宝，驱向彼国。

时彼国王多将人众，案迹来逐[5]。会于中路，值于彼王。彼王问言："尔是何人？何处得马？"其人答言："我是某国人，而于道路值此群贼，共相斫射。五百群贼今皆一处，死在树下。由是之故，我得此马及以珍宝，来投王国。若不见信，可遣往看贼之疮痍、杀害处所[6]。”王时即遣亲信往看，果如其言。王时欣然，叹未曾有。既还国已，厚加爵赏，大赐珍宝，封以聚落。彼王旧臣咸生嫉妒，而白王言：“彼是远人，未可服信，如何卒尔宠遇过厚？至于爵赏，逾越旧臣。”远人闻已，而作是言：“谁有勇健，能共我试？请于平原，校其技能[7]。”旧人愕然，无敢敌者。

后时彼国大旷野中，有恶师子，截道杀人，断绝王路。时彼旧臣详共议之：“彼远人者，自谓勇健，无能敌者。今复若能杀彼师子，为国除害，真为奇特[8]。”作是议已，便白于王。王闻是已，给赐刀杖[9]，寻即遣之。尔时，远人既受敕已，坚强其意，向师子所。师子见之，奋激鸣吼，腾跃而前。远人惊怖，即便上树。师子张口，仰头向树。其人怖急，失所捉刀，值师子口，师子寻死。尔时远人欢喜踊跃[10]，来白于王，王倍宠遇。时彼国人卒尔敬服[11]，咸皆赞叹。

其妇人欢喜丸者，喻不净施[12]；王遣使者，喻善知识；至他国者，喻于诸天；杀群贼者，喻得须陀洹，强断五欲并诸烦恼；遇彼国王者，喻遭值贤圣[13]；国旧人等生嫉妒者，喻诸外道见有智者，能断烦恼及以五欲，便生诽谤，言无此事；远人激厉而言旧臣无能与我共为敌者，喻于外道无敢抗衡；杀师子者，喻破恶魔[14]，既断烦恼，又伏恶魔，便得无著道果封赏[15]；每常怖怯者，喻能以弱而制于强。其于初时，虽无净心[16]，然彼其施遇善知识，便获胜报。不净之施，犹尚如此，况复善心欢喜布施？是故应当于福田所[17]，勤心修施。

【校注】

①“规”，《资福藏》、《碛砂藏》、《普宁藏》、《洪武南藏》、《永乐南藏》、《永乐北藏》、《径山藏》、《清藏》本作“频”。

②聘使：指聘问之使。高丽一然《三国遗事》卷四：“师将理策东还，乃随中国朝聘使还国。”高丽觉训《海东高僧传》卷二《圆光传》：“随朝聘使奈麻诸父、大舍横川还国。”

③欢喜丸：梵 mahotikā，指一种古印度之食物。北凉昙无谶译《大般涅槃经》卷三九《憍陈如品》：“譬如酥、面、蜜、姜、胡椒、荜茇、蒲萄、胡桃、石榴、桵子，如是和合，名欢喜丸。”唐一行《大毗卢遮那成佛经疏》卷七《入漫荼罗具缘品》：“欢喜丸，应以苏煮诸饼，糅以众味及三种辛药等，令种种庄严。”

④资粮：梵 saṃbhāra，译《杂阿含经》卷四四：“饥乏无资粮。”《大方便佛报恩经》卷五《慈品》：“王复更宣令：‘谁能往彼波罗奈国，乞大光明王头，能去者偿金千斤。’其中有一婆罗门言：‘我能往乞之，但给我资粮。’此国去波罗奈六千余里，王即给资粮，遣至波罗奈国。”

⑤“案迹”，《金藏》、《资福藏》、《碛砂藏》、《普宁藏》、《洪武南藏》、《永乐南藏》、《永乐北藏》、《径山藏》、《清藏》本作“鞍乘”。

⑥“杀”，《金藏》本作“煞”。下同。

⑦“技”，《资福藏》、《碛砂藏》、《普宁藏》、《洪武南藏》、《永乐南藏》、《永乐北藏》、《径山藏》、《清藏》、金陵本作“伎”。

⑧奇特：梵 adbhuta，指不同寻常。后秦佛陀耶舍、竺佛念译《长阿含经》卷三《游行经》："出家之人在清净处，慕乐闲居，甚奇特也。有五百乘车经过其边，而不闻见。"

⑨"杖"，《资福藏》、《碛砂藏》、《普宁藏》、《洪武南藏》、《永乐南藏》、《永乐北藏》、《径山藏》、《清藏》本作"仗"。

⑩"踊"，《金藏》本作"勇"。

⑪"服"，《资福藏》、《碛砂藏》、《普宁藏》、《洪武南藏》、《永乐南藏》、《永乐北藏》、《径山藏》、《清藏》本作"伏"。

⑫不净施：梵 aviśuddha-dāna，指以不轻净之妄心而行布施。北魏菩提流支译《弥勒菩萨所问经论》卷六："复有四种施，此四种施略有二种：一者不净，二者净。不净中有二种差别。何等为二？一者怖畏施，二者求报恩施。以何义故名为不净？如世间田，以为荆蕀、恶草等覆，故名不净。此亦如是，以怖畏故，求报恩故，名不净施。"明一如《大明三藏法数》卷四："不净施，谓以妄心，求于福报而行布施。如《般若经》云：'或畏失财故施与，或恐诃骂故施与，或为求势故施与。'如是种种因缘，与净相违，是名不净施。"

⑬贤圣：指贤（梵 bhadra）与圣（梵 ārya）。隋慧远《大乘义章》卷一七本《贤圣义》："言贤圣者，和善曰贤，会正名圣。正谓理也，理无偏那故说为正，证理舍凡说为圣矣。此贤与圣同异有三：一、同体名异，其犹眼目，以同体故，莫问始终，皆名为贤，并得称圣。问曰：'若言始终皆圣，如小乘中见道已前七方便人，未有圣德，经论名凡，以何义故得名为圣？'释言：'此等虽复未有真圣之德，修学圣道似圣名圣。故论说言因缘圣人名为凡夫，说为圣人。'二、贤圣体别，别有五种：一、就

离过成善分别，离恶名贤，如受五戒防禁五恶便名贤者，具善称圣。故《涅槃》云：'具七圣财名为圣人，谓：信、惭、愧、戒、施、闻、慧。'又云：'具足圣定、戒、慧故名圣人。'第二、约就三业分别，身、口、意调善名之为贤，内心真正说以为圣。三、就自利利他分别，爱怜众生化行纯善名之为贤，自行真正说以为圣。故《涅槃》中宣说'自利以为圣行'。四、约境分别，事中调善名之为贤，证理舍凡说以为圣。故《涅槃》云：'得圣法故名为圣人。'何者圣法？常观诸法性空寂故。五、约位分别，见道已前调心离恶名之为贤，见谛已上会正名圣。故《仁王》中地前并名为三贤，地上菩萨说为十圣。"

⑭"恶"，原无，案下文云："又伏恶魔。"故据《资福藏》、《碛砂藏》、《普宁藏》、《洪武南藏》、《永乐南藏》、《永乐北藏》、《径山藏》、《清藏》补。

⑮无著道果：梵 arhat-phala，指阿罗汉果。西晋竺法护译《普曜经》卷八《化舍利弗目连品》："佛呼：'比丘来。'头发自堕，袈裟著身，为说正谛，漏尽意解，所作已办，成无著果。"西晋竺法护译《光赞经》卷二《摩诃般若波罗蜜行空品》："流布果，往来果，不还果，无著果。"诃梨跋摩造、后秦鸠摩罗什译《成实论》卷二《四谛品》："得无著果，断忧喜等故。"唐玄应《一切经音义》卷九："真人，此即阿罗汉也。或言阿罗诃，经中或言应真，或作应仪，亦云无著果，皆是一也。"参"(一〇)三重楼喻"校注⑨。

⑯"于"，《资福藏》、《碛砂藏》、《普宁藏》、《洪武南藏》、《永乐南藏》、《永乐北藏》、《径山藏》、《清藏》作"施"。

⑰福田：梵 puṇya-kṣetra，指可生福德之田。明一如《大明三藏法数》卷四："田以生长为义，谓人于应供养者而供养之，则能获诸福报。如农

服力田亩，而有秋成之利，故名福田。论云：‘施主有二种：一者贫，二者富。皆能于三宝中种福，故名二种福田。’一、贫福田，谓贫穷之人，虽无财物供养，若能礼事恭敬，亦得福报，是名贫福田。二、富福田，谓富贵之人，既能礼事恭敬，又以财物供养，而得福报，是名富福田。”西晋法立、法炬译《佛说诸德福田经》：“佛告天帝：复有七法广施，名曰福田。行者得福，即生梵天。何谓为七？一者，兴立佛图，僧房堂阁；二者，园果浴池，树木清凉；三者，常施医药，疗救众病；四者，作牢坚船，济度人民；五者，安设桥梁，过度羸弱；六者，近道作井，渴乏得饮；七者，造作圊厕，施便利处。是为七事，得梵天福。”

【译文】

从前有一位妇人，禀性荒淫无度，淫欲之情已然旺盛，便嫉恨她的丈夫。每次都想出一些办法，准备来残害她的丈夫，但种种谋划设计，都不能得着机会下手。有一次适值他的丈夫接受聘任出使邻国。妇人就密谋了一个计策，制造了毒药丸，想用来毒害自己的丈夫，便骗丈夫道：“你现在要到远方出使，怕你路上缺少干粮。现在我制作了五百个欢喜丸，当作干粮，把它送给你。你如果出了国，到了别国境内，在饥饿困顿的时候，就可以拿出来吃。”

丈夫相信了她的话，去到别国境内后，还没有来得及吃欢喜丸。晚上，他停下在一个树林里休息，由于畏惧凶恶的野兽，便爬到树上躲避，而将所带的欢喜丸忘在了树下。就在那天夜里，正好有五百个盗贼，偷取那个国家国王的五百匹马以及很多的宝物后，也来到这棵树下。由于他们逃跑得太仓促，全都又饿又渴，在这棵树下发现欢喜丸后，每个贼都拿了，各自吃了一丸。由于药的毒性太强，五百个盗贼一下子就全死了。

当时树上的人，等到天亮之后，看见这些盗贼全都死在了树下，就用刀砍箭射来伪装死尸，收拾起他们的鞍马以及财宝，就继续前往那个国家。

当时那个国家的国王带领很多的人，按着踪迹追来。他在半路上正好遇到那个国王。国王问道："你是什么人？在什么地方得到的这些马？"这个人回答道："我是某国人，在路上遇到了这群盗贼，与他们砍杀对射。这五百个盗贼现在全在一个地方，都死在了树下。于是我得到了这些马以及珍宝，正要来投奔您的国家。如果不相信，可以派人前去查看盗贼身上的疮伤，以及他们被杀死的地方。"国王立刻就派亲信前往查看，果然和他说的一样。国王当时十分高兴，并赞叹这是从未发生过的事。等回国之后，重重地给他爵位和赏赐，给了很多珍宝，还封给他聚落土地。那个国王的旧臣们都心生嫉妒，而对国王说道："他是远方来的人，还不能完全信任，怎么能一下子恩宠待遇过于优厚呢？至于给的爵位和赏赐，甚至都超过了原有的旧臣。"这个从远方来的人听到后，便说道："谁有勇气和本事，能与我来比试？请到外面平场上，来较量他的技能。"这些旧臣当下愕然，没有敢出来比试的。

后来在那个国家的大旷野中，有一头凶恶的狮子，拦截道路杀害行人，断绝了国王的通路。那些旧臣共同议论此事道："那个从远方来的人，自称自己十分勇健，没有人能与他匹敌。如今如果能杀死那头狮子，为国家除去这个祸害，那才是真的不同寻常。"商定之后，就报告给了国王。国王听后，就赐给刀杖，立即就派他去杀狮子。那人既然已经接受了命令，只好坚强自己的意志，去向狮子的所在之地。狮子看到他，奋起吼叫，腾空跃起向前扑来。那人惊慌恐怖，立即爬到树上。狮子张着大嘴，仰头冲着树上。这个人由于惊慌着急，掉了手里所拿的刀，正好落到狮子的嘴里，狮子当下就死掉了。这个人欢喜雀跃，来向国王复命，国王对他更加宠爱优待了。那个国家的人们立刻对他尊敬和佩服，全都赞叹他。

那个妇人制作欢喜丸，是比喻不清净的布施；国王派遣使者，是比喻善知识；去到别的国家，是比喻诸天界；杀死那群盗贼，是比喻证得了须陀洹果，强力断除了五欲以及各种烦恼；遇到那个国家的国王，是比喻遇到了贤圣；那国的旧臣等人产生嫉妒之心，是比喻各种非佛的外道看到有智慧的人，能够断除烦恼以及五欲，便产生诽谤，说根本没有这回事；那个从远方来的人言辞激厉地说旧臣中没有能和我匹敌的，是比喻外道没有敢抗衡的；杀死狮子，是比喻破除恶魔，既然断除了烦恼，又降伏了恶魔，于是就获得了无著道果的封赏；每遇到事情就经常害怕胆怯的人，是比喻能够以弱制强。妇人在最初的时候，虽然没有清净之心，但她的布施遇到善知识后，便获得了殊胜的果报。不清净的布施，尚且如此，更何况以善心欢喜的布施呢？所以应当在福田之中，精勤发心修持布施。

【附录】

唐道世《法苑珠林》卷五〇《背恩篇》第五十二《引证部》："《百喻经》云：昔有一妇，荒淫无度，欲情既盛，嫉恶其夫。每思方策，规欲残害，种种设计，不得其便。会值其夫，聘使邻国。妇密为计，造毒药丸，欲用害夫。诈语夫言：'尔今远使，虑有乏短。今我造作五百欢喜丸，用为资粮，以送于尔。尔若出国，至他境界，饥困之时，乃可取食。夫用其言，至他界已，未及食之。于夜暗中，止宿林间，畏惧恶兽，上树避之，其欢喜丸忘置树下。即以其夜，值五百偷贼，盗彼国王五百匹马并及宝物，来止树下。由其逃突，尽皆饥渴，于其树下见欢喜丸。诸贼取已，各食一丸，药毒气盛，五百群贼一时俱死。时树上人，至天明已，见此群贼死在树下，诈以刀箭斫射死尸，收其鞍马并及财宝，驱向彼国。

时彼国王多将人众，寻迹来逐。会于中路，值于彼王。彼王问言：'汝是何人？何处得马？'其人答言：'我是某国人，而于道路值此群贼，共相斫射。五百群贼，今皆一处，死在树下。由是之故，我得马及以珍宝，来投王国。若不见信，往看贼之创痍、杀害处所。'是王即遣亲信往看，果如其言。王时欣然，叹未曾有。既还国已，厚加爵赏，封以聚落。彼王旧臣咸生妒嫉，而白王言：'彼是远人，未可信伏，如何卒尔宠遇过厚？至于爵赏，逾越旧臣。'远人闻已，而作是言：'谁有勇健，能共我试？请于平原，校其技能。'旧人愕然，无敢敌者。

后时彼国大旷野中，有恶师子，截道杀人，断绝王路。时彼旧臣详共议之：'彼远人者，自谓勇健，无能敌者。今复若能杀彼师子，为国除害，真为奇特。'作是议已，便白于王。王闻是已，给赐刀仗，寻即遣之。尔时远人既受敕已，坚强其意，向师子所。师子见之，奋迅𪙊吼，腾跃而前。远人惊怖，即便上树。师子张口，仰头向树。其人怖急，失所捉刀，落师子口，师子寻死。尔时远人欢喜踊跃，来白于王，王倍宠遇。时彼国人率尔敬服，咸皆赞叹。"

唐道世《诸经要集》卷八《报恩部》第十三《背恩缘》："《百喻经》云：昔有一妇，荒淫无度，欲情既盛，疾恶其夫。每思方策，频欲残害，种种设计，不得其便。会值其夫，聘使邻国。妇密为计，造毒药丸，欲用害夫。诈语夫言：'尔今远使，虑有乏短。今我造作五百欢喜丸，用为资粮，以送于尔。尔若出国，至他境界，饥困之时，乃可取食。'夫用其言，至他界已，未及食之。于夜暗中，止宿林间，畏惧恶兽，上树避之，其欢喜丸忘置树下。即以其夜，值五百偷贼，盗彼国王五百匹马并及宝物，来止树下。由其逃突，尽皆饥渴，于其树下见欢喜丸。诸贼取已，各食一丸，药毒气盛，五百群贼一时俱死。时树上人，至天明已，见此群贼死在树下，诈以刀箭斫射死尸，收其鞍马并及财宝，驱向彼国。

时彼国王多将人众，寻迹来逐。会于中路，值于彼人。彼王问言：'尔是何人？何处得马？'其人答言：'我是某国人，而于道路值群贼，共相斫射。五百群贼今皆一处，死在树下。由是之故，我得此马及以珍宝，来投王国。若不见信，往看贼之创痍、杀割处所。'是王即遣亲信往看，果如其言。王时欣然，叹未曾有。既还国已，厚加爵赏，封以聚落。彼王旧臣咸生妒嫉，而白王言：'彼是远人，未可信伏，如何卒尔宠遇过厚？至于爵赏，逾越旧臣。'远人闻已，而作是言：'谁有勇健，能共我试？请于平原，校其伎能。'旧人愕然，无敢敌者。

后时彼国，大旷野中，有恶师子，截道杀人，断绝王路。时彼旧臣详共议之：'彼远人者，自谓勇健，无能敌者。今复若能杀彼师子，为国除害，真为奇特。'作是议已，便白于王。王闻是已，给赐刀杖，寻即遣之。尔时远人既受敕已，坚强其意，向师子所。师子见之，奋嗷鸣吼，腾跃而前。远人惊怖，即便上树。师子张口，仰头向树。其人怖急，失所捉刀，落师子口，师子寻死。尔时远人欢喜勇跃，来白于王，王倍宠遇。时彼国人率尔敬服，咸皆赞叹。"

第四卷

六六　口诵乘船法而不解用喻

昔有大长者子，共诸商人入海采宝。此长者子，善诵入海捉船方法，若入海水漩洑[①]、洄流[②]、矶激之处[③]，当如是捉、如是正、如是住。语众人言："入海方法，我悉知之。"众人闻已，深信其语。既至海中，未经几时，船师遇病，忽然便死。时长者子即便代处，至洄澓驶流之中[④]，唱言："当如是捉，如是正。"船盘回旋转[⑤]，不能前进，至于宝所。举船商人，没水而死。

凡夫之人亦复如是，少习禅法[⑥]，安般数息及不净观[⑦]。虽诵其文，不解其义，种种方法，实无所晓。自言善解，妄受禅法，使前人迷乱失心，倒错法相，终年累岁空无所获。如彼愚人，使他没海。

【校注】

①"漩"，《资福藏》、《普宁藏》本作"旋"。

漩洑：梵 āvarta-parivarta，指漩涡。北宋延寿《宗镜录》卷七七："夫一念无明心，鼓动真如海，成十二缘起，作生死根由。若了之，为佛智海之波澜；昧之，作生死河之漩洑。”

②洄流：梵 āvarta，指回旋之水流。东汉迦叶摩腾、竺法兰译《四十二章经》：“夫为道者，犹木在水，寻流而行。不左触岸，亦不右触岸；不为人所取，不为鬼神所遮，不为洄流所住，亦不腐败。”三国吴康僧会译《六度集经》卷六《精进度无极章》：“忧愍众生，长夜沸海，洄流轮转。”马鸣造、后秦鸠摩罗什译《大庄严论经》卷三：“洄流没生死，如彼陶家轮。”

③矶激：指因礁石而激起的浪流。唐慧琳《一切经音义》卷五八：“矶激，《埤苍》：‘水中碛石也。’《广雅》：‘矶，碛也。’下，急流也。”

④“澓”，《资福藏》、《碛砂藏》、《普宁藏》、《洪武南藏》、《永乐南藏》、《永乐北藏》、《径山藏》、《清藏》本作“洑”。

“驶”，《资福藏》、《普宁藏》作“駃”。

洄澓：梵 āvarta，指回旋之深水。唐慧琳《一切经音义》卷一二：“洄澓，《文字音义》云：‘大水回流也。’下音伏，《考声》云：‘水旋流也。’”辽希麟《续一切经音义》卷一：“洄澓，《三苍》：‘洄，水转也。澓，亦回水深也。’”南朝宋宝云译《佛本行经》卷六《调达入地狱品》：“汝为恶船师，将导入洄澓，长终始回旋，永不知出路。”

驶流：梵 srotas，指急流。唐慧琳《一切经音义》卷五一：“驶流，《苍颉篇》云：‘驶，疾也。’《考声》云：‘马行疾也，速也。’《古今正字》：‘水浚流也。’”《别译杂阿含经》卷九：“佛答天曰：‘若我懈怠，必为沉没；若为沉没，必为所漂。若我精进，必不沉没；若不沉没，不为所漂。我于如是大洪流中，无可攀挽，无安足处，而能得度此大驶流。’”

⑤“盘”，《资福藏》、《碛砂藏》、《普宁藏》、《洪武南藏》、《永乐南藏》、《永乐北藏》、《径山藏》、《清藏》作“槃”。

⑥禅法：指坐禅之法。马鸣造、后秦鸠摩罗什译《大庄严论经》卷三：“我先蒙教诲，当习坐禅法。今日至明日，窳惰自欺诳。令此一生中，空过无所获。”

⑦安般数息：梵 ānāpāna-smṛti，指数息观。“安般”为安那般那（梵 ānāpāna）之略称，指出息入息。东汉安世高译《佛说大安般守意经》卷上：“何等为安？何等为般？安名为入息，般名为出息。念息不离，是名为安般。”东晋慧远《大乘义章》卷一二《五停心义》：“数息观者，观自气息系心数之，无令忘失，名数息观。于中分别，略有四种：一者增数，以一为二；二者减数，以二为一；三者乱数，出作入想，入作出想；四者等数，以一为一。心散乱者，为前三数；心不乱者，为后一数。数之至几，极不过十。于彼十中，不满心忘，还从一起；若心不乱，至十便回。”

【译文】

从前有一位大长者的儿子，和许多商人一同到大海里去采宝。这位长者子，善于讽诵入海驾船的方法，比如进入到海水有漩涡、洄流、礁石激荡之处，应当如何驾船、如何把握方向、如何将船停住。他对众人说道：“入海的方法，我全都知道。”大家听了之后，深信他的话。船已经来到海中，没有过多久，船师就染上疾病，忽然死去了。这时长者子就代替他驾船，行驶到漩涡急流之中，便高声说道：“应当如何驾船，如何把握方向。”可是船盘旋回转，不能前进，无法到达藏有珍宝的地方。整个船上的商人，全都溺水而死。

凡夫之人也是一样，从小就开始修习坐禅的方法，如数息观以及不净观。虽然诵读了相关文字，但不能理解其中的含义，对于各种方法实际上是一无所知。可自己却说已经很好的理解，妄自传授修禅的方法，使得学习的人迷乱丧失了本心，颠倒错乱了法相，一年到头没有一点收获。如同那个愚人，使全船人全都淹死于海里一样。

六七　夫妇食饼共为要喻

昔有夫妇[①]，有三番饼。夫妇共分，各食一饼；余一番在，共作要言[②]："若有语者，要不与饼。"既作要已，为一饼故，各不敢语。须臾有贼入家偷盗，取其财物，一切所有尽毕贼手[③]。夫妇二人以先要故，眼看不语。贼见不语，即其夫前侵略其妇[④]。其夫眼见，亦复不语。妇便唤贼，语其夫言："云何痴人，为一饼故，见贼不唤！"其夫拍手笑言[⑤]："咄[⑥]！婢[⑦]。我定得饼，不复与尔[⑧]。"世人闻之，无不嗤笑。

凡夫之人亦复如是，为小名利故，诈现静默，为虚假烦恼种种恶贼之所侵略，丧其善法，坠堕三涂，都不怖畏。求出世道，方于五欲耽著嬉戏，虽遭大苦，不以为患。如彼愚人等无有异。

【校注】

①"有"，《资福藏》、《碛砂藏》、《普宁藏》、《洪武南藏》、《永乐南藏》、《永乐北藏》、《径山藏》、《清藏》本作"者"。

②要：指约定。北魏吉迦夜、昙曜译《杂宝藏经》卷八《大力士化

旷野群贼缘》："我等作要：'新取妇者，奉上力士。'"

③"手"，《普宁藏》、《径山藏》本作"首"。

④侵略：指对人身之侵犯。南朝宋范晔《后汉书》卷七〇《郑孔荀列传》："初，曹操攻屠邺城，袁氏妇子多见侵略，而操子丕私纳袁熙妻甄氏。"

⑤"言"，《径山藏》本作"曰"。

⑥咄：梵 haṃ bho，指呵叱。唐慧琳《一切经音义》卷二七："咄，《说文》：'相谓也。'《字书》：'咄，叱也。'今谓呼也，诃也。今取呼也。"《佛说古来世时经》："于是世尊呵诘比丘：'咄！愚痴子。当以一生究成道德，而反更求周旋生死。'"

⑦婢：指古代妇女之谦称。唐慧琳《一切经音义》卷二七："《说文》：'婢者，女之卑称。'"《佛说玉耶女经》："佛告玉耶：'作妇之法，当有五等。何谓为五？一如母妇，二如臣妇，三如妹妇，四者婢妇，五者夫妇。何谓母妇？爱夫如子，故名母妇。何谓臣妇？事夫如君，故名臣妇。何谓妹妇？事夫如兄，故名妹妇。何谓婢妇？事夫如妾，故名婢妇。何谓夫妇？背亲向疏，永离所生；恩爱亲昵，同心异形；尊奉敬慎，无憍慢情；善事内外，家殷丰盈；待接宾客，称扬善名，最为夫妇之道。'"

⑧"尔"，《资福藏》、《碛砂藏》、《普宁藏》、《洪武南藏》、《永乐南藏》、《永乐北藏》、《径山藏》、《清藏》本作"你"。

【译文】

从前有一对夫妇，有三块饼。丈夫和妻子共同分配，各自吃一块；剩下一块饼，他们一起约定道："如果有谁说话了，就不给他饼。"既然作了约定，为了一块饼的缘故，各自都不敢说话。不一会儿有贼进入家中偷盗，窃取他们的财物，一切东西都落入盗贼的手中。夫妇二人由于先前的约定，眼看着都不说话。盗贼看见他们都不说话，就当着丈夫的面调戏他的妻子。这个丈夫眼睁睁看着，仍然不说话。妻子于是呼喊有贼，又对她的丈夫说道："怎么这么的傻呀，为了一块饼，看见贼都不喊！"她的丈夫拍手笑道："咄！你这个妇人。我肯定得到这块饼了，不会再给你了。"世人听到此事，没有不嘲笑的。

还是凡夫的人也是一样，为了一点名利，假装出安静沉默的样子，其实被虚假烦恼的各种恶贼所侵扰，丧失了本身的善法，堕入三恶道中，都不恐怖畏惧。寻求出世道的人，在五欲之中沉迷执著嬉戏，虽然遭受了极大的痛苦，却不以为患。如同那个愚人一样没有差别。

【附录】

唐道世《法苑珠林》卷五三《愚戆篇》第五十九《杂痴部》第三《赌饼》："《百喻经》云：昔者夫妇，有三番饼。夫妇共分，各食一饼；余一番在，共作要言：'若有语者，要不与饼。'既作要已，为一饼故，各不敢语。须臾有贼入家偷盗，取其财物，一切所有尽毕贼手。夫妇二人以先要故，眼看不语。贼见不语，即其夫前侵掠其妇。其夫眼见，亦复不语。妇便唤贼，语其夫言：'云何痴人，为一饼故，见贼不唤！'其夫拍手笑言：'咄！婢。我家得饼，不复与尔。'世人闻之，不无嗤笑。凡夫之人亦复如是，为小名利，诈现静默。为虚假烦恼、种种恶贼之所侵掠，丧其善法，遂堕三涂，都不怖畏。求出世道，方于五欲耽著嬉戏，虽遭大苦，不以为患。如彼愚人等无有异。"

明弘赞《四分律名义标释》卷二九："《百喻经》云：昔者夫妇，有三幡饼。夫妇共分，各食一饼；余一幡在，共作要言：'若有语者，要不与饼。’既作要已，为一饼故，各不敢语。须臾有贼入家偷盗，取其财物，一切所有尽毕贼手。夫妇二人以先要故，眼看不语。贼见不语，即其夫前侵掠其妇。其夫眼见，亦复不语。妇便唤贼，语其夫言：‘云何痴人，为一饼故，见贼不唤！’其夫拍手笑言：‘咄！婢。我定得饼，不复与汝。’世人闻之，无不嗤笑。凡夫之人亦复如是，为小名利，诈现静默。为虚假烦恼、种种恶贼之所侵掠，丧其善法。遂堕三涂，都不怖畏。求出世道，方于五欲耽著嬉戏，虽遭大苦，不以为患。如彼愚人等无有异。”

六八　共相怨害喻

昔有一人，共他相瞋[1]，愁忧不乐。有人问言："汝今何故，愁悴如是？"即答之言："有人毁我，力不能报，不知何方可得报之，是以愁耳。"有人语言："唯有毗陀罗咒可以害彼[2]，但有一患，未及害彼，返自害已[3]。"其人闻已，便大欢喜："愿但教我。虽当自害，要望伤彼。"

世间之人亦复如是，为瞋恚故，欲求毗陀罗咒，用恼于彼，竟未害他，先为瞋恚，反自恼害，堕于地狱、畜生[4]、饿鬼[5]。如彼愚人等无差别。

【校注】

①"瞋"，原作"嗔"，案下文有"先为瞋恚"，为前后统一，故据金陵本改。

②毗陀罗咒：梵 vetāla，指一种起尸杀人之咒法。后秦弗若多罗译《十诵律》卷二《明四波罗夷法》："毗陀罗者，有比丘以二十九日，求全身死人，召鬼咒尸令起，水洗著衣，著刀手中。若心念，若口说，我为某故作毗陀罗，即诵咒术，是名毗陀罗成。若所欲杀人，或入禅定，或入灭尽定，

或入慈心三昧。若有大力咒师护念救解，若有大力天神守护，则不能害。是作咒比丘，先办一羊，若得芭蕉树。若不得杀前人者，当杀是羊。若杀是树，如是作者善。若不尔者，还杀是比丘。是名毗陀罗。"

③"返"，《资福藏》、《碛砂藏》、《普宁藏》、《洪武南藏》、《永乐南藏》、《永乐北藏》、《径山藏》、《清藏》本作"反"。

④畜生：梵 tiryañc，指鸟兽虫鱼等一切动物。东晋慧远《大乘义章》卷八末《六道义》："言畜生者，从主畜养以为名也。"明一如《大明三藏法数》卷一七："畜生亦名旁生。《婆沙论》云：'畜谓畜养，谓其横生，覆身而行，禀性愚痴，不能自立，为他畜养，故名畜生。'又名旁生者，谓其形旁而行不正，遍在诸处，由昔恶业报生此道也。"

⑤饿鬼：梵 preta，指一种常受饥饿之鬼。东晋慧远《大乘义章》卷八末《六道义》："言饿鬼者，如《杂心》释，以从他求故名饿鬼。又常饥虚，故名为饿。恐怯多畏，故名为鬼。"法救造、南朝宋僧伽跋摩译《杂阿毗昙心论》卷八《修多罗品》："从他希求，故说饿鬼。"五百大阿罗汉造、唐玄奘译《阿毗达磨大毗婆沙论》卷一七二《定蕴》第七中《摄纳息》："有说饥渴增故名鬼，由彼积集感饥渴业，经百千岁，不得闻水名，岂能得见，况复得触。有说被驱役故名鬼，恒为诸天处处驱役驰走故。有说多希望故名鬼，谓五趣中，从他有情。多希望者，无过此故。"明一如《大明三藏法数》卷三三："谓此鬼宿因多慢，内无实德，空腹高心，陵人傲物，故受此报；寓气为质，不逢饮食，常困饥虚，是名饿鬼。"

【译文】

从前有一个人，和别人相互憎恨，愁闷忧郁而不快乐。有人问他道："你现在由于什么缘故，忧愁憔悴成这个样子？"这个人回答道："有人诋毁我,而我又无力报复,不知道有什么方法可以报复他,所以才发愁呀。”有人说道:“只有毗陀罗咒可以害他,但有一个弊端,就是还没来得及害到对方,反而自己先害了自己。”那人听了之后,便十分高兴,说道:“希望能够教给我。虽然必当自我伤害,还是希望能够伤害到对方。”

世间的人也是一样,由于发怒的缘故,想求得毗陀罗咒,用来恼害对方,但还没害到对方,先被怒火所烧,反而把自己给恼害了,堕落于地狱、畜生、恶鬼等三恶道之中。如同那个愚人一样没有差别。

六九　效其祖先急速食喻

昔有一人，从北天竺至南天竺[①]，住止既久，即聘其女，共为夫妇。时妇为夫造设饮食，夫得急吞，不避其热。妇时怪之，语其夫言："此中无贼劫夺人者，有何急事，怱怱乃尔[②]，不安徐食[③]？"夫答妇言："有好密事，不得语汝[④]。"妇闻其言，谓有异法，慇懃问之，良久乃答："我祖父已来[⑤]，法常速食，我今效之，是故疾耳。"

世间凡夫亦复如是，不达正理，不知善恶，作诸邪行[⑥]，不以为耻，而云："我祖父已来[⑦]，作如是法。"至死受行，终不舍离。如彼愚人，习其速食，以为好法。

【校注】

①天竺：梵 sindhu，指印度之古称，全经分为东、西、南、北、中五个区域。唐玄奘《大唐西域记》卷二："详夫天竺之称，异议纠纷，旧云身毒，或曰贤豆。今从正音，宜云印度。印度之人，随地称国，殊方异俗，遥举总名，语其所美，谓之印度。印度者，唐言月，月有多名，斯其一称。言诸群生轮回不息，无明长夜莫有司晨，其犹白日既隐宵烛斯继。虽有

星光之照，岂如朗月之明。苟缘斯致，因而譬月。良以其土圣贤继轨导凡御物，如月照临，由是义故，谓之印度。印度种姓，族类群分，而婆罗门特为清贵。从其雅称，传以成俗，无云经界之别，总谓婆罗门国焉。若其封疆之域，可得而言。五印度之境，周九万余里，三垂大海，北背雪山，北广南狭，形如半月。画野区分七十余国，时特暑热，地多泉湿。北乃山阜隐轸，丘陵舄卤；东则川野沃润，畴垄膏腴；南方草木荣茂；西方土地硗确。斯大概也，可略言焉。"

②"怱怱"，金陵本作"悤悤"。

③徐食：指慢慢吃饭。东晋佛陀跋陀罗、法显译《摩诃僧祇律》卷三四《明威仪法》："上座法当徐徐食，不得速食。"南朝宋佛陀什、竺道生译《五分律》卷八《初分堕法》："令比丘徐徐食，有何急事？"

④"汝"，《资福藏》、《碛砂藏》、《普宁藏》、《洪武南藏》、《永乐南藏》、《永乐北藏》、《径山藏》、《清藏》本作"尔"。

⑤"已"，《径山藏》本作"以"。

⑥邪行：梵 mithyā-pratipatti，指邪恶之行为。诃梨跋摩造、后秦鸠摩罗什译《成实论》卷七《邪行品》："佛说三邪行：身邪行、口邪行、意邪行。身所造恶，名身邪行。是邪行有二种：一、十不善道所摄，如杀、盗、邪淫；二、不摄，如鞭杖、系缚、自淫妻等及不善道前后恶业。"

⑦"祖父"，《资福藏》、《碛砂藏》、《普宁藏》、《洪武南藏》、《永乐南藏》、《永乐北藏》、《径山藏》、《清藏》本作"父祖"。

【译文】

从前有一个人，从北天竺来到了南天竺，居住的时间长了，就娶了当地女子，共同结为夫妇。有一次妻子为丈夫做了一顿饭，丈夫端起来快速吞食，不顾及饭菜还很烫。妻子责怪丈夫说道："现在这里又没有盗贼和强盗，你有什么着急的事情，匆忙乃至如此，而不能安心悠闲地吃饭呢？"丈夫回答妻子道："有一件很好的秘密之事，不能够对你讲。"妻子听了丈夫的话，以为有什么奇异的方法，便殷勤再三地问他，过了好一会儿才回答道："从我的祖父和父亲以来，一向快速进食，我现在是仿效他们，所以才疾速吃饭。"

世间的凡夫也是一样，不能通达正确的道理，不能知晓善恶的标准，做了很多邪恶行径，也不为此感到羞耻，还反而说道："从我的祖父和父亲以来，做事都是如此。"到死都受此邪行，始终不肯放弃。如同那个愚人，仿效祖先快速进食，以为是很好的方法。

七〇 尝庵婆罗果喻

昔有一长者，遣人持钱，至他园中买庵婆罗果[①]，而欲食之。而敕之言："好甜美者，汝当买来。"即便持钱，往买其果。果主言："我此树果，悉皆美好，无一恶者。汝尝一果，足以知之。"买果者言："我今当一一尝之，然后当取。若但尝一，何以可知？"寻即取果，一一皆尝，持来归家。长者见已，恶而不食，便一切都弃。

世间之人亦复如是，闻持戒施得大富乐[②]，身常安隐[③]，无有诸患；不肯信之，便作是言："布施得福[④]，我自得时，然后可信。"目睹现世贵贱贫穷，皆是先业所获果报。不知推一，以求因果[⑤]。方怀不信，须己自经，一旦命终，财物丧失。如彼尝果，一切都弃。

【校注】

①庵婆罗果：梵 āmala，一种水果。后秦僧肇《注维摩诘经》卷一《佛国品》："庵罗，果树名也。其果似桃而非桃。先言奈氏，事在他经。"唐玄奘《大唐西域记》卷四《秣菟罗国》："庵没罗果，家植成林，虽同一

名，而有两种：小者生青熟黄，大者始终青色。”唐玄应《一切经音义》卷八：“庵罗，或言庵婆罗，果名也。案此果花多，而结子甚少。其叶似柳，而长一尺余，广三指许。果形似梨，而底钩曲。彼国名为上树，谓在王城种之也。经中生熟难知者，即此也。旧译云柰，应误也。正言庵没罗，此庵没罗女持园施佛，因以名焉。昔弥猴为佛穿池，鹿女见千子处，皆在园侧也。”北魏瞿昙般若流支译《正法念处经》卷二七《观天品》：“譬如庵婆罗果树，有大力人摇动其树。若果熟者，随摇则堕；若未熟者，摇之不落。”

②持戒施：指持戒与布施。西晋竺法护译《等集众德三昧经》卷中：“施有二益：离贫匮，得大富。戒有二益：度恶趣，生升天。”

③安隐：梵 kṣema，指安稳。弥勒造、唐玄奘译《瑜伽师地论》卷五七《摄决择分》中《五识身相应地意地》：“无有病恼，故名安隐。”安慧造、唐玄奘译《大乘阿毗达磨杂集论》卷八《决择分》中《谛品》：“无老、病、死等一切怖畏，圣住所依，故名安隐。”龙树造、后秦鸠摩罗什译《十住毗婆沙论》卷一三《譬喻品》：“安名无有贼寇恐怖之事，隐名无有疾病苦痛衰患。”

④“福”，《资福藏》、《碛砂藏》、《普宁藏》、《洪武南藏》、《永乐南藏》、《永乐北藏》、《径山藏》、《清藏》本作“富”。

⑤因果：梵 hetu-phala，指原因与结果。隋智𫖮《摩诃止观》卷五上：“如是因者，招果为因，亦名为业，十法界业起自于心，但使有心诸业具足，故名如是因也。如是果者，克获为果，习因习读于前，习果克获于后，故言如是果也。”元刘谧《三教平心论》卷上：“欲知前世因，今生享者是。欲知后世果，今生作者是。”

【译文】

从前有一位长者，派人拿着钱，到别人的园子中购买庵婆罗果，而且很想吃它。长者要求那人道："只要是味道甜美的果子，你都给买回来。"那人于是就拿着钱，去买别人园子里的果子。果园的主人说："我这些树上结的果子，全都甜美好味，没有一个坏的。你尝一个果子，就完全可以知道了。"买果子的人说道："我现在要一个一个尝果子，然后再买。如果只尝一个果子，怎么能够知道好坏？"于是就选取果子，每个都尝一口，然后买来带回家中。长者看到之后，觉得恶心而不吃，于是全都给扔掉了。

世间的人也是一样，听说守持戒律、修行布施可以获得很大的富贵与快乐，身体经常处于安详稳定的状态之中，没有各种病苦，但就是不肯相信这种言论，于是说道："修行布施可以获得福报，我自己得到后，才可以相信。"目睹现世中贵贱贫穷的各种表象，都是以前行业所感召获得的果报，不知道推理一个事物，从中寻求因果的道理。只是抱着怀疑的心态，必须要自己亲身经历，一旦生命终结，财物全都丧失了。如同那人尝果子一样，所有一切全都丢弃了。

七一　为二妇故丧其两目喻

昔有一人，聘取二妇。若近其一，为一所瞋。不能裁断[①]，便在二妇中间，正身仰卧。值天大雨，屋舍霖漏[②]，水土俱下，堕其眼中。以先有要，不敢起避，遂令二目俱失其明。

世间凡夫亦复如是，亲近邪友[③]，习行非法，造作结业[④]，堕三恶道，长处生死，丧智慧眼[⑤]。如彼愚夫，为其二妇故，二眼俱失。

【校注】

①裁断：指裁决判断。唐道宣《四分律删繁补阙行事钞序》："轻重两意，裁断寔难。"北宋元照《四分律行事钞资持记》卷上一上《释序文》："因前异计，执诤纷纭，是非难定，迟疑不决，故推博学深识，方能裁断。"

②"霖"，《资福藏》、《碛砂藏》、《普宁藏》、《洪武南藏》、《永乐南藏》、《永乐北藏》、《径山藏》、《清藏》、金陵本作"淋"。

③邪友：指邪恶之友人。南朝宋宝云译《佛本行经》卷六《调达入地狱品》："宁遭炽火烧，若利剑中毒，恶贼虺蟒蛇，莫遇恶邪友。"

④结业：梵 bandhana-karma，指由烦恼而造作之恶业。唐菩提流支

译《大宝积经》卷一一二《普明菩萨会》："百千万劫，久习结业，以一实观，即皆消灭。"唐道宣《四分律删繁补阙行事钞》卷上《安居策修篇》："结业自缠，永流苦海。"

⑤智慧眼：梵 prajñā-cakṣus，指能够观照真理之眼。后秦竺佛念译《十住断结经》卷五《恭敬品》："其智慧眼，无微不照，明生死本。"隋阇那崛多译《佛本行集经》卷一〇《相师占看品》："无量无边愚瞑众生，长夜昏暗，覆翳重盲，此当为生大智慧眼。"唐实叉难陀译《大方广佛华严经》卷四七《佛不思议法品》："以智慧眼，见真实义。"

【译文】

从前有一个人，娶了两个妻子。如果亲近其中一个，另一个就会嫉恨。这个人不能调和裁断，便在两个妻子中间，端正身子仰面躺着。正赶上天下大雨，房屋漏水，水和泥土一同落下，掉到了他的眼睛里。由于先前有约定，不敢起来躲避，就使两只眼睛全都瞎了。

世间的凡夫也是一样，亲近邪恶的朋友，学习做一些非法的事情，造下了很多惑业，堕入三恶道中，长久处于生死之中，丧失了智慧的眼睛。如同那个愚蠢的丈夫一样，为了他的两个妻子，两只眼睛全都瞎了。

【附录】

唐道世《法苑珠林》卷五三《愚戆篇》第五十九《杂痴部》第三《畏妇》："《百喻经》云：昔有一人，娉娶二妇。若近其一，为一所瞋。不能裁断，便在二妇中间，正身仰卧。值天大雨，屋舍霖漏，水土俱下，堕其眼中。以先有要，不敢起避，遂令二目俱失其明。世间凡夫亦复如是，亲近邪友，习行非法，造作结业，堕三恶道，长处生死，丧智慧眼。如彼愚夫，为其二妇故，二眼俱失。"

明弘赞《四分律名义标释》卷七："《百喻经》云：昔有一人，聘取二妇。若近其一，为一所瞋。不能裁断，便在二妇中间，正身仰卧。值天大雨，屋舍霖漏，水土俱下，堕其眼中。以先有要，不敢起避，遂令二目俱失其明。世间凡夫亦复如是，亲近邪友，习行非法，造作结业，堕三恶道，长处生死，丧智慧眼。如彼愚夫，为其二妇故，二眼俱失。"

七二　唵米决口喻

昔有一人，至妇家舍，见其捣米，便往其所，偷米唵之[①]。妇来见夫，欲共其语，满口中米，都不应和[②]。羞其妇故，不肯弃之，是以不语。妇怪不语，以手摸看[③]，谓其口肿，语其父言："我夫始来，卒得口肿，都不能语。"其父即便唤医治之。时医言曰："此病最重[④]，以刀决之，可得差耳。"即便以刀，决破其口，米从中出，其事彰露[⑤]。

世间之人亦复如是，作诸恶行，犯于净戒[⑥]，覆藏其过，不肯发露，堕于地狱、畜生、饿鬼。如彼愚人，以小羞故，不肯吐米，以刀决口，乃显其过[⑦]。

【校注】

①唵：指用手进食。唐慧琳《一切经音义》卷四三："以掌进食曰唵。"

②应和：指应答。北魏吉迦夜、昙曜译《杂宝藏经》卷九《波罗奈王闻冢间唤缘》："我于夜常唤彼王，彼王若当应和于我。"

③摸看：指用手触摸查看。后秦佛陀耶舍、竺佛念译《四分律》卷四〇《衣揵度》："王即以手扪摸看，亦不知疮处。"

④“此病最重”下，唐道世《法苑珠林》卷五三有“状似石痈”，明弘赞《四分律名义标释》卷三〇“状如石痈”。案僧伽斯那撰、三国吴支谦译《菩萨本缘经》卷中《善吉王品》亦有“坚如木石”语。

⑤彰露：指败露。北凉昙无谶译《大般涅槃经》卷六《如来性品》：“若恶彰露，则易可知。”北魏慧觉译《贤愚经》卷一一《无恼指鬘品》：“今捕得贼，罪衅彰露，事当断决。”

⑥净戒：梵 viśuddha-śīla，指清净戒。见“（二三）贼偷锦绣用裹氀褐喻”校注④。

⑦案此“说理”部分，僧伽斯那撰、三国吴支谦译《菩萨本缘经》表义不同，见“附录”。

【译文】

从前有一个人，来到妻子的家中，看见她正在捣米，于是就到那里，偷了把米塞在嘴中。妻子过来看见丈夫，想和他说说话，可丈夫满嘴都是米，就是不予回应。他又羞于面对妻子，不肯将米吐掉，所以就一直不说话。妻子奇怪丈夫为何不说话，用手去摸，以为他嘴肿了，就对她父亲说道：“我丈夫刚回来，忽然嘴就肿了，都不能讲话。”她的父亲立即叫来医生诊治。医生说道：“这个病十分的严重，必须用刀割开，才能将病治好。”于是就用刀割开丈夫的嘴，米从里面漏出，偷米的事情暴露了。

世间的人也是一样，做了各种恶行为，触犯了清净的戒律，又隐藏这些过失，不肯坦白承认，最终堕入地狱、畜生、饿鬼等三恶道之中。如同那个愚人一样，为了掩饰小小的羞耻，不肯将米吐出来，以致后来用刀割开嘴巴，才显示出他的过错。

【附录】

僧伽斯那撰、三国吴支谦译《菩萨本缘经》卷中《善吉王品》："犹如田夫，愚痴无智，远至妻家，道路饥渴。既入其舍，复值无人，即盗粳米，满口而唵。未咽之顷，家人即至，是人惭愧，复不得咽，惜不吐弃。家人见已，即问之言：'君患何等，乃如是乎？'是人闻已，默然无言。尔时，妻家眷属大小，即将良医，而为诊之。见其口颊，坚如木石，更无余计，即以刀割是人二颊。既破之后，亦无脓污，但见生米满其口中。是人以是覆藏盗事，得见现报。犹如女人，覆藏怀妊，临产之日，受大苦恼，发声大唤，乃令一切悉共知之。人亦如是，覆藏诸罪，报熟之时，苦恼所逼，现露于世。"

唐道世《法苑珠林》卷五三《愚戆篇》第五十九《杂痴部》第三《掩米》："《百喻经》云：昔有一人，至妇家舍，见其捣米，便往其所，偷米掩之。妇来见夫，欲共其语，满口中米，都不应和。羞其妇故，不肯弃之，是以不语。妇怪不语，以手摸看，谓其口肿，语其父言：'我夫始来，卒得口肿，都不能语。'其父即便唤医治之。时医言曰：'此病最重，状似石痈，以刀抉之，可得差耳。'即便以刀，抉破其口，米从中出，其事彰露。世间之人亦复如是，作诸恶行，犯于净戒，覆藏其过，不肯发露，堕于地狱、畜生、饿鬼。如彼愚人，以小羞故，不肯吐米，以刀抉口，乃显其过。"

唐大觉《四分律行事钞批》卷九本："《百喻经》云：昔有一人，至妇家舍，见其捣米，便往其所，偷米唵之。妇来见夫，欲共其语，满口中米，都不应和。羞其妇故，不肯弃之，是以不语。妇怪不语，以手摸看，谓其口肿，语其父言：'我夫始来，卒得口肿，都不能语。'其父即便唤医治之。时医言曰：'此病最重，以刀决之，可得差耳。'即便以刀，决破其口，米从中而出，其事彰露。世间之人亦复如是，作诸恶行，犯于净戒，覆藏其过，不肯发露，堕于地狱、畜生、饿鬼。如彼愚人，以小羞故，不肯吐米，以刀决口，乃显其过。”

北宋元照《四分律行事钞资持记》卷中二《释十三僧残》：“《百喻经》云：昔有痴女婿，归妇家，羞不食，为饥逼，故乃盗米。餐其颊鼓起，妻见谓颊肿，固执不言。乃召医师，火钻烙之，颊穿米出。喻愚人负罪，不思求忏，必待显报耳。”

后唐景霄《四分律行事钞简正记》卷一一：“《百喻经》下卷云：昔有痴女婿，至妻家，羞不食。后为饥逼，盗食生米，其颊鼓起。妇谓之颊肿之患，问其因由，因报不语。妻乃白父，父召医人以火钻烙，颊穿米出。”

明弘赞《四分律名义标释》卷三〇：“《百喻经》云：昔有一人，至妇家舍，见其捣米，便往其所，偷米唵之。妇来见夫，欲共其语，满口中米，都不应和。羞其妇故，不肯弃之，是以不语。妇怪不语，以手摸看，谓其口肿，语其父言：‘我夫始来，卒得口肿，都不能语。’其父即便唤医治之。时医言曰：‘此病最重，状如石痈，以刀决之，可得瘥耳。’即便以刀，决破其口，米从中出，其事彰露。世间之人亦复如是，作诸恶行，犯于净戒，覆藏其过，不肯发露，堕于地狱、畜生、饿鬼。如彼愚人，以小羞故，不肯吐米，以刀决口，乃显其过。”

七三　诈言马死喻

昔有一人，骑一黑马，入阵击贼。以其怖故，不能战斗，便以血污涂其面目，诈现死相，卧死人中。其所乘马，为他所夺。军众既去，便欲还家，即截他人白马尾来。既到舍已，有人问言："汝所乘马，今为所在？何以不乘？"答言："我马已死，遂持尾来。"傍人语言："汝马本黑，尾何以白？"默然无对，为人所笑。

世间之人亦复如是，自言善好，修行慈心[①]，不食酒肉[②]。然杀害众生，加诸楚毒[③]，妄自称善，无恶不造。如彼愚人，诈言马死。

【校注】

①慈心：梵 maitra-citta，指慈悲不杀之心。后秦佛陀耶舍、竺佛念译《长阿含经》卷六《转轮圣王修行经》："众生尽怀慈心，不相残害。"明一如《大明三藏法数》卷一六："谓人不杀众生，爱惜物命，令众得安，是名慈心。"

②不食酒肉：梵 asura-abhakṣya，指禁止吃肉喝酒。唐道世《法苑珠林》

卷九三《酒肉篇》第九十三《述意部》:“夫酒为放逸之门,大圣知其苦本,所以远酣肆、离酒缘、弃醉朋、近法友、出昏门、入惺境。肉是断大慈之种,大圣知其杀因,所以去腥臊、净身口、啖蔬菜、澄心神、招慈善、感延年。故俗《礼记》云:‘见其生不忍其死,闻其声不食其肉。’斯亦不杀之义也。若使啖食酒肉之者,即同畜生豺狼禽兽,亦即具杀一切眷属,饮啖诸亲,翻仇怨报,历劫长夜无有穷已。”

③楚毒:梵 viṣa-cūrna,指肉体痛苦。《大方便佛报恩经》卷第二《对治品》:“如我不喜杖石、鞭打、搒笞、拷掠者,一切众生亦复如是。是故菩萨,乃至丧失身命,终不杖石、楚毒、拷掠众生。”

【译文】

从前有一个人,骑了一匹黑马,进入阵中击打贼寇。由于他心生恐怖,不能战斗,便将血污涂在自己脸上,装成死人,躺在死人中间。他所骑的马被他人给夺走了。军队已经退去,便想回到家中,于是就截取了他人白马的尾巴。到家之后,有人问道:“你所骑的马,现在在什么地方?为什么不骑了?”这个人回答道:“我的马已经死了,就把马尾巴带回来了。”旁边的人说道:“你的马本来是黑色的,尾巴为何是白色的呢?”这个人默然无法答对,被众人所嘲笑。

世间的人也是一样,自称善良纯好,修行慈心,不饮酒、不吃肉。然而杀害众生,施加各种痛苦,还妄言称自己是在行善,其实无恶不作。如同那个愚人,谎称自己的马死了一样。

七四　出家凡夫贪利养喻

昔有国王，设于教法："诸有婆罗门等，在我国内，制抑洗净[①]。不洗净者，驱令策使种种苦役[②]。"有婆罗门，空捉澡灌[③]，诈言洗净。人为其著水[④]，即便泻弃，便作是言："我不洗净，王自洗之。"为王意故[⑤]，用避王役，妄言洗净，实不洗之。"

出家凡夫亦复如是，剃头染衣[⑥]，内实毁禁[⑦]，诈现持戒，望求利养[⑧]，复避王役。外似沙门，内实虚欺。如捉空瓶，但有外相。

【校注】

①洗净：梵 śauca，指在大小便后之洗手法。《释氏要览》卷下《入众》："洗净，《四分》云：'洗秽。'《百一羯磨本》云：'如世尊说胜义，洗净有三种：一洗身、二洗语、三洗心。'云何此中，但说不净染污教令洗耶？言：'令除去臭气，安乐住故。'又佛言：'有染比丘，不得礼人，不得受人礼，违者得越法罪。'染有二种：一饮食染，二不净染。不净染者，但是粪土、涎唾、污秽及大小行来。未洗者，佛言：'汝等比丘，应可洗净。'《三千

威仪经》云：'比丘若不洗大小便，得突吉罗罪，亦不得坐僧床座及礼三宝，亦不得受人礼拜。'律云：'凡洗净用水，以右手执瓶，左手洗之。出外，先以灰滓摩手水洗，又用黄土三度摩擦水洗，又用皂角澡豆，皆洗至肘前。'《毗奈耶》云：'佛告苾刍，汝等当知此是常行法，常须存意。如是洗净，有大利益，令身洁净，诸天敬奉。是故汝等，若依我为师者，咸应洗净。若不洗者，不应绕塔、礼佛、读经；不礼他，不受他礼；不应啖食、坐僧床，不得入众。由身不净故，能令诸天见不生喜。所持咒法，皆无灵验。若违者，得恶作罪。'"

②策使：指役使。北凉昙无谶译《大般涅槃经》卷二《寿命品》："是人福尽，其后贫贱，人所轻蔑，为他策使。"南朝宋功德直译《菩萨念佛三昧经》卷四《正观品》："为他僮仆，策使万端。"

③"灌"，《径山藏》、金陵本作"罐"。

澡灌：梵 kuṇḍika，指水瓶。西晋竺法护译《佛说过去世佛分卫经》："母以澡灌，前洗儿手。"南宋法云《翻译名义集》卷七《犍稚道具篇》："军迟，此云瓶。《寄归传》云：'军持有二：若瓷瓦者，是净用；若铜铁者，是触用。'《西域记》云：'捃稚迦，即澡瓶也。旧云军持，讹略也。西域尼畜军持，僧畜澡灌，谓双口澡灌。'《事钞》云：'应法澡灌。'《资持》云：'谓一斗已下。'"

④"其"，《资福藏》、《碛砂藏》、《普宁藏》、《洪武南藏》、《永乐南藏》、《永乐北藏》、《径山藏》、《清藏》、金陵本无。

⑤"王"，《普宁藏》、《洪武南藏》、《永乐南藏》、《永乐北藏》、《径山藏》、《清藏》本作"正"。

⑥剃头染衣：梵 muṇḍa-kāṣāya，指出家。南宋法云《翻译名义集》

卷七《沙门服相篇》："《大论》云：'释子受禁戒是其性，剃发割截染衣是其相。'《道宗钞》云：'仪，即沙门相也，削发坏衣是。体，即沙门性也，无表戒法是。"明一如《大明三藏法数》卷五："剃发染衣者，谓剃除须发，着染色衣，即世间之僧，以能流通佛法，是为僧宝也。"

⑦毁禁：梵 sacchidratva，指毁破禁戒。南朝宋求那跋陀罗译《央掘魔罗经》卷二："坏法毁禁戒，非律恶比丘，应当夺六物，一切资生具。"马鸣造、后秦鸠摩罗什译《大庄严论经》卷一："譬如大海水，不宿于死尸；僧海亦如是，不容毁禁者。"众贤造、唐玄奘译《阿毗达磨顺正理论》卷三八《辩业品》："无耻僧者，谓毁禁戒，而被法服。"

⑧"求"，《资福藏》、《碛砂藏》、《普宁藏》、《洪武南藏》、《永乐南藏》、《永乐北藏》、《径山藏》、《清藏》本作"人"。

【译文】

从前有一个国王，制定了一条法规："所有的婆罗门种姓的人，在我的国家里，必须要求洗净。如果有不洗净的，就罚他去做各种苦役。"有一个婆罗门，空拿一个洗澡罐，谎称已经洗净。别人为罐里倒水，他立刻就给倒掉，而且说道："我不洗净，国王自己洗净吧。"为了迎合国王的意图，用以躲避国王的劳役，谎称已经洗净，其实根本没有洗净。

出家的凡夫也是一样，虽然剃掉头发、穿上僧衣，但其实毁破禁戒，装出持戒的样子，希望骗求利益供养，又能躲避国王的劳役。外表看似像一个沙门，内在实际上是虚伪欺诈，如同拿个空瓶子一样，只有外在表相而已。

七五　驼瓮俱失喻

昔有一人，先瓮中盛谷[①]。骆驼入头瓮中食谷，又不得出[②]。既不得出，以为忧恼。有一老人来语之言："汝莫愁也，我教汝出。汝用我语，必得速出。汝当斩头，自得出之。"即用其语，以刀斩头。既复杀驼，而复破瓮。如此痴人，世间所笑[③]。

凡夫愚人亦复如是，悕心菩提[④]，志求三乘，宜持禁戒，防护诸恶[⑤]。然为五欲毁破净戒，既犯禁已，舍离三乘，纵心极意，无恶不造，乘及净戒二俱捐舍[⑥]。如彼愚人，驼瓮俱失。

【校注】

①瓮：梵 kumbha，指陶制盛器。唐慧琳《一切经音义》卷一八："《字书》云：'瓮，瓦器之大者也。'"

②"又"，《资福藏》、《碛砂藏》、《普宁藏》、《洪武南藏》、《永乐南藏》、《永乐北藏》、《径山藏》、《清藏》本作"后"，金陵本作"复"。

③"间"，《资福藏》、《碛砂藏》、《普宁藏》、《洪武南藏》、《永乐南

藏》、《永乐北藏》、《径山藏》、《清藏》本作“人”。

④“悕”，金陵本作“希”。

悕心：梵 abhilaṣita，指希求之心。北凉昙无谶译《悲华经》卷七《诸菩萨本授记品》：“若有众生悕心求于诸善根法，我当安止善根法中，令得成就梵行具足大戒。”

菩提：梵 bodhi，指断除烦恼所证得之智慧。龙树造、后秦鸠摩罗什译《大智度论》卷四四《释幻人无作品》：“天竺语法，众字和合成语，众语和合成句，如‘菩’为一字，‘提’为一字，是二不合则无语，若和合名为菩提，秦言无上智慧。萨埵，或名众生，或是大心。为无上智慧故，出大心，名为菩提萨埵。愿欲令众生行无上道，是名菩提萨埵。”明一如《大明三藏法数》卷二二：“梵语菩提，华言道，即诸佛所得清净究竟之理也。以其无灭无生，不变不迁，是为常住果。”参“（二四）种熬胡麻子喻”校注③

⑤“防护”，《资福藏》、《碛砂藏》、《普宁藏》、《洪武南藏》、《永乐南藏》、《永乐北藏》、《径山藏》、《清藏》本作“护防”。

防护：梵 ārakṣā，指防止。东晋佛驮跋陀罗译《大方广佛华严经》卷四一《离世间品》：“所谓身净戒，防护身三恶故。”后秦竺佛念译《菩萨璎珞经》卷七《随行品》：“防护诸恶业，慧见度无极，”无性造《摄大乘论释》卷七《彼入因果分》：“由能防护诸恶不善身、语等业，故名律仪，此即是戒。”唐昙旷《大乘入道次第开决》：“此能防护诸恶不善，于此防护诸恶不善，净戒法中常受持也。”唐玄奘译《菩萨戒本》：“我当决定防护，当来终不重犯。”

⑥捐舍：梵 parityāga，指舍弃。后秦竺佛念译《出曜经》卷一五《利

养品》："执信牢固，捐舍妻息，出家学道。"后秦鸠摩罗什译《妙法莲华经》卷四《提婆达多品》："捐舍国位，委政太子。"

【译文】

从前有一个人，在瓮中装了谷子。骆驼把头伸到瓮中去吃谷子，头被卡住不能出来了。既然头出不来了，这个人为此十分的忧愁苦恼。有一个老人来对他说："你不要发愁，我教给你让头出来的办法。你按照我的话去做，必定可以让头很快出来。你应当砍下骆驼的头，这样就可以出来了。"这个人于是就按照老人的话，用刀砍下骆驼的头。既杀了骆驼，又打破瓮。像这样的痴人，被世间的人所嘲笑。

凡夫愚人也是一样，希求获得无上智慧，立志追求三乘的道果，应当守持禁戒，防止各种罪恶的侵害。然而被五欲毁破了清净的戒体，既然已经犯了禁戒，于是就舍弃追求三乘道果，极度放纵心意，无恶不作，使得三乘道果与清净戒体二者全都丧失了。如同那个愚人，骆驼和瓮全都失去一样。

七六　田夫思王女喻[1]

昔有田夫，游行城邑，见国王女，颜貌端正，世所希有；昼夜想念，情不能已，思与交通[2]，无由可遂，颜色瘀黄[3]，即成重病。诸所亲见，便问其人："何故如是？"答亲里言[4]："我昨见王女，颜貌端正，思与交通[5]，不能得故，是以病耳。我若不得，必死无疑。"诸亲语言："我当为汝作好方便，使汝得之，勿得愁也。"后日见之，便语之言："我等为汝，便为是得，唯王女不欲。"田夫闻之，欣然而笑，谓呼："必得。"

世间愚人亦复如是，不别时节春、秋、冬、夏，便于冬时掷种土中，望得果实，徒丧其功，空无所获，芽、茎、枝、叶一切都失。世间愚人修习少福，谓为俱足，便谓菩提已可证得[6]。如彼田夫悕望王女[7]。

【校注】

①"思"下，《径山藏》、《清藏》本有"愿"。

②交通：梵 saṃgaṇikā，指交往。西晋竺法护译《生经》卷一《佛说是我所经》："家室内外，不与交通，各自两随。"东晋瞿昙僧伽提婆译

《增壹阿含经》卷三六《八难品》："莫与女交通，亦莫共言语，有能远离者，则离于八难。"

③颜色瘀黄：指瘀血发黄之症。明陶华《伤寒全生集》卷三《辨伤寒发黄例》："蓄血发黄者，其人身黄，脉沉结，小腹硬满，小便自利，大便黑色，其人如狂。"清李用粹《证治汇补》卷三《外体门》："瘀血发黄，喜忘如狂，溺清便黑。"

④亲里：梵 jñāti，指亲戚邻里。后秦佛陀耶舍、竺佛念译《长阿含经》卷一《大本经》："于其中路，逢一死人，杂色缯幡前后导引，宗族、亲里悲号哭泣，送之出城。"《别译杂阿含经》卷四："若其父母、亲里、眷属，有死亡者，可分别知。"

⑤"通"，《资福藏》、《碛砂藏》、《普宁藏》、《洪武南藏》、《永乐南藏》、《永乐北藏》、《径山藏》、《清藏》本作"游"。

⑥"菩提"，《普宁藏》、《洪武南藏》、《永乐南藏》、《永乐北藏》、《径山藏》、《清藏》本作"善根"。

⑦悕望：梵 abhinand，指悕求期望。三国吴支谦译《撰集百缘经》卷一《菩萨授记品》第一《满贤婆罗门遥请佛缘》："悕望欲求生梵天上。"明一如《大明三藏法数》卷一二："悕即悕求，望即期望，谓求生天及余善处。"

【译文】

从前有一个种田的农夫，游走在城邑中，看见国王的女儿，容颜相貌十分端正，世间少有；便日夜想念，情感不能自控，想和她交往，没有办法可以达到目的，于是脸色瘀黄，遂成重病。亲戚们看到后，便问他道："什么缘故导致你变成这样？"他回答亲戚邻里道："我昨天看见国王的女儿，容颜相貌十分端正，便想和他交往，不能达成心愿，所以才生病了。我如果不能得偿所愿，必将死去。”诸位亲戚说道：“我们必当为你设计出好的办法，使你能够得偿所愿，不要再发愁了。”几天后亲戚们来看他，对他说道：“我们已经为你设计出好的办法了，只是国王的女儿不同意。”田夫听了之后，欣然而笑，并高呼道：“必定能够得到。”

世间的愚人也是一样，不分别时节的春、夏、秋、冬，就在冬季播种到土里，希望能够获得果实，白白浪费了力气，最终是空无所获，芽、茎、枝、叶等一切全都丧失了。世间的愚人修习了很少的福报，就以为全都具足了，便认定菩提道果已经可以证得了。如同那个田夫，希望得到国王的女儿一样。

七七　搆驴乳喻[①]

昔边国人[②]，不识于驴，闻他说言驴乳甚美，都无识者。尔时诸人得一父驴[③]，欲搆其乳，诤共捉之。其中有捉头者，有捉耳者，有捉尾者，有捉脚者，复有捉器者，各欲先得，于前饮之。中捉驴根，谓呼是乳，即便搆之，望得其乳。众人疲厌，都无所得，徒自劳苦，空无所获。为一切世人之所嗤笑。

外道凡夫亦复如是，闻说丁道不应求处，妄生想念[④]，起种种邪见[⑤]，裸形[⑥]、自饿[⑦]、投岩、赴火；以是邪见，堕于恶道。如彼愚人，妄求于乳。

【校注】

①“搆”，《资福藏》、《碛砂藏》、《普宁藏》、《洪武南藏》、《永乐南藏》、《永乐北藏》、《径山藏》、《清藏》本作“捊”。下同。

②边国：梵 pratyanta-dvīpika，指偏远边陲之国。东晋瞿昙僧伽提婆译《增壹阿含经》卷四六《放牛品》：“汝颇闻边国、远邦及余边地人乎？”唐道世《法苑珠林》卷二九《感通篇》第二十一《圣迹部》：“又从龙池

东行六百余里，越雪山，度黑岭，至北印度界已前，并是胡国。制服威仪，不参大夏，名为边国。”

③“父”，《资福藏》、《碛砂藏》、《普宁藏》、《洪武南藏》、《永乐南藏》、《永乐北藏》、《径山藏》、《清藏》本作“驳”。

④想念：梵 saṃkalpa，指思想念头。西晋竺法护译《普曜经》卷四《告车匿被马品》：“恒修禅定，心意寂然，消众尘垢，自伏其心，慧无挂碍，而无想念。”东晋瞿昙僧伽提婆译《增壹阿含经》卷二五《五王品》：“诸贤知之，欲从想生，以兴想念，便生欲意，或能自害，复害他人，起若干灾患之变，于现法中受其苦患，复于后世受苦无量。”

⑤邪见：梵 mithyā-dṛṣṭi，指不符合正法之谬见。明一如《大明三藏法数》卷三三：“谓外道之人，不了四谛因果之法，邪心推度，谓无此理，因断灭出世善根，是名邪见。”

⑥“裸”，《资福藏》、《碛砂藏》、《普宁藏》、《洪武南藏》、《永乐南藏》、《永乐北藏》、《径山藏》、《清藏》本作“倮”。

裸形：梵 acelaka，指裸形外道。唐慧琳《一切经音义》卷二五：“裸形外道，不系衣食，以为少欲知足者也。”日本基辨《大乘法苑义林章师子吼钞》卷三：“西方外道裸形无衣者多，故云裸形外道。”

⑦自饿：梵 anaśana，指自饿外道。明一如《大明三藏法数》卷二〇：“谓外道修行，不羡饮食，长忍饥虚，执此苦行，以为得果之因，是名自饿外道。”

【译文】

从前地处边远国家的人都不认识驴，听别人说驴奶的味道十分鲜美，但都没有见识过。当时众人得到了一头公驴，想挤它的奶，争相去抓它。

其中有的人去抓驴头，有的人去抓驴耳，有的人去抓驴尾巴，有的人去抓驴蹄，还有的人去抓驴的生殖器，各自都想最先得到，提前喝上驴奶。其中抓住驴生殖器的人，以为这就是驴的乳头，于是就开始挤，希望获得驴奶。这些人折腾到疲劳厌倦，也都空无所得，白白自我劳苦，最终一无所获，被一切世人所嘲笑。

非佛的外道和凡夫也是一样，听说了对于道法的不正确的寻求方法，妄自产生想法和念头，生起各种邪见，如：赤裸身体、自我绝食、跳下山崖、进到火中等；由于这些邪见，堕入恶道之中。如同那个愚人，妄想求得驴奶一样。

七八　与儿期早行喻

昔有一人，夜语儿言："明当共汝至彼聚落，有所取索。"儿闻语已，至明清旦[①]，竟不问父，独往诣彼。既至彼已，身体疲极，空无所获；又不得食，饥渴欲死，寻复回来[②]，来见其父[③]。父见子来，深责之言："汝大愚痴，无有智慧。何不待我？空自往来，徒受其苦。"为一切世人之所嗤笑。

凡夫之人亦复如是，设得出家，即剃须发，服三法衣[④]，不求明师，谘受道法，失诸禅定、道品功德，沙门妙果一切都失[⑤]。如彼愚人，虚作往返，徒自疲劳。形似沙门，实无所得。

【校注】

①"清"，原无，从文义，据《资福藏》、《碛砂藏》、《普宁藏》、《洪武南藏》、《永乐南藏》、《永乐北藏》、《径山藏》、《清藏》、金陵本补。

清旦：梵 kalyam，指清晨。东晋佛陀跋陀罗、法显译《摩诃僧祇律》卷一二《明单提九十二事法》："常日三诣世尊忏悔，清旦、日中、晡时。"唐义净译《根本说一切有部毗奈耶破僧事》卷八："于夜分尽，至明清旦。"

唐义净译《根本说一切有部毗奈耶皮革事》卷上："至明清旦，日欲出时。"参"（四四）欲食半饼喻"校注⑥。

②"来"，《资福藏》、《碛砂藏》、《普宁藏》、《洪武南藏》、《永乐南藏》、《永乐北藏》、《径山藏》、《清藏》、金陵本作"还"。

③"来"，《普宁藏》、《洪武南藏》、《永乐南藏》、《永乐北藏》、《径山藏》、《清藏》、金陵本作"求"。

④三法衣：梵 trīṇi，指三种如法之僧衣。明一如《大明三藏法数》卷八："一、僧伽梨：梵语僧伽梨，华言合，又云重，谓割之而合成也。义净法师云：'梵语僧伽胝，华言重复衣。'宣律师云：'此三衣名，皆无正翻。今以义译之，大衣名杂碎衣，以条数多故也。若从用为名，则曰入王宫衣，又曰入聚落衣，谓于王宫说法时着，及聚落乞食时着也。'《萨婆多论》云：'大衣分三品：九条、十一条、十三条，名下品；十五条、十七条、十九条，名中品；二十一条、二十三条、二十五条，名上品。'二、郁多罗僧：梵语郁多罗僧，华言上着衣，即七条也。宣律师云：'七条，名中等衣。若从用为名，则曰入众时衣，礼诵斋讲时着也。'三、安陀会：梵语安陀会，华言中宿衣，谓宿睡时常近身衣也。宣律师云：'五条，名下衣。若从用为名，则曰院内行道杂作衣也。'"

⑤沙门妙果：指沙门果（梵 śrāmaṇya-phala）。南宋法云《翻译名义集》卷一《释氏众名篇》："世言沙门名乏，那者名道。如是道者，断一切乏，断一切邪道，以是义故，名八正道为沙门那。从是道中获得果故，名沙门果。"后秦佛陀耶舍、竺佛念译《长阿含经》卷八《众集经》："复有四法谓四沙门果：须陀洹果、斯陀含果、阿那含果、阿罗汉果。"明一如《大明三藏法数》卷一一："一、须陀洹果：梵语须陀洹，华言入流，

又名预流，即初果也。谓此人断三界见惑尽，预入圣道法流，故名入流。二、斯陀含果：梵语斯陀含，华言一来，即第二果也。谓此人于欲界九品思惑中断前六品尽，后三品犹在，须更来欲界一番受生，故名一来。三、阿那含果：梵语阿那含，华言不来，即第三果也。谓此人断欲界后三品思惑尽，更不来欲界受生，故名不来。四、阿罗汉果：梵语阿罗汉，华言无学，即第四果也。谓此人断色界、无色界思惑尽，四智已圆，已出三界，已证涅槃，无法可学，故名无学。"

【译文】

从前有一个人，夜里对儿子说道："明天要和你去另外的聚落，有东西要索取。"儿子听了这话后，到第二天清晨，竟然没有告知父亲，就独自前往那个聚落。到了那里之后，身体疲劳至极，一无所获；又找不到东西吃，饥饿口渴得要死，就又返回来，去见他的父亲。父亲看到儿子回来，深深地责备他道："你太愚痴了，没有一点智慧。为什么不等我？白白自己往来一趟，徒然受了那么多苦。"儿子的行为被一切世人所嘲笑。

凡夫之人也是一样，有机会得以出家，于是剃除胡须和头发，穿上了三法衣，但不去寻求高明的老师，请教修道的方法，丧失了各种禅定、道品的功德，连沙门的妙果也全都失去了。如同那个愚人，白白往返，徒然自我疲劳一样。除了外表像沙门外，其实一无所得。

七九　为王负机喻

昔有一王，欲入无忧园中[①]，欢娱受乐，敕一臣言："汝捉一机[②]，持至彼园，我用坐息。"时彼使人，羞不肯捉，而白王言："我不能捉，我愿担之。"时王便以三十六机置其背上，驱使担之至于园中。如是愚人为世所笑。

凡夫之人亦复如是，若见女人一发在地，自言持戒，不肯捉之。后为烦恼所惑，三十六物[③]，发、毛、爪、齿、屎、尿不净，不以为丑。三十六物一时都捉，不生惭愧[④]，至死不舍。如彼愚人担负于机。

【校注】

①无忧园：梵 aśoka-vanikā，指无忧快乐之园。东晋佛陀跋陀罗、法显译《摩诃僧祇律》卷三《明四波罗夷法》："王敕群臣于无忧园中，洒扫烧香，悬缯幡盖，备办种种肴膳饮食。"唐实叉难陀译《大乘入楞伽经》卷一《罗婆那王劝请品》："我宫殿婇女，及以诸璎珞，可爱无忧园，愿佛哀纳受。"唐李通玄《略释新华严经修行次第决疑论》卷四上《十地位》："又此园林及地常有光明，时诸天龙神八部常作乐音而为供养。又此园林

常有众宝庄严香华妙事，见者悦乐故，为乐胜光园，亦名无忧园。”

②机：梵 kūrca，指机凳。西晋白法祖译《佛般泥洹经》卷下：“佛见须拔年老息微，赐机使坐。”后秦佛陀耶舍、竺佛念译《长阿含经》卷二《游行经》：“时庵婆婆梨女即设上馔，供佛及僧，食讫去钵，并除机案。”

③三十六物：指构成人体的三十六种器官与分泌物。明一如《大明三藏法数》卷三六：“三十六物：一、外相十二，谓：发、毛、爪、齿、眵、泪、涎、唾、屎、尿、垢、汗也。二、身器十二，谓：皮、肤、血、肉、筋、脉、骨、髓、肪、膏、脑、膜也。三、内含十二，含即含藏，谓：肝、胆、肠、胃、脾、肾、心、肺、生藏、熟藏、赤痰、白痰也。”

④“愧”，《资福藏》、《碛砂藏》、《普宁藏》、《洪武南藏》、《永乐南藏》、《永乐北藏》、《径山藏》、《清藏》本作“羞”。

【译文】

从前有一个国王，想进入无忧园中游玩享乐，便命令一个大臣道：“你去拿一张靠几，带到那个园子去，我好用来坐下休息。”当时那个受差使的人，羞于做这种事不愿去拿，而对国王说道：“我不能用手拿，我愿意背着它。”当时国王就将三十六把靠几放到他的背上，驱使他背到园里。这样的愚人被世人所嘲笑。

凡夫之人也是一样，如果看见女人的一根头发掉在地上，自己声称要守持戒律，不愿意捡起头发。后来被烦恼所迷惑，人身体三十六物，如：头发、体毛、指甲、牙齿、屎、尿等各种不净之物，都不认为丑恶。还将这三十六物一下子全都拿去，不产生任何惭愧，到死都不肯放弃。如同那个愚人背负靠几一样。

八〇　倒灌喻

昔有一人，患下部病[①]，医言："当须倒灌[②]，乃可差耳[③]。"便集灌具[④]，欲以灌之。医未至顷，便取服之，腹胀欲死，不能自胜。医既来至，怪其所以，即便问之："何故如是？"即答医言："向时灌药[⑤]，我取服之，是故欲死。"医闻是语，深责之言："汝大愚人，不解方便。"即便以余药服之[⑥]，方吐下[⑦]，尔乃得差[⑧]。如此愚人为世所笑。

凡夫之人亦复如是，欲修学禅观种种方法[⑨]，应效不净[⑩]，反效数息[⑪]；应数息者，效观六界[⑫]。颠倒上下，无有根本，徒丧身命，为其所困，不谘良师，颠倒禅法。如彼愚人，饮服不净。

【校注】

①下部病：梵 arśā，指肛肠类疾病。唐义净译《根本说一切有部毗奈耶杂事》卷一五："时有苾刍忽患腹痛，数去回转致有疲困，苾刍白佛。佛言：'于床穿孔，随时转易。'即于好床，穿破作孔。佛言：'应取故床。若藤织者，应割为孔；若绦编者，擘开为穴。若病差后，随事料理。'由

数回转，下部疮痛。”辽希麟《续一切经音义》卷六：“痔病，《玉篇》云：‘后分病也。’《集训》云：‘下部病也。’《说文》云：‘后病也。’”

②倒灌：梵 antra-karman，指灌肠疗法。唐义净译《根本说一切有部目得迦》卷七：“佛在室罗伐城。时有苾刍身婴重病，为苦所逼，便往医处报言：‘贤首。以所宜药，为我处方。’医人答曰：‘有下灌药，宜可用之，病速瘳愈。’告言：‘贤首。世尊未许。’答曰：‘仁之大师，慈悲为本，必缘此事，开许无疑。’时诸苾刍以缘白佛，佛言：‘医人处方，用下灌药，当随意作。”后秦弗若多罗译《十诵律》卷二《明四波罗夷法》：“有比丘与有胎女人吐下药、灌鼻药、灌大小便处药。”

③“差”，《资福藏》、《碛砂藏》、《普宁藏》、《洪武南藏》、《永乐南藏》、《永乐北藏》、《径山藏》、《清藏》、金陵本作“瘥”。下同。

④灌具：指灌肠所用之器具，即灌筒（梵 vasti-karman）。唐义净译《根本说一切有部目得迦》卷七：“彼以小盏而为下灌，便弃其药。佛言：‘不应以盏而为下灌。’彼以衣角药，如前弃。佛言：‘不应衣角。’又以皮灌，复还弃药。佛言：‘不应用皮。’彼将叶裹。佛言：‘不应。宜可作筒。’彼将铁作热，而且鞕。佛言：‘除铁一种，琉璃、铜等，咸随意作。”又唐孙思邈《备急千金要方》卷二五《备急方》之《卒死》：“治饮酒腹满不消方，煮盐汤以竹筒灌大孔中。”

⑤灌药：梵 harītakī，指灌肠所用之药。唐智通译《观自在菩萨怛嚩多唎随心陀罗尼经》：“若人患痔病连年月不差者，可取一钱胡粉、三钱水银、干枣七颗去核，三物捣碎作丸。以一片薄绵裹之内下部，不经三日五度即差。多作药者，皆等分作之，咒三七遍，内之即差。”

⑥“便”，《资福藏》、《碛砂藏》、《普宁藏》、《洪武南藏》、《永乐南

藏》、《永乐北藏》、《径山藏》、《清藏》本作“更”。

⑦“方”下，《资福藏》、《碛砂藏》、《普宁藏》、《洪武南藏》、《永乐南藏》、《永乐北藏》、《径山藏》、《清藏》、金陵本有“得”。

⑧案尸陀槃尼造、前秦僧伽跋澄译《鞞婆沙论》卷八《四圣谛处》：“如人身中，生痈极苦痛，脓血流出。彼求所因，此从何生？观知或风寒热。云何令无安隐处？云何至安隐？或服药吐下，或破。”后秦竺佛念译《鼻奈耶》卷一：“比丘和合吐下药，若灌鼻，若从下灌。”

⑨禅观：指坐禅之观法。优波底沙造、南朝梁僧伽波罗译《解脱道论》卷一二《分别谛品》：“云何禅观？已得定以定力伏盖，以名比分别色观见禅分。”北魏瞿昙般若流支译《正法念处经》卷三三《观天品》：“于正法中，生正念心，乐于林中，修学禅观。观身循身观，观心循心观，观受循受观，观法循法观。”北宋法贤译《佛说众许摩诃帝经》卷六：“我今依止求无上道，即于树下结跏趺坐，学修禅观。闭口啮齿，舌拄上腭，收摄心神，如手握物。

⑩“效”，《资福藏》、《碛砂藏》、《普宁藏》、《洪武南藏》、《永乐南藏》、《永乐北藏》、《径山藏》、《清藏》、金陵本作“观”。

⑪“效”，《资福藏》、《碛砂藏》、《普宁藏》、《洪武南藏》、《永乐南藏》、《永乐北藏》、《径山藏》、《清藏》、金陵本作“观”。

⑫“效”，《资福藏》、《碛砂藏》、《普宁藏》、《洪武南藏》、《永乐南藏》、《永乐北藏》、《径山藏》、《清藏》、金陵本作“反”。

⑬六界：梵 ṣaḍ dhātavaḥ，指六界聚，即构成人体的六种基本元素。东晋瞿昙僧伽提婆译《中阿含经》卷四二《分别六界经》：“人有六界聚。此说何因？谓地界、水界、火界、风界、空界、识界。”明一如《大明三

藏法数》卷二〇："界即界分，聚即聚集。谓人之身聚集六法，各有分齊，故名六界聚。一、地界聚：地以坚碍为性。谓人之身，有内地界，而受于生，即发、毛、爪、齿、粗细皮肤、骨、肉、筋、肾、心、肝、脾、肺之类，是名地界聚。二、水界聚：水以润湿为性。谓人之身，有内水界，而受于生，即脑髓、眼泪、汗涕、唾脓、肪血、涎痰之类，是名水界聚。三、火界聚：火以燥热为性。谓人之身，有内火界，而受于生，即热身、暖身、烦闷身、温壮身、及能消饮食之类，是名火界聚。四、风界聚：风以动转为性。谓人之身，有内风界，而受于生，即出息入息，及掣缩等风之类，是名风界聚。五、空界聚：空以无碍为性。谓人之身，有内空界，而受于生，即眼空、耳空、鼻空、口空、咽喉动摇，食消下过之类，是名空界聚。六、识界聚：识以分别为性，即心识也。所谓乐识、苦识、喜识、忧识，是名识界聚。"

【译文】

从前有一个人，得了下腹部的病，医生说道："必须用灌肠的方法，才能将病治好。"于是就收集灌药的工具，准备用来灌药。在医生还没有来的时候，这个人便将药喝了下去，使得腹部肿胀得快要死了，痛苦得难以忍受。医生来了之后，奇怪他出现的症状，于是就问他道："什么原因导致你变成这样？"这个人立即回答医生道："原先准备灌肠的药，我拿来给喝了，所以感觉腹部胀得快要死了。"医生听了这话，深深地责怪他道："你是大大的愚人，不了解治病的方法。"于是把剩下的药让他喝下去，使他吐出腹中之物，才使胀痛消失。像这样的愚人被世人所嘲笑。

凡夫之人也是一样，想修学禅观的各种方法，应学不净观的时候，反而去学数息观；应学数息观的时候，又去学观六界聚。颠倒修行次序，没有根本重点，只能徒然耗费生命，并为胡乱盲修所困扰，又不去请教好的老师，颠倒了修禅的方法。如同那个愚人，吃了不干净的东西一样。

八一　为熊所啮喻[①]

昔有父子，与伴共行。其子入林，为熊所啮，爪坏身体，困急出林[②]，还至伴边。父见其子，身体伤坏，怪问之言："汝今何故，被此疮害？"子报父言："有一种物，身毛耽毶[③]，来毁害我。"父执弓箭，往到林间，见一仙人，毛发深长，便欲射之。傍人语言："何故射之？此人无害[④]，当治有过。"

世间愚人亦复如是，为彼虽著法服[⑤]、无道行者之所骂辱[⑥]，而滥害良善有德之人。喻如彼父，熊伤其子，而抂加神仙[⑦]。

【校注】

①"熊"，《资福藏》、《碛砂藏》、《普宁藏》、《洪武南藏》、《永乐南藏》、《永乐北藏》、《径山藏》、《清藏》本作"罴"。下同。

②困急：指困难危急。北魏吉迦夜、昙曜译《杂宝藏经》卷六《长者请舍利弗摩诃罗缘》："复于道中，遇浣衣者，见其肘行，谓欲偷衣，即时征捉，复加打棒。时摩诃罗，既遭困急，具陈上事，得蒙放舍。"南朝梁僧祐《弘明集》卷一三东晋郗超《奉法要》："何谓不杀？常当矜愍

一切蠕动之类，虽在困急，终不害彼。”

③耽毵：“耽”指下垂，“毵”指长毛。唐慧琳《一切经音义》卷七五：“耽毵，毛垂貌也。”

④无害：梵 avihiṃsā，指无有伤害。弥勒造、唐玄奘译《瑜伽师地论》卷八三《摄异门分》：“言无害者，谓能违拒执持、刀杖、斗诤等事。”

⑤法服：指法衣。见“（七八）与儿期早行喻”校注④。

⑥道行：梵 adhvāna-mārga，指修道之功行。东晋竺昙无兰译《佛说见正经》：“佛言：‘诸弟子识神转徙，随行受身，如土成瓦。人无道行，不复识故，不得复还相报答也。’”

⑦“扗”，《资福藏》、《碛砂藏》、《普宁藏》、《洪武南藏》、《永乐南藏》、《永乐北藏》、《径山藏》、《清藏》、金陵本作“枉”。

【译文】

从前有一对父子，与人结伴而行。他的儿子进入树林，被熊所咬，还抓坏了身体，困难危急之时逃出树林，回到同伴身边。父亲看见自己的儿子满身是伤，奇怪地问他道：“你现在由于什么缘故，被如此的伤害？”儿子报告父亲道：“有一种动物，身上的毛很长，出来伤害的我。”父亲拿起弓箭去到树林里，看见一位仙人毛发很长，便想用箭射他。旁边的人说道：“为什么要射他呢？这位仙人从不为害，应当去惩治有过错的熊。”

世间的愚人也是一样，被那些虽然穿著法服但没有道行的人所辱骂，反而任意迫害善良有道德的人。如同譬喻中的那位父亲一样，熊伤害了他的儿子，反而冤枉归咎于神仙。

八二　比种田喻[①]

昔有野人[②]，来至田里，见好麦苗，生长郁茂，问麦主言："云何能令是麦茂好？"其主答言："平治其地，兼加粪水，故得如是。"彼人即便依法用之，即以水粪调和其田，下种于地，畏其自脚蹋地令坚[③]，其麦不生。"我当坐一床上[④]，使人舆之[⑤]，于上散种，尔乃好耳。"即使四人，人擎一脚，至田散种，地坚逾甚，为人嗤笑。恐己二足[⑥]，更增八足。

凡夫之人亦复如是，既修戒田[⑦]，善芽将生[⑧]，应当师谘，受行教诫，令法芽生[⑨]。而返违犯[⑩]，多作诸恶，便使戒芽不生。喻如彼人，畏其二足，倒加其八。

【校注】

①"比"，《资福藏》、《碛砂藏》、《普宁藏》、《洪武南藏》、《永乐南藏》、《永乐北藏》、《径山藏》、《清藏》本作"以"。

②野人：指乡野村夫。新罗璟兴《无量寿经连义述文赞》卷下："野人者，孔子曰：'先进于礼乐谓野人，后进于礼乐谓君子也。'包氏曰：'谓鄙陋也。'郊外曰野，邑外谓郊，从事者相称也。"明袾宏《禅关策进·诸

祖苦功节略》第二："异于深山之野人者几希。"

③"蹋"，《资福藏》、《碛砂藏》、《普宁藏》、《洪武南藏》、《永乐南藏》、《永乐北藏》、《径山藏》、《清藏》、金陵本作"蹈"。

④床：梵 paryaṅka，指床座。后秦佛陀耶舍、竺佛念译《长阿含经》卷二《游行经》："时庵婆婆梨女取一小床，于佛前坐。"

⑤"舆"，金陵本作"轝"。

⑥"已"，《资福藏》、《碛砂藏》、《普宁藏》、《洪武南藏》、《永乐南藏》、《永乐北藏》、《径山藏》、《清藏》本作"以"。

⑦戒田：指持戒之福田。新罗义寂《菩萨戒本疏》卷下末《第四不故毁犯戒》："戒田既毁，不当受供。"

⑧善芽：指善法之芽苗。龙树集、北宋日称译《福盖正行所集经》卷一〇："佛言：'彼破戒者，由彼恶慧，内心思构，不起对治，热恼逼迫，造作众罪。犹如干枯树穴之中，置之炎火，必为所烧。如败种子，虽植良田，毕竟不能生长其芽。彼破戒者，于佛法田，不生善芽，亦复如是。"

⑨法芽：指佛法之芽苗。北凉昙无谶译《大般涅槃经》卷二《寿命品》："尔时，世尊一切种智无上调御告纯陀曰：'善哉！善哉！我今为汝除断贫穷，无上法雨，雨汝身田，令生法芽。'"隋慧远《大般涅槃经义记》卷一下："依前身、口七支授法，名雨汝身。依前智慧良田授法，名雨汝田。约喻名法，是故名雨。由说起彼法身种子，名生法芽。"

⑩"返"，《资福藏》、《碛砂藏》、《普宁藏》、《洪武南藏》、《永乐南藏》、《永乐北藏》、《径山藏》、《清藏》本作"反"。

【译文】

从前有一位山野村夫，来到一块田里，看到很好的麦苗，生长得十分茂盛，就问麦田的主人道："如何能使麦子长得茂盛良好？"麦田的主人回答道："平整土地，再施以粪水，就能达到这一效果。"那个人就依照这个方法操作，用粪水浇治他的麦田，准备播种下地时，害怕自己的脚将地里的土踩结实，使麦子长不出来。他想道："我应当坐在一张床上，让人抬着，在上面播种子，这不是很好嘛。"于是就让四个人，一人举一个床腿，到田里播种，地里的土被踩得更结实了，被众人所嘲笑。原先怕自己两只脚去踩地，现在反更增加到八只脚了。

凡夫之人也是一样，已经修习戒法的田地，良善之芽即将生出，这时应当向老师请教，接受奉行老师的教诫，使正法的萌芽生长。反而违犯戒律，做了很多恶事，就使戒法的萌芽不能产生。如同譬喻中那个人，害怕他的两只脚踩地，反倒增加到八只脚了。

八三　猕猴喻

昔有一猕猴[①]，为大人所打，不能奈何，反怨小儿。

凡夫愚人亦复如是，先所瞋人，代谢不停，灭在过去。乃于相续后生之法[②]，谓是前者，妄生瞋忿，毒恚弥深[③]。如彼痴猴，为大人所打[④]，反瞋小儿[⑤]。

【校注】

①猕猴：梵 markaṭa，指猿之一种。唐慧琳《一切经音义》卷二〇："猕猴，《汉书》谓之'沐猴'也。《说文》云：'玃也。'此兽种类甚多。"

②"乃"，《资福藏》、《碛砂藏》、《普宁藏》、《洪武南藏》、《永乐南藏》、《永乐北藏》、《径山藏》、《清藏》本作"及"。

③毒恚：指怨恨。西晋竺法护译《佛说琉璃王经》："时琉璃太子闻其骂音，姿色变动，心怀毒恚。"后秦昙摩耶舍、昙摩崛多译《舍利弗阿毗昙论》卷一九《非问分烦恼品》："何谓内三毒？欲毒、恚毒、痴毒，是名内三毒。"

④"人"，原无，案上文云："为大人所打。"故据《资福藏》、《碛砂藏》、《普宁藏》、《洪武南藏》、《永乐南藏》、《永乐北藏》、《径山藏》、《清藏》、

金陵本补。

⑤“瞋”，原作“嗔”，案上文云:“先所瞋人。”故据《资福藏》、《碛砂藏》、《普宁藏》、《洪武南藏》、《永乐南藏》、《永乐北藏》、《径山藏》、《清藏》、金陵本改。

【译文】

从前有一只猕猴，被大人所打，又没能力对付他，反而怨恨起小孩儿来。

凡夫愚人也是一样，先前所记恨的人，由于思维更替不停，被灭在了过去。而对于相续后来产生的事物，以为是先前的那个，妄自产生愤怒，怨恨越来越深。如同那个痴猴，被大人打了，反而怨恨小孩儿。

八四　月蚀打狗喻

昔阿修罗王[①]，见日月明净，以手障之。无智常人，狗无罪咎，横加于恶。

凡夫亦尔。贪、瞋、愚痴[②]，横苦其身，卧蕀刺上[③]，五热炙身。如彼月蚀[④]，抂横打狗[⑤]。

【校注】

①阿修罗王：指罗睺阿修罗王（梵 Rāhuasura）。北魏瞿昙般若流支译《正法念处经》卷一八《畜生品》："此罗睺阿修罗王，丁欲界中化身大小，随意能作，以人行善不善力故。时阿修罗作是思惟：'我当观彼怨家园林、游戏之处，与诸婇女共相娱乐，恣意受乐。'思惟是已，即自庄严，以大青珠王、波头摩珠王、光明威德珠王，或以金玉五色赤珠王，或以杂色衣王，若青、若赤、若黄、若黑，种种诸色，庄严其身，以为钾冑，光明晃昱。时罗睺阿修罗王，身量广大，如须弥山王，遍身珠宝，出大光明。大青珠宝出青色光，黄、黑、赤色亦复如是。以珠光明，心大憍慢，谓无与等。欲令天女、阿修罗女爱敬其身，从城中出。其所住城，名曰光明，纵广八千由旬，无量宝林、流泉、浴池、诸树、莲花，庄严其城。

首冠花鬘，涂香自严，散以末香，从城而起，观天园林、游戏之处。若阎浮提人不行正法，不孝养父母，不敬沙门、婆罗门及诸尊长，不依法行，不奉三宝，不观善法及不善法，诸天势力悉为减少。四天王天展转相告，悉避逃逝，恐师子儿罗睺阿修罗王来杀我等。若阎浮提人修行正法，孝养父母，敬事师长，供养沙门、耆旧长宿，一切诸天势力增长。时四天王以众宝衣，庄严其身，涂香末香，即时当于师子儿罗睺阿修罗上虚空之中，雨诸刀剑。一切天众心生喜悦，至须弥侧，发声大叫。若天不出，阿修罗王欲观园林，日百千光照其身上庄严之具，映障其目，而不能见诸天园林、游戏、娱乐、受乐之处。时罗睺阿修罗王作是思惟：'日障我目，不能得见诸天婇女。我当以手障日光轮，观诸天女。'即举右手，以障日轮，欲见天女可爱妙色。手出四光，如上所说，立海水中，水至其腰，宝珠光明，或青、或黄、或赤、或黑。以手障日，世间邪见诸论师等咸生异说，言：'罗睺阿修罗王蚀日。'若日赤色、黑色，以如是法，相人寿命。不识业果诸相师等，作如是说。或言当丰，或言当俭，或言凶祸殃及王者，或言吉庆。时阿修罗手障日已，谛观诸天园林、浴池、游戏之处。时天帝释见是事已，敕诸天众庄严宫殿，令诸天子以种种宝庄严其身，往趣罗睺阿修罗所，欲共斗战。时罗睺阿修罗王见诸天众，即还宫城。复次比丘，云何观月蚀？即以闻慧，知罗睺阿修罗王眷属官众行于海上，见月常游忧陀延山顶，行阎浮提，住毗琉璃光明之中，端严殊妙，百倍转胜。官属见已，即至罗睺阿修罗所，白言：'大王。满月端严，如天女面。'时罗睺王闻是语已，爱心即生，欲见天女。从地而起，渴仰欲见，以手障月，欲见天女。"北宋惟净《佛说海意菩萨所问净印法门经》卷七："譬如罗睺阿修罗王，虽有势力，不能于其日、月道中而为障碍。"

②贪、瞋、愚痴：指三毒（梵 tri-doṣa）。明一如《大明三藏法数》卷八："毒者，毒害也。谓贪、瞋、痴皆能破坏出世善心，故名毒也。一、贪毒：引取之心，名之为贪。若以迷心对一切顺情之境，引取无厌，是名贪毒。二、瞋毒：忿怒之心，名之为瞋。若以迷心对一切违情之境，便起忿怒，是名瞋毒。三、痴毒：迷惑之心，名之为痴。若于一切事理之法无所明了，颠倒妄取，起诸邪行，是名痴毒。"

③"蕀"，《资福藏》、《碛砂藏》、《普宁藏》、《洪武南藏》、《永乐南藏》、《永乐北藏》、《径山藏》、《清藏》、金陵本作"棘"。

④月蚀：梵 candra-graha，指月食。唐慧琳《一切经音义》卷二五："月蚀，《易》云：'日中则昃，月盈则蚀。'刘熙《释名》云：'日月亏则蚀，稍稍侵亏，如虫食草木叶也。'"

⑤"扗"，《资福藏》、《碛砂藏》、《普宁藏》、《洪武南藏》、《永乐南藏》、《永乐北藏》、《径山藏》、《清藏》、金陵本作"枉"。

案西汉刘安《淮南子》卷一七《说林训》："月照天下，蚀于詹诸。"北宋李昉《太平御览》卷九四九《虫豸部》："蟾诸，月中虾蟆，食月，故曰食于蟾诸。"《陀罗尼杂集》卷八："虾蟆在中食月。"中印古时皆谓"虾蟆食月"，而非"狗食月"。天狗，流星名，内外典皆如是说。又唐房玄龄《晋书》卷一二《天文志》："（惠帝太安二年）十二月壬寅，太白犯月。"北齐魏收《魏书》卷一五三《天象志》："（世祖始光）三年正月，岁星食月在张。"《宋史全文》卷一四："（宋徽宗政和五年）六月壬子，天狗犯月。"元马端临《文献通考》卷二八七《象纬考》十《月五星凌犯》："月食荧惑。孟康曰：'凡星入月，见月中，为星食月。'"故知"天狗"犯月或食月，与"太白"犯月同为星象，非是后世所谓之义。然此皆中国占星之术，亦非印度本有，恐此则譬喻乃为后人所改。

【译文】

从前有一个阿修罗王，看见太阳和月亮光明洁净，就用手去遮挡它们。没有智慧的常人，狗本来没有什么罪过，硬是把月蚀的成因归咎到狗身上而横加毒打。

凡夫之人也是一样，由于被贪欲、瞋恚、愚痴所毒害，横加折磨自己的身体，躺在荆棘的刺上，炙烧自己的身体。如同将月蚀的成因冤枉到狗身上而打狗一样。

八五　妇女患眼痛喻[①]

昔有一女人，极患眼痛。有知识女人问言[②]："汝眼痛耶？"答言："眼痛。"彼女复言："有眼必痛。我虽未痛[③]，并欲挑眼，恐其后痛。"傍人语言："眼若在者，或痛不痛；眼若无者，终身长痛。"

凡愚之人亦复如是，闻富贵者，衰患之本，畏不布施，恐后得报；财物殷溢，重受苦恼。有人语言："汝若施者，或苦或乐；若不施者，贫穷大苦。"如彼女人，不忍近痛，便欲去眼，乃为长痛。

【校注】

①"妇女"，《径山藏》本作"女妇"。

②知识：梵 mitra，指相知相识之人。南朝齐僧伽跋陀罗译《善见律毗婆沙》卷八："知识者，不堪亲友住处相知名为知识。"弥勒造、唐玄奘译《瑜伽师地论》卷八三《摄异门分》："宿昔同处，居家乐故，名为知识。"隋慧远《大乘义章》卷一五《十二头陀义》："我本在家，父母、亲属共相缠缚，为是舍之。今出家已，若还师徒、同学、知识共相结著，

与俗无异。”

③“虽未”，《资福藏》、《碛砂藏》、《普宁藏》、《洪武南藏》、《永乐南藏》、《永乐北藏》本作“虽曼未”，《径山藏》、《清藏》本作“虽眼未”。

④衰患：梵 upahata，指衰败病患。唐窥基《大般若波罗蜜多经般若理趣分述赞》卷三：“衰谓祸起衰家败身，患谓染疾。”迦旃延子造、北凉浮陀跋摩、道泰译《阿毗昙毗婆沙论》卷五六《智揵度修智品》：“但当离如是有三种衰患：一、已受，二、今受，三、当受。已受者，受竟；今受者，忍受；当受者，或以自力、或眷属力、或财物力，方便求离。”

【译文】

从前有一个女人，极为苦恼自己的眼痛之病。有认识的女人问道：“你眼睛疼吗？”她回答道：“眼睛疼。”那个女人又说道：“有眼睛必定会痛。我虽然还没有痛，但想挑出眼珠，害怕它以后会痛。”旁边的人说道：“眼睛如果在的话，要么会疼，要么不疼；眼睛如果没了，将会终身长痛。”

凡夫愚人也是一样，听说富贵是衰败病患的根本，担心不行布施，恐怕以后会遭受报应；但又担心在布施之后，财物逐渐殷实增多，需要更多地承受苦恼。有人说道：“你如果去布施，所承受的报应或许是苦的，或许是乐的；如果不去布施，那必将遭受贫穷的极大苦报。”如同那个女人，不想忍受近前的痛苦，便想挑去眼珠，反而成为长久之痛。

八六　父取儿耳珰喻

昔有父子二人，缘事共行。路贼卒起，欲来剥之。其儿耳中，有真金珰。其父见贼卒发，畏失耳珰[①]，即便以手挽之，耳不时决，为耳珰故，便斩儿头。须臾之间，贼便弃去。还以儿头，著于肩上，不可平复。如是愚人为世间所笑。

凡夫之人亦复如是，为名利故，造作戏论[②]，言："无二世[③]，有二世；无中阴[④]，有中阴；无心数法[⑤]，有心数法；无种种妄想，不得法实。"他人以如法论[⑥]，破其所论[⑦]，便言："我论中都无是说。"如是愚人，为小名利，便故妄语，丧沙门道果[⑧]，身坏命终，堕三恶道。如彼愚人，为小利故，斩其儿头。

【校注】

①耳珰：梵 karṇikā，指耳环。唐慧琳《一切经音义》卷二〇："耳珰，《埤苍》云：'珰，充耳也。'《释名》云：'穿耳施珠曰珰，耳之宝饰也。'"

②戏论：梵 prapañca，指非理无益之言论。隋吉藏《大乘玄论》卷二《八

不义》:“戏论是借譬之名，故名邪观。于道无所克获，如小儿戏论为耳。”隋吉藏《法华义疏》卷一〇《安乐行品》:“无记心中,往复言论,名为戏论。《中论》云:‘戏论有二种:一者爱论，二者见论。’”唐一行《大毗卢遮那成佛经疏》卷一九《次三三昧耶行品》:“戏论者，如世戏人以散乱心动作种种身口，但悦前人而无实义。今妄见者所作者亦同于此，故名戏论也。”

③“无”，原无，案下文皆以“有无”对称，故据《资福藏》、《碛砂藏》、《普宁藏》、《洪武南藏》、《永乐南藏》、《永乐北藏》、《径山藏》、《清藏》、金陵本补。

二世:梵 dṛṣṭa-samparāya，指今世与来世。北魏菩提留支译《大萨遮尼乾子所说经》卷五《问罪过品》:“远离现在、未来二世善法利益。”

④中阴:梵 antarā-bhava，又作“中有”，指人死后还未再生之前的存在状态。东晋慧远《大乘义章》卷八本《四有义》:“命报终谢，名为死有。生后死前，名为本有;对死及中，故说为本。两身之间，所受阴形，名为中有。”明一如《大明三藏法数》卷二四:“谓此色身死后，未托生前，名为中阴。”

⑤心数法:梵 caitasika-dharma，指心的各种作用。龙树造、后秦鸠摩罗什译《大智度论》卷三六《释习相应品》:“心数法有二种:一者属见，二者属爱。属爱主名为受，属见主名为想。”隋智顗《释禅波罗蜜次第法门》卷六《释禅波罗蜜修证》:“受、想、行、识，是名心数法。”唐法聪《释观无量寿佛经记》:“一切众生心数法，通大地有十，谓:受、想、思、触、欲、慧、念、解脱、忆、定。”

⑥如法论:梵 yathā-dharmam śāstra，指契合正法之言论。东晋佛陀跋陀罗、法显译《摩诃僧祇律》卷一四《明单提九十二事法》:“如法论

者，说非常非断是名如法论。”五百大阿罗汉造、唐玄奘译《阿毗达磨大毗婆沙论》卷四九《结蕴》第二中《不善纳息》：“复次，世尊是如法论者，诸外道等是非法论者。如法论者，法尔无诤；非法论者，法尔有诤。”隋阇那崛多译《佛本行集经》卷八《树下诞生品》：“如来得成于佛道已，无有一人能如法论胜如来者。”唐玄奘译《大宝积经》卷四〇《菩萨藏会》第十二之六《如来不思议性品》：“一切世间若愚若智，不能立如法论。”

⑦“论”，《资福藏》、《碛砂藏》、《普宁藏》、《洪武南藏》、《永乐南藏》、《永乐北藏》、《径山藏》、《清藏》本作“说”。

⑧沙门道果：指沙门果。见“（七八）与儿期早行喻”校注⑤。

【译文】

从前有父子二人，由于办事共同出行。在路上盗贼突然出现，想来抢夺他们的财物。儿子的耳朵上戴有真金耳环，父亲看见盗贼突然来了，害怕失去耳环，就用手去拉，却不能马上从耳朵上拉下来。为了真金耳环，便砍下了儿子的头。不一会儿的功夫，盗贼就全都离去了。父亲还将儿子的头放在儿子肩膀之上，但不可能恢复原样了。像这样的愚人被世间之人所嘲笑。

凡夫之人也是一样，为了追求名利，制造了很多戏论，比如说：“没有前世和后世，有前世和后世；没有中阴身，有中阴身；没有心数法，有心数法；没有各种妄想，都不能获得法的真实。”他人用符合正法的理论，破斥了他们的戏论，他们便说道：“我的理论中根本没有这些说法。”像这样的愚人，为了追求很小的名利，就故意妄语，丧失了沙门的道果，等到身死命终之后，堕入到三恶道中。如同那个愚人，为了很小的利益，砍掉了自己儿子的头。

八七　劫盗分财喻

昔有群贼，共行劫盗，多取财物，即共分之，等以为分。唯有鹿毛钦婆罗[①]，色不纯好[②]，以为下分，与最劣者。下劣者得之恚恨，谓呼大失。至城卖之，诸贵长者多与其价[③]。一人所得，倍于众伴，方乃欢喜踊悦无量[④]。

犹如世人不知布施有报无报，而行少施，得生天上，受无量乐，方更悔恨[⑤]，悔不广施。如钦婆罗，后得大价，乃生欢喜。施亦如是，少作多得，尔乃自庆，恨不益为[⑥]。

【校注】

①“毛”，底本及诸本均作“野”。案文中云：“诸贵长者多与其价。”可知该钦婆罗衣乃贵重之物。北魏吉迦夜、昙曜译《杂宝藏经》卷九《迦栴延为恶生王解八梦缘》、唐道世《法苑珠林》卷三二《眠梦篇》第二十六《善性部》：“安息国王，当献鹿毛钦婆（罗衣），价直十万两金。”又南朝梁宝唱《经律异相》引之作：“中有一衣，是鹿胎毛细软滑泽织持作衣，其价百倍。”故“鹿野”当为“鹿毛”之误，据改之。

钦婆罗：梵 kambala，指一种毛衣。唐慧琳《一切经音义》卷二五：

"钦婆罗衣，毛丝杂织，是外道所服也。"后唐景霄《四分律行事钞简正记》卷一二："钦婆罗者，此云细毛衣。"南朝齐僧伽跋陀罗译《善见律毗婆沙》卷八："发钦婆罗者，织人发以为衣。毛钦婆罗，以牦牛毛织为衣。"

②色不纯好：指杂色。南朝宋求那跋陀罗译《杂阿含经》卷一〇："杂色钦婆罗以为覆衬。"案南朝梁宝唱《经律异相》引之作："而色紫黑，不悦人眼。"

③案后秦佛陀耶舍、竺佛念译《四分律》卷四〇《衣揵度》："尔时瓶沙王闻佛听诸比丘畜檀越施衣，即持所著贵价钦婆罗衣，送与比丘。"

④"踊"，《资福藏》、《碛砂藏》、《普宁藏》、《洪武南藏》、《永乐南藏》、《永乐北藏》、《径山藏》、《清藏》本作"勇"。

⑤"更"，《资福藏》、《碛砂藏》、《普宁藏》、《洪武南藏》、《永乐南藏》、《永乐北藏》、《径山藏》、《清藏》本作"便"。

⑥"恨"下，《径山藏》本有"悔"。

【译文】

从前有一群盗贼，共同抢劫盗窃，得到很多财物后，就来分赃，平均分配。只有一件由鹿毛制成的钦婆罗衣，色泽不很纯好，以为是下等货，就分给了最卑劣的人。下等卑劣之人得到之后十分生气，认为吃了很大的亏。他到城里去卖这件钦婆罗衣，很多富贵长者都出了很高的价钱购买。一个人所得到的钱财，成倍多于他的同伴，这才欢喜踊跃无有限量。

犹如世人不知道布施之后有报应还是没报应，从而进行少量的布施，得以往生天界，享受无量的快乐，这才更加悔恨，后悔当初没有广大布施。如同钦婆罗衣，下等卑劣之人卖掉后获得大价钱，于是产生欢喜。布施也是一样，做的很少而所得却很多，于是自我庆幸，并后悔没有更多地布施。

【附录】

南朝梁宝唱《经律异相》卷四四《男庶人部》上《诸劫分物不识好者》："昔者众商人，经由险道值劫，大失衣物。中有一衣，是鹿胎毛细软滑泽织持作衣，其价百倍，而色紫黑，不悦人眼。劫不赏别，用持作帊，以盛粗衣。他处共分，各取杂物，谓是奇好；余此一帊，未展分张。劫群中有困弱人，独不与分，苦论共以帊，乞即自卖之。时大贵人知是好物，依限雇直，比于余劫所得等分。诸劫闻之，大生耻恼。"

八八　猕猴把豆喻

昔有一猕猴，持一把豆[①]，误落一豆在地，便舍手中豆，欲觅其一。未得一豆，先所舍者，鸡鸭食尽。

凡夫出家亦复如是，初毁一戒，而不能悔。以不悔故[②]，放逸滋蔓[③]，一切都舍。如彼猕猴，失其一豆，一切都弃。

【校注】

①“持”，《径山藏》本作“特”。

②“以”，《资福藏》、《碛砂藏》、《普宁藏》、《洪武南藏》、《永乐南藏》、《永乐北藏》、《径山藏》、《清藏》本作“已”。

③滋蔓：指祸患滋生蔓延。北凉昙无谶译《大般涅槃经》卷四《如来性品》：“如是等人自言：‘我是聪明利智，轻重之罪悉皆覆藏。’覆藏诸恶，如龟藏六。如是众罪长夜不悔，以不悔故日夜增长。是诸比丘所犯众罪，终不发露，是使所犯遂复滋蔓。”法救集、三国吴维只难译《法句经》卷上《爱身品法句经》：“人不持戒，滋蔓如藤，逞情极欲，恶行日增。”

【译文】

从前有一只猕猴，抓了一把豆子，不小心掉了一粒在地上，于是就扔下手中的豆子，想找掉的那一粒。还没等找到那一粒豆子，先前扔掉的那些被鸡鸭全都给吃光了。

还是凡夫的出家人也是一样，最初毁破了一条戒律，但不能忏悔。由于不忏悔的缘故，心意放纵、恶行增长，把所有的戒律都舍弃了。如同那只猕猴，因失掉其中一粒豆子，而把所有豆子都丢弃了一样。

八九 得金鼠狼喻

昔有一人，在路而行，道中得一金鼠狼[1]，心中喜踊，持置怀中，涉道而进[2]。至水欲渡，脱衣置地，寻时金鼠变为毒蛇[3]。此人深思："宁为毒蛇螫杀[4]，要当怀去。"心至冥感[5]，还化为金。傍边愚人，见其毒蛇变成真实[6]，谓为恒尔。复取毒蛇，内著怀里，即为毒蛇之所蛆螫[7]，丧身殒命。

世间愚人亦复如是，见善获利，内无真心，但为利养，来附于法，命终之后，堕于恶处[8]。如捉毒蛇，被螫而死。

【校注】

①鼠狼：梵 nakula，指黄鼠狼。弥勒造、唐玄奘译《瑜伽师地论》卷三八《本地分》中《菩萨地》第十五《初持瑜伽处菩提品》："五怨敌相违，谓毒蛇鼠狼、猫狸鼷鼠，互为怨敌恶知识等。"唐窥基《瑜伽师地论略纂》卷一五："又似鼠狼，蛇欲蜇时，其尾多毛，障蛇不令蜇。"唐遁伦《瑜伽论记》卷一六下："鼠狼尾多，蛇欲吓时，以尾障蛇口，蛇不得啮。"日本中算《妙法莲华经释文》卷中《譬喻品》："鼬，武玄之云：'赤黄色俗谓之鼠狼。'"

②涉道：指上路。三国吴康僧会译《六度集经》卷二《萨和檀王经》：“时婆罗门便将奴婢，涉道而去。”

③案北凉昙无谶译《菩萨地持经》卷三《菩萨地持方便处力种性品》：“怨相违，谓毒蛇、鼠狼、猫、鼠，是等虫兽各各怨害。”北凉昙无谶译《大般涅槃经》卷十《一切大众所问品》：“假使蛇鼠狼，同处一穴游，相爱如兄弟，尔乃永涅槃。”因鼠狼与蛇天性相怨，故以之为喻。

④螫：指被毒蛇咬。《大方便佛报恩经》卷五《慈品》：“岸边草中有大毒蛇，闻新血香，即来趣我。未至我所，我夫及奴眠在道中。蛇至奴所，寻便螫杀。”

⑤冥感：指至诚感应。唐澄观《大方广佛华严经随疏演义钞》卷七七：“至诚祈请，有冥感者。”北宋知礼《观音义疏记》卷四：“奉旨默念，更成冥感。”

⑥“实”，金陵本作“宝”。

⑦“蜡”，《资福藏》、《碛砂藏》、《普宁藏》、《洪武南藏》、《永乐南藏》、《永乐北藏》、《径山藏》、《清藏》、金陵本作“蜇”。

⑧“于”，《资福藏》、《碛砂藏》、《普宁藏》、《洪武南藏》、《永乐南藏》、《永乐北藏》、《径山藏》、《清藏》作“在”。

【译文】

从前有一个人，在路上行走，于途中得到一只真金的黄鼠狼，心中欢喜踊跃，抱在怀中，继续启程前进。到了水边准备渡河，他脱去衣服放到地上，这时金鼠狼变成一条毒蛇。这个人深思道：“宁可被毒蛇咬死，也要把它放在怀里渡过河去。”其心至诚而有感应，毒蛇又变回了金鼠狼。旁边的愚人看到了毒蛇变成真实的金鼠狼，以为总是这样变化的。于是找来毒蛇，放到怀里，当下就被毒蛇所咬，丧失了身命。

世间的愚人也是一样，看到行善可以获得利益，但内心并没有真正的善心，只是为了利益和供养，来依附于正法，命终之后，堕入恶处。如同那人抓毒蛇，反被咬死一样。

九〇　地得金钱喻

昔有贫人，在路而行，道中偶得一囊金钱，心大喜跃[①]，即便数之。数未能周，金主忽至，尽还夺钱。其人当时悔不疾去，懊恼之情甚为极苦[②]。

遇佛法者亦复如是，虽得值遇三宝福田，不勤方便，修行善业，忽尔命终，堕三恶道。如彼愚人，还为其主夺钱而去。

如偈所说[③]：

今日营此事[④]，明日造彼事，

乐著不观苦[⑤]，不觉死贼至[⑥]。

怱怱营众务[⑦]，凡人无不尔。

如彼数钱者[⑧]，其事亦如是[⑨]。

【校注】

①“跃”，《资福藏》、《碛砂藏》、《普宁藏》、《洪武南藏》、《永乐南藏》、《永乐北藏》、《径山藏》、《清藏》本作“踊”。

②“恼”，《资福藏》、《碛砂藏》、《普宁藏》、《洪武南藏》、《永乐南藏》、《永乐北藏》、《径山藏》、《清藏》本作“恨”。

③偈：梵 gāthā，指偈颂。明一如《大明三藏法数》卷一："偈者，《西域记》云：'旧曰偈，或曰偈他，梵音讹也。今从正音，宜云伽陀，华言颂。'诸经虽五字、七字，为句不同，皆以四句为一偈也。"

④"事"，《资福藏》、《碛砂藏》、《普宁藏》、《洪武南藏》、《永乐南藏》、《永乐北藏》、《径山藏》、《清藏》本作"业"。

⑤观苦：梵 duḥkha-parīkṣā，指谛观生死无常之苦。明一如《大明三藏法数》卷七："苦即三界生死之苦也，谛即审实之义。谓声闻之人，知果苦而断集，因慕寂灭而修道品，谛观五阴生死之身，即是众苦之本。"

⑥死贼：梵 maraṇa-vaira，指死如怨贼而常相跟随。东晋法显译《佛说杂藏经》："是身既老，无可贪乐，唯有死在。是身既生，死常与俱。王不见胎中死者、出胎死者、壮时死者、老时死者，是身危脆，死贼常随。"后秦鸠摩罗什译《坐禅三昧经》卷上："譬如杀贼，拔刀注箭，常求杀人，无怜愍心。人生世间，死力最大，一切无胜死力强者。若过去世第一妙人无能脱此死者，现在亦无大智人能胜死者。亦非软语求、非巧言诳可得避脱，亦非持戒、精进能却此死。以是故当知，人常危脆，不可怙恃；莫信计常，我寿久活；是诸死贼，常将人去。"

⑦"忽忽"，金陵本作"悤悤"。

⑧"钱者"，《普宁藏》、《洪武南藏》、《永乐南藏》、《永乐北藏》、《径山藏》、《清藏》本作"金钱"。

⑨案后秦鸠摩罗什译《佛说千佛因缘经》："匆匆营众务，不觉死贼苦。"唐善导《往生礼赞偈》："人间匆匆营众务，不觉年命日夜去。"北魏瞿昙般若流支译《正法念处经》卷二六《观天品》："众生常贪欲，渴爱无厌足。死贼忽已至，著乐不觉知。"后秦鸠摩罗什译《坐禅三昧经》

卷上："今日营此业，明日造彼事。乐著不观苦，不觉死贼至。匆匆为己务，他事亦不闲。死贼不待时，至则无脱缘。"

【译文】

从前有一个穷人，在路上行走，于途中偶然捡得一袋金钱，心中十分高兴，于是就开始数钱。还没等数完一遍，金钱的主人忽然回来了，全部归还了人家丢失的金钱。这个穷人当时后悔没能迅速离去，懊恼之情实在是极为痛苦。

遇到佛法的人也是一样，虽然能够遇到三宝的福田，但不能勤奋学习方便法门，修行各种善业，突然命终身死，堕入三恶道中。如同那个愚人，还是被失主把钱要了回去。

如同偈颂中所说的那样：

今天谋划着做这件事，明天又去造作别的事。

执著而不观察无常苦，不知不觉死亡就来了。

匆忙地做着各种俗务，凡人没有不是这样的。

如同那个数钱的愚人，钱得而复失也是一样。

【附录】

唐飞锡《念佛三昧宝王论》卷上："《百喻经》云：昔有贫人，在路而行，遇得一囊金钱，心大喜跃，即便数之。数未能周，钱主忽至，尽还夺去。其人当时悔不疾去，懊恼之情，甚为苦极。遇佛法者亦复如是，虽得值遇三宝福田，不勤方便修行，而好多闻。忽尔命终，堕三恶道。如彼愚人，还为其主夺钱而去。偈曰：今日营此事，明自营彼事，乐著不观苦，不觉死贼至。匆匆营众务，凡人无不尔，如彼数钱人，其事亦如是。"

九一　贫儿欲与富者等财物喻[①]

昔有一贫人，少有财物[②]，见大富者，意欲共等。不能等故，虽有少财，欲弃水中。傍人语言："此物虽尠，可得延君性命数日，何故舍弃，掷著水中？"

世间愚人亦复如是，虽得出家[③]，少得利养，心有悕望，常怀不足，不能得与高德者等获其利养。见他宿旧有德之人，素有多闻，多众供养，意欲等之；不能等故，心怀忧苦，便欲罢道[⑤]。如彼愚人，欲等富者，自弃已财。

【校注】

①"人"，原作"儿"，案下文作"贫人"，故据《径山藏》、《清藏》本改。

"者"，原无，从文义，据《资福藏》、《碛砂藏》、《普宁藏》、《洪武南藏》、《永乐南藏》、《永乐北藏》、《径山藏》、《清藏》、金陵本补。

②"少有"，《资福藏》、《碛砂藏》、《普宁藏》、《洪武南藏》、《永乐南藏》、《永乐北藏》、《径山藏》、《清藏》、金陵本作"有少"。

③"得"，《资福藏》、《碛砂藏》、《普宁藏》、《洪武南藏》、《永乐南

藏》、《永乐北藏》、《径山藏》、《清藏》、金陵本作“复”。

④“罢”，《径山藏》本作“黑”。

罢道：梵 āpadā，指停废道业而还俗。东晋瞿昙僧伽提婆译《中阿含经》卷二八《沙门二十亿经》：“我父母家极大富乐，多有钱财，我今宁可舍戒罢道。”北魏吉迦夜、昙曜译《杂宝藏经》卷二《娑罗那比丘为恶生王所苦恼缘》：“即欲罢道，还归于家。”

【译文】

从前有一个穷人，拥有少量财物，看到十分富有的人，就想和他们财富均等。由于不能均等，就想把这些少量财物扔到水里。旁边的人说道：“这些财物虽然很少，但也可以维持你的性命好几天，为什么要舍弃，把它扔到水里去呢？”

世间的愚人也是一样，虽然已经出家，获得一些利益和供养，但心里希望获得更多，总是因为不能与那些高德长者获得同等的利益和供养，而感到不满足。看见别的年高有德之人，平素就有很大名声，有很多人前来供养，就想和他们获得均等供养；由于不能均等，心怀忧愁苦闷，便想罢废道业。如同那个愚人，想均等财富，反而抛弃自己的财物一样。

九二　小儿得欢喜丸喻

昔有一乳母[①]，抱儿涉路，行道疲极，眠睡不觉[②]。时有一人，持欢喜丸，授与小儿。小儿得已，贪其美味，不顾身物。此人即时解其钳锞[③]、璎珞[④]、衣物，都尽持去。

比丘亦尔，乐在众务愦闹之处[⑤]，贪少利养，为烦恼贼夺其功德、戒宝璎珞[⑥]。如彼小儿，贪少味故，一切所有贼尽持去。

【校注】

①乳母：梵 kṣīra-dhātrī，指奶妈。南朝宋求那跋陀罗译《杂阿含经》卷二六："尔时，世尊告诸比丘：'譬如婴儿，父母生已，付其乳母，随时摩拭，随时沐浴，随时乳哺，随时消息。若乳母不谨慎者，儿或以草、以土诸不净物著其口中，乳母当即教令除去，能时除却者善。儿不能自却者，乳母当以左手持其头，右手探其哽。婴儿当时虽苦，乳母要当苦探其哽，为欲令其子长夜安乐故。'"

②"眠睡"，《资福藏》、《碛砂藏》、《普宁藏》、《洪武南藏》、《永乐南藏》、《永乐北藏》、《径山藏》、《清藏》本作"睡眠"。

③钳锞：指一种戴于身上之饰物。北凉昙无谶译《大般涅槃经》卷一三《圣行品》："复次，善男子。譬如金师以一种金，随意造作种种璎珞。所谓钳锞、环钏、钗珰、天冠、臂印，虽有如是差别不同，然不离金。"南朝齐僧伽跋陀罗译《善见律毗婆沙》卷一五："华钗一切头所用，悉是头物。镮钏、钳锞种种，身所装束。"

④璎珞：梵 muktāhāra，指一种戴于颈上之饰物。后秦鸠摩罗什译《妙法莲华经》卷七《观世音菩萨普门品》："无尽意菩萨白佛言：'世尊。我今当供养观世音菩萨。'即解颈众宝珠璎珞，价直百千两金，而以与之。"

⑤愦闹：梵 ākīrṇa，指混乱喧闹。北宋施护《佛说大坚固婆罗门缘起经》卷上："诸修行者，应于旷野寂静等处，修无诤行。若行、若住、若坐、若卧，远离愦闹，及离谊繁。"

【译文】

从前有一个奶妈，抱着小孩赶路，走路走得疲惫之极，睡着之后就不省人事了。当时有一个人，拿了一个欢喜丸给这个小孩儿。小孩儿得到后，贪恋欢喜丸的美味，就不顾及身上的财物。这个人立刻就解下小孩儿身上的钳锞、璎珞、衣物等，全都拿走了。

出家的比丘也是一样，喜欢到人多热闹的地方去，贪图一点利益和供养，被烦恼贼夺取了他自身的功德以及戒体之宝璎珞。如同那个小孩儿，贪求一点美味，所有财物被贼全拿走了一样。

九三　老母捉熊喻[①]

昔有一老母[②]，在树下卧，熊欲来搏。尔时，老母绕树走避，熊寻后逐，一手抱树，欲捉老母。老母得急，即时合树，捺熊两手，熊不得动[③]。更有异人[④]，来至其所，老母语言："汝共我捉，杀分其肉。"时彼人者信老母语，即时共捉。既捉之已，老母即便舍熊而走。其人后为熊所困[⑤]。如是愚人为世所笑。

凡夫之人亦复如是，作诸异论[⑥]，既不善好，文辞繁重[⑦]，多有诸病，竟不成讫，便舍终亡。后人捉之，欲为解释，不达其意，反为其困。如彼愚人，代他捉熊，反自被害。

【校注】

①"熊"，《资福藏》、《碛砂藏》、《普宁藏》、《洪武南藏》、《永乐南藏》、《永乐北藏》、《径山藏》、《清藏》本作"罴"。下同。

②老母：梵 mahallikā-paripṛcchā，指老妇人。东汉竺大力、康孟详译《修行本起经》卷下《出家品》："菩萨一言，便成老母，头白、齿落、眼冥、脊伛，柱杖相扶而还。"

③“得”，《普宁藏》、《洪武南藏》、《永乐南藏》、《永乐北藏》、《径山藏》、《清藏》本作“能”。

④“更”，《资福藏》、《碛砂藏》、《普宁藏》、《洪武南藏》、《永乐南藏》、《永乐北藏》、《径山藏》、《清藏》本作“便”。

异人：指陌生人。北魏吉迦夜、昙曜译《杂宝藏经》卷一〇《婆罗门问谄伪缘》：“尔时国内，有一长者，居家巨富，多诸珍宝。于其一夜，多失财物。时王闻已，问长者言：‘有谁来去，致令亡失？’长者白王：‘初无奸杂，而与往返。唯一婆罗门，长共出入，清身洁已，不犯世物，草叶著衣，犹还其主。自此已外，更无异人。’”

⑤“人”下，《资福藏》、《碛砂藏》、《普宁藏》、《洪武南藏》、《永乐南藏》、《永乐北藏》、《径山藏》、《清藏》本有“于”。

⑥异论：梵 para-pravāda，指不同之言论。后秦佛陀耶舍、竺佛念译《长阿含经》卷二《游行经》：“如来今者未取涅槃，须我诸比丘集。又能自调，勇捍无怯，到安隐处，逮得己利。为人导师，演布经教，显于句义。若有异论，能以正法而降伏之。”

⑦繁重：梵 atibahu-grantha-bhāra，指繁琐累赘之言辞。唐玄奘译《大宝积经》卷五一《菩萨藏会》第十二之十七《般若波罗蜜多品》：“诸菩萨等所发言词，无有微弱。即此言词，善巧施设，无有繁重，无有急速。词极明了，文义圆备。”隋吉藏《法华玄论》卷一：“今删其繁重，正于乖阙。”

【译文】

从前有一位老妇人，在树下躺着，一只熊要来袭击她。当时，老妇人绕着树逃跑躲避，熊就在后面追，一只爪子抱住树，想去抓老妇人。老妇人被逼急了，立刻双手合抱大树，按住了熊的两只爪子，熊不能动了。

此时有个不相识的人，来到这个地方，老妇人说道："你和我一同来抓住这头熊，杀了之后平分它的肉。"当时那个人相信了老妇人的话，即刻一同去抓熊。将熊的两只爪子抓住之后，老妇人就松开熊走了，而这个人又被熊所困不得离开。这样的愚人被世人所嘲笑。

凡夫之人也是一样，制造了很多怪异的理论，既不完善，文辞又过于繁琐，且有很多弊病，还没能彻底完成，就离世命终了。后人得到这些异论之后，想进一步解释，但不能通达其中的意思，反而被异论困惑住了。如同那个愚人，帮别人抓熊，反而自己被害一样。

九四　摩尼水窦喻

昔有一人与他妇通，交通未竟[1]，夫从外来，即便觉之，住于门外，伺其出时，便欲杀害。妇语人言："我夫已觉，更无出处，唯有摩尼可以得出。"摩尼者，齐云水窦孔也[2]。欲令其人从水窦出[3]。其人错解，谓摩尼珠[4]，所在求觅，而不知处。即作是言："不见摩尼珠，我终不去。"须臾之间，为其所杀。

凡夫之人亦复如是，有人语言："生死之中，无常、苦、空、无我[5]，离断、常二边，处于中道[6]，于此中过，可得解脱。"凡夫错解，便求世界有边、无边，及以众生有我、无我，竟不能观中道之理。忽然命终，为于无常之所杀害，堕三恶道。如彼愚人，推求摩尼[7]，为他所害。

【校注】

①交通：梵 rakta，指性交。东晋瞿昙僧伽提婆译《增壹阿含经》卷二七《邪聚品》："舍卫城中人民之类，见我女者，悉皆意乱，欲与交通，如渴欲饮，睹无厌足，皆起想著。"后秦佛陀耶舍、竺佛念译《长阿含经》

卷一三《阿摩昼经》："王有青衣名曰方面，颜貌端正，与一婆罗门交通，遂便有娠，生一摩纳子。"北魏慧觉译《贤愚经》卷一三《优波鞠提品》："于时淫女，与王家儿而共交通。"

②"摩尼者，齐云水窦孔也"，《资福藏》、《碛砂藏》、《普宁藏》、《洪武南藏》、《永乐南藏》、《永乐北藏》、《径山藏》、《清藏》作"胡以水窦，名为摩尼，而为本文"，金陵本作"胡以水窦，名为摩尼"。

齐：指南朝第二个朝代齐（479—502），由萧道成（427—482）所创。南朝梁萧子显《南齐书》卷二八《崔祖思列传》："宋朝初议封太祖为梁公，祖思启太祖曰：'谶书云：金刀利刃齐刈之。今宜称齐，实应天命。'"

水窦孔：指排水孔。唐慧琳《一切经音义》卷五八："水窦，《考工记》：'窦高三尺。'《注》云：'宫中水道也。'《说文》：'窦，空也。谓孔穴也。'"后秦弗若多罗译《十诵律》卷三七《杂诵中调达事》："尔时，浴室中大有水。佛言：'应出水。'出水时，诸比丘吐闷或得病。佛言：'应安伏窦。'伏窦中有蛇、蝎、蜈蚣来入，螫诸比丘。佛言：'应织物，遮水窦口。'"唐义净译《根本说一切有部毗奈耶杂事》卷一六："长者后时来礼佛足，见其水满，作如是念：'我先筑墙，不通水窦，致令水满。佛若许者，为窦通出。'白佛，佛言：'随意通水。'"唐义净译《根本说一切有部毗奈耶》卷三〇《造大寺过限学处》："造三层寺，一日便成。然造寺时，下无水窦，上无泄渠。"唐义净译《根本说一切有部戒经》："若复苾刍作大住处。于门梐边应安扌居及诸窗牖。并安水窦。"

案"摩尼"为梵 maṇi 之音译，意译为宝。日本空海《秘藏记》本："波泥，玉也。月曰水波泥，日曰火波泥，是意也。"又音译作"波泥"。唐礼言《梵语杂名》："水，波抳。流水，缚拏播泥。泉水，彦驮缚波抳。清水，钵罗三曩波抳。”唐僧怛多檗多、波罗瞿那弥舍沙《唐梵两语双对集》:“水，波抳。流水，缚拏幡抳。泉水，驮缚波泥。清水，钵啰三曩波抳。浊水，攞抳怛波抳。”日本心觉《多罗叶记》卷上:“水，波抳。流水，缚拏播抳。清水，钵啰三曩波抳。”据三书可知，“波抳”、“播泥”、“幡抳”，亦同“波泥”，皆为梵 maṇi 之音译，且意译为“水”。故知梵 maṇi，当有“宝”、“水”二义，遂有“摩尼”、“水窦”之异也。

③案僧伽斯那撰、三国吴支谦译《菩萨本缘经》卷上《一切施品》:“一切施王思是义时，敌国怨王即入宫中。王于尔时，便从水窦逃入深山。”后秦竺佛念译《鼻奈耶》卷第十《尸叉罽赖尼》:“日已暮，城门闭，从水窦入。”唐义净译《根本说一切有部毗奈耶》卷四八《入王宫门学处》:“诸女皆悉投身火聚，犹若飞蛾，同时命殒。曲脊侍女，从水窦出，得免火灾。”唐义净译《根本说一切有部毗奈耶破僧事》卷一九:“村墙既高，无处逾过，即于水窦中出。”唐义净译《根本说一切有部毗奈耶出家事》卷四:“女上楼讫，高声唱言:‘此中有贼。’彼人闻已，于水窦中，潜身而出。”

④摩尼珠:梵 sphaṭika-maṇi，指一种宝珠名。唐玄应《一切经音义》卷一:“摩尼，珠之总名也。”卷二三“末尼，亦云摩尼，此云宝珠，谓珠之总名也。”唐慧苑《新译大方广佛华严经音义》卷上:“摩尼，正云末尼。末谓末罗，此云垢也。尼谓离也。谓此宝光净不为垢秽所染也。又云，末尼此曰增长，谓有此宝处，必增其威德。旧翻为如意、随意等，逐义译也。”唐良贲《仁王护国般若波罗蜜多经疏》卷下三:“梵云摩尼，此翻为宝，顺旧译也。新云末尼，具足当云震跢摩尼，此云思惟宝，会意翻云如意宝珠，随意所求皆满足故。”《佛说摩诃衍宝严经》:“譬如有摩尼珠者，彼中无量百千种珠悉皆可得。”南朝梁僧伽婆罗译《文殊师利

问经》卷上《不可思议品》："有摩尼珠名随一切众生意，生于海中，安置幢上，随人所乐，金、银、琉璃、真珠等物从摩尼珠出，能长养寿命。摩尼珠者无心意识，随众生意而无损减。若此世间一切消尽，当往余方。珠若未堕，大海不干。"北凉昙无谶译《大般涅槃经》卷九《如来性品》："如摩尼珠，投之浊水，水即为清。"

⑤无常、苦、空、无我：指苦谛之四种行相（梵 catur-ākāra）。五百大阿罗汉造、唐玄奘译《阿毗达磨大毗婆沙论》卷七九《结蕴》第二中《十门纳息》："谓缘苦谛，有四行相：一、苦，二、非常，三、空，四、非我。伤痛逼迫，如荷重担，违逆圣心，故名为苦。由二缘故，说名非常：一、由所作，二、由属缘。由所作者，诸有为法，一刹那顷，能有所作，第二刹那，不复能作。由属缘者，诸有为法，系属众缘，方有所作。违我所见，故名为空。违于我见，故名非我。复次粗重所逼，故名为苦。性不究竟，故名非常。内离士夫作者受者，遣作受者，故名为空。性不自在，故名非我。弥勒造、唐玄奘译《辩中边论颂·辩真实品》："无性与生灭，垢净二无常。所取及事相，和合苦三种。空亦有三种，谓无异自性。无相及异相，自相三无我。如次四三种，依根本真实。"世亲造、唐玄奘译《辩中边论》卷中《辩真实品》："无常三者：一、无性无常，谓遍计所执，此常无故；二、生灭无常，谓依他起，有起尽故；三、垢净无常，谓圆成实，位转变故。苦三种者：一、所取苦，谓遍计所执，是补特伽罗法执所取故；二、事相苦，谓依他起，三苦相故；三、和合苦，谓圆成实，苦相合故。空有三者：一、无性空，谓遍计所执，此无理趣可说为有，由此非有说为空故；二、异性空，谓依他起，如妄所执，不如是有，非一切种性全无故；三、自性空，谓圆成实，二空所显，为自性故。

无我三者：一、无相无我，谓遍计所执，此相本无，故名无相，即此无相说为无我；二、异相无我，谓依他起，此相虽有，而不如彼遍计所执，故名异相，即此异相说为无我；三、自相无我，谓圆实成，无我所显以为自相，即此自相说为无我。如是所说无常、苦、空、无我四种，如其次第，依根本真实，各分为三种。四各三种，如前应知。"

⑥中道：梵 madhyamā-pratipad，指不执著于断、常等二边见，而秉持之中正道理。唐道世《法苑珠林》卷七二《十使篇》第八十三《会名部》："边见者，夫世间因果生灭相续，非定断常，是中道理。不解偏执，故名边见。如《中论》说：'因果常生灭相续，故往来不绝。生灭故不常，相续故不断。'故知因果三世相续是正道理。又《成论》云：'以世谛故得成中道。以五阴相续生故不断，念念灭故不常。离此断常，名为中道。'故知因果非定断常。于现报中凡愚，不观念念迁灭则是常见，不观念念新生则是断见。若于来报爱未尽者，随业受生六道不定，人非常人，迷此谓常，则是常见；若谓死后，更不受生，心识永谢，则是断见。"

⑦推求：梵 paryeṣaṇā，指寻找。《别译杂阿含经》卷五："时有一婆罗门，名郁凑罗突逻阇，失产乳牛，遍处推求，经于六日，不知牛处。"南朝宋求那跋陀罗译《过去现在因果经》卷四："我有一子，名曰耶舍。昨夜之中，忽失所在。今旦推求，见其宝屐在恒河侧，追寻足迹，故来至此。"

【译文】

从前有一个人和别人的妻子通奸，通奸还未结束，丈夫从外边回来，立刻就察觉了，便站在门外，等他出来的时候，便要把他杀害。妇人对那人说道："我的丈夫已经察觉，没有别的出路，只有'摩尼'可以出去。"（摩尼，汉语指水洞。）妇人想让姘夫从水洞出去，而那人理解错误，以为是说摩尼宝珠，于是就到处寻找，但怎么也找不着，便说道："找不见摩尼宝珠，我始终都不离去。"没过多久，就被丈夫杀死了。

凡夫之人也是一样，有人说道："在生死之中，要观察无常、苦、空、无我四种行相，远离断、常两种边见，处于中道，从这个中道中通过，才能获得解脱。"凡夫错误理解其义，于是寻求世界是有边际、还是没有边际的，以及众生是有我的、还是无我的，就是不能谛观中道之理。忽然命终死去，被无常所杀害，堕入三恶道中。如同那个愚人，为了寻求摩尼宝珠，被他人杀害一样。

九五　二鸽喻

昔有雄雌二鸽，共同一巢。秋果熟时，取果满巢。于其后时，果干减少，唯半巢在。雄瞋雌言："取果勤苦，汝独食之，唯有半在。"雌鸽答言："我不独食，果自减少。"雄鸽不信，瞋恚而言："非汝独食，何由减少？"即便以觜啄雌鸽杀[①]。未经几日，天降大雨，果得湿润，还复如故。雄鸽见已，方生悔恨："彼实不食，我妄杀他。"即悲鸣命唤雌鸽："汝何处去！"

凡夫之人亦复如是，颠倒在怀，妄取欲乐，不观无常，犯于重禁[②]，悔之于后，竟何所及[③]。后唯悲叹[④]，如彼愚鸽。

【校注】

①"觜"，金陵本作"嘴"。

②重禁：梵 pārājika，指严重之禁戒。后秦鸠摩罗什译《摩诃般若波罗蜜经》卷一八《梦誓品》："譬如比丘于四重禁法，若犯一事，非沙门，非释子，是人现身不得四沙门果。"

③"竟"，《资福藏》、《碛砂藏》、《普宁藏》、《洪武南藏》、《永乐南

藏》、《永乐北藏》、《径山藏》、《清藏》本作“将”。

④“唯”，《资福藏》、《碛砂藏》、《普宁藏》、《洪武南藏》、《永乐南藏》、《永乐北藏》、《径山藏》、《清藏》本作“虽”。

【译文】

从前有雄雌两只鸽子，共同住在一个巢里。秋天果子成熟时，采来果子装了满满一巢。到了后来，果子变干体积减小，只有半巢了。雄鸽子生气地对雌鸽子说道：“采果子是很辛苦的，你独自吃了，现在只剩下一半。”雌鸽子回答道：“我没有独自吃，是果子自然减少的。”雄鸽子不相信，生气地说：“不是你独自吃了，有什么理由会减少呢？”于是就用嘴将雌鸽子给啄死了。没过几天，天降大雨，干果子得到了湿润，恢复到原来的大小。雄鸽子看见后，心生悔恨：“它确实没有独食，我错杀了它。”于是悲哀鸣叫拼命呼唤雌鸽子道：“你到什么地方去了啊！”

凡夫之人也是一样，心中充满了颠倒邪见，妄自追求欲望享乐，不去观察世间的无常，违犯了严重的禁戒，虽然事后追悔，毕竟是已经来不及了，只能悲哀叹息，如同那只愚蠢的鸽子一样。

九六 诈称眼盲喻

昔有工匠师，为王作务，不堪其苦[①]，诈言眼盲，便得脱苦。有余作师闻之，便欲自坏其目，用避苦役。有人语言："汝何以自毁，徒受其苦？"如是愚人为世人所笑。

凡夫之人亦复如是，为少名誉及以利养，便故妄语，毁坏净戒，身死命终，堕三恶道。如彼愚人，为少利故，自坏其目。

【校注】

①堪：梵 kṣānti，指忍受。隋阇那崛多等译《起世经》卷三《地狱品》："彼人尔时受极重苦，受痛切苦，不堪忍故。"

【译文】

从前有一名工匠师傅，为国王干活，不能忍受劳苦，就谎称眼睛瞎了，于是得以脱离苦役。有其他的师傅听说后，便想自己弄瞎双眼，用来逃避苦役。有人说道："你为什么要自残，白白遭受痛苦呢？"这种愚人被世人所嘲笑。

凡夫之人也是一样，为了一点名誉以及利益和供养，就故意妄语，毁坏了清净的戒体，身死命终之后，堕入三恶道中。如同那个愚人，为了一点利益而自毁双眼一样。

九七　为恶贼所劫失氎喻

昔有二人为伴，共行旷野。一人被一领氎①，中路为贼所剥；一人逃避，走入草中。其失氎者，先于氎头裹一金钱，便语贼言："此衣适可直一枚金钱②，我今求以一枚金钱而用赎之。"贼言："金钱今在何处？"即便氎头解取示之，而语贼言："此是真金，若不信我语，今此草中有好金师，可往问之。"贼既见之③，复取其衣。如是愚人氎与金钱一切都失，自失其利，复使彼失。

凡夫之人亦复如是，修行道品，作诸功德，为烦恼贼之所劫掠，失其善法，丧诸功德。不但自失其利，复使余人失其道业，身坏命终，堕三恶道。如彼愚人，彼此俱失。

【校注】

①"被"，《资福藏》、《碛砂藏》、《普宁藏》、《洪武南藏》、《永乐南藏》、《永乐北藏》、《径山藏》、《清藏》本作"披"。

一领：指一件。《佛说颇多和多耆经》："以后悉脱身上珍宝著一面，但披一领衣。"唐义净译《根本说一切有部毗奈耶杂事》卷二一："王又遣使人，将大氎一领，价直百千两金，送与医王。”

②直：通“值”。

③“之”，《普宁藏》、《洪武南藏》、《永乐南藏》、《永乐北藏》、《径山藏》、《清藏》本作“已”。

【译文】

从前有两个人搭伴，共同行走在旷野中。一个人穿着一领氎布衣服，在半路上被盗贼所抢；另一个人逃避，躲入草中。那个失去氎衣的人，之前在氎衣头里裹了一枚金钱，便对盗贼说道：“这件衣服刚好值一枚金钱，我现在请求用一枚金钱来赎回它。”这个盗贼问道：“金钱现在在什么地方？”这个人就将氎衣头解开取出金钱，并对盗贼说道：“这是真金的，如果不相信我的话，现在草丛里有一位好的金师，你可以去问他。”盗贼看到另一个人后，又将他的衣服给抢走了。这样愚人的氎衣和金钱全都丧失了，自己丧失了利益，还使别人也丧失了利益。

凡夫之人也是一样，修行各种道品，作了各种功德，然而被烦恼的盗贼所掠夺，失去了自身的善法，丧失了各种功德。不但自己失去了修道利益，还使他人也失去了道业，身坏命终之后，堕入三恶道中。如同那个愚人，氎衣和金钱全都失去一样。

九八　小儿得大龟喻

昔有一小儿，陆地游戏，得一大龟。意欲杀之，不知方便，而问人言："云何得杀？"有人语言："汝但掷置水中，即时可杀。"尔时小儿信其语故，即掷水中。龟得水已，即便走去。

凡夫之人亦复如是，欲守护六根[①]，修诸功德，不解方便，而问人言："作何因缘，而得解脱？"邪见外道、天魔波旬及恶知识[②]，而语之言："汝但极意六尘，恣情五欲[③]，如我语者，必得解脱。"如是愚人不谛思惟，便用其语，身坏命终，堕三恶道。如彼小儿[④]，掷龟水中。

【校注】

①六根：梵 ṣaḍ-indriyāṇi，指眼、耳、鼻、舌、身、意六种感知器官。明一如《大明三藏法数》卷二一："根，即能生之义。谓六根能生六识，故名六根。一、眼根，谓眼能于色境尽见诸色。《瑜伽论》云：'能观众色。'是也。二、耳根，谓耳能听闻众声。《瑜伽论》云：'数由此故，声至能闻。'是也。三、鼻根，谓鼻能嗅闻香气。《瑜伽论》云：'数由此故，能嗅于香。'

是也。四、舌根，谓舌能尝于食味。《瑜伽论》云：'能尝众味，数发言论。'是也。五、身根，谓身为诸根之所依止。《瑜伽论》云：'诸根积聚。'是也。六、意根，谓意于五尘境界，若好若恶，悉能分别也。"参"(三八)饮木筒水喻"校注①。

②天魔波旬：梵 Pāpīyas，指欲界第六天之天魔名。唐慧苑《新译大方广佛华严经音义》卷下："天魔波旬，具云提婆魔啰播裨。言提婆者，此云天也。磨啰，障碍也。播裨，罪恶也。谓此类报生天官，性好劝人造恶退善，令不得出离故也。"南宋法云《翻译名义集》卷二《四魔篇》："波旬，讹也，正言波卑夜，此云恶。释迦出世，魔王名也。什曰：'秦言杀者，常欲断人慧命故，亦名恶中恶。恶有三种：一曰恶，若以恶加己，还以恶报，是名为恶。二曰大恶，若人不侵己，无故加害，是名大恶。三曰恶中恶，若人来供养恭敬，不念报恩，而反害之，是名恶中恶。魔王最甚也。诸佛常欲令众生安隐，而反坏乱，故言甚也。'肇曰：'秦言或名杀者，或云极恶。断人善因，名杀者。违佛乱僧，罪莫之大，故名极恶也。'《涅槃疏》云：'依于佛法而得善利，不念报恩，反欲加毁，故云极恶。'亦名波旬逾，此云恶也，常有恶意，成恶法故。"

③恣：梵 yatheccham，指放纵。西晋竺法护译《生经》卷四《佛说诲子经》："唯以愚伴、迷惑之众，以为徒类，嗜酒博戏，高抗华饰，有表无里，放恣情欲，嘘天雅步，不以孝顺修德经心。"

④"小"，金陵本作"少"。

【译文】

从前有一个小孩儿，在陆地上游玩嬉戏时，抓到了一只大龟。他想杀掉大龟，但不知道方法，就问别人道："如何才能将龟杀掉？"有人说："你只要将龟扔到水里，当下就可以杀掉。”当时小孩儿相信了他的话，就把大龟扔到水中。大龟到了水里以后，立刻就游走了。

凡夫之人也是一样，想守护六根，修行各种功德，但不了解方法，就问别人道：“需要作什么样的因缘，才能获得解脱？”邪见外道、天魔波旬以及恶知识等，对他说道：“你只要极度纵意于六尘，放任情感于五欲，照我说的做，必定可以获得解脱。”这个愚人不仔细思考，便相信了他的话，等到身坏命终之后，堕于三恶道中。如同那个小孩儿将龟扔到水中一样。

跋 偈

此论我所造[①]，合和喜笑语[②]，

多损正实说[③]，观义应不应[④]。

如似苦毒药[⑤]，和合于石蜜[⑥]，

药为破坏病，此论亦如是。

正法中戏笑，譬如彼狂药[⑦]。

佛正法寂定[⑧]，明照于世间[⑨]。

如服吐下药[⑩]，以酥润体中[⑪]。

我今以此义，显发于寂定[⑫]。

如阿伽陀药[⑬]，树叶而裹之；

取药涂毒竟[⑭]，树叶还弃之。

戏笑如叶裹[⑮]，实义在其中[⑯]；

智者取正义[⑰]，戏笑便应弃。

尊者僧伽斯那造作《痴花鬘》竟

【校注】

①造：梵 kartṛ，指撰写佛教论典之专称。弥勒造、唐玄奘译《瑜伽师地论》卷六四《摄决择分》中《闻所成慧地》："若欲造论，当先归礼二所敬师，方可造论。恭敬法故，先应归礼论本大师；恭敬义故，复应归礼开阐义师。欲造论者，要具六因乃应造论：一、欲令法义当广流布；二、欲令种种信解有情，由此因缘随一当能入正法故；三、为令失没种种义门，重开显故；四、为欲略摄广散义故；五、为欲显发甚深义故；六、欲以种种美妙言辞，庄严法义，生净信故。将造论时，要以四德先自安处，乃可造论：一、于昔诸师应离憍慢，二、于有情类当起大悲，三、于同法者深生敬爱，四、不欲彰己有胜技能。"

②“合和”，《资福藏》、《碛砂藏》、《普宁藏》、《洪武南藏》、《永乐南藏》、《永乐北藏》、《径山藏》、《清藏》、金陵本作“和合”。

③正实说：梵 samyag-ālapanā，指真正如实之言说。《别译杂阿含经》卷五：“若有人能正实说者，应当言：‘我是佛长子，从佛口生，从法化生，持佛法家。’”

④义应不应：梵 saṃprayukta-viprayukta artha，指相应义与不相应义。明一如《大明三藏法数》卷一九：“应，当也。”弥勒造、唐玄奘译《瑜伽师地论》卷一五《本地分》中《闻所成地》：“相应者，谓前后法义，相符不散。”舍利子造、唐玄奘译《阿毗达磨集异门足论》卷一〇《四法品》：“不相应者谓所说语。义不应文文不应义。是名不相应。”

⑤苦毒药：梵 subhaiṣajya，指苦涩辛烈之药。清德玉《华岩圣可禅师语录》卷四：“药若厌苦毒，安能吐病？在膏肓何时而愈？”

⑥“于”，《普宁藏》、《洪武南藏》、《永乐南藏》、《永乐北藏》、《径山藏》、《清藏》本作“为”。

石蜜：梵 phāṇita，指一种蔗糖。东晋佛陀跋陀罗、法显译《摩诃僧祇律》卷三《明四波罗夷法》：“石蜜者，槃拖蜜、那罗蜜、缦阇蜜、摩诃毗梨蜜，是名石蜜。”后秦弗若多罗译《十诵律》卷二六《七法中医药法》：“从今听作石蜜，若面、若细糠、若焦土、若炱煤合煎。”北魏瞿昙般若流支译《正法念处经》卷三《生死品》：“如甘蔗汁，器中火煎，彼初离垢，名颇尼多。次第二煎，则渐微重，名曰巨吕。更第三煎，其色则白，名白石蜜。”《凉州异物志》：“石蜜非石类，假石之名也。实乃甘蔗汁煎而暴之，凝如石而体甚轻，故谓之石蜜。”唐苏敬《新修本草》卷一七《果》：“石蜜，味甘，寒，无毒。主心腹热胀，口干渴，性冷利。出益州及西戎，煎炼沙糖为之，可作饼块，黄白色。云用水牛乳、米粉和煎，乃得成块；西戎来者佳。近江左亦有，殆胜蜀者。云饼，坚重。”明李时珍《本草纲目》卷三三《果部》：“石蜜，白沙糖也，凝结作饼块者为石蜜，轻白如霜者为糖霜，坚白如冰者为冰糖，皆一物有精粗之异也。”

⑦狂药：指令人发狂之药。唐道宣《广弘明集》卷四《归正篇》引隋彦琮《通极论》：“但众生信邪巫之狂药，舍正觉之甘露，困毒已深，怀迷自久。”唐慧沼《能显中边慧日论》卷二《引鉴除谬章》第二《种性不同谬》：“自无法眼，刻舫守株，狂药入心。”

⑧寂定：梵 śānta，指没有妄想之寂静安定状态。南朝宋先公译《佛说月灯三昧经》：“即而作寂定行，便为住于寂法。”南朝梁宝亮《大般涅槃经集解》卷五二《德王品》：“禅定坚固，不为觉观所乱，诸识灭为寂定也。”

⑨案西晋竺法护译《佛说方等般泥洹经》卷上《四童品》：“其离根为寂定，空无出大光明。”西晋竺法护译《等集众德三昧经》卷中：“诸根为寂定，澹泊度无极。光明照七尺，金容神巍巍。”

⑩吐下药：梵 praśama，指使人呕吐之药。东汉安世高译《佛说七处三观经》：“何等为不出生者？名为饭物未消。复从上饭，不服药吐下，不时消，是名为不出生。”南朝宋佛陀什、竺道生译《五分律》卷二〇《第三分之五衣法》：“尔时，世尊身小有患，语阿难言：‘我病，应服吐下药。’”东汉安世高译《大比丘三千威仪》卷下：“贤者比丘不应畜七种药：一者辟谷药，二者消谷药，三者吐下药，四者强中药，五者服食药，六者毒药，七者兵疮药。无有病，一切不应服药，亦不得与他人使服。”

⑪案东晋佛陀跋陀罗、法显译《摩诃僧祇律》卷一七《明单提

九十二事法》："若服吐下药，医言：'此应服肉汁。'尔时，得乞肉汁不得，到屠家、不信家乞，如上说。若比丘乞食行到量酥人边，量酥人言：'尊者。欲求何等？'答言：'欲乞食。'白言：'无食。正有此酥，若须当与。'比丘尔时须者得受满钵无罪。"卷三五《明威仪法》："若病服酥、服吐下药，得在前经行。"南朝宋佛陀什、竺道生译《五分律》卷八《初分堕法》："尔时，有比丘服吐下药，不及时食，腹中空闷。诸比丘不知云何，以是白佛。佛言：'以酥涂身。'犹故不差。佛言：'以糗涂身。'犹故不差。佛言：'酥和糗涂身。'犹故不差。佛言：'以暖汤澡洗。'犹故不差。佛言：'与暖汤饮。'犹故不差。佛言：'以盆盛肥肉汁，坐著中。'以如此等，足以至晓，一切不得过时食。"

⑫显发：梵 uttānī-karman，指显示阐发。弥勒造、唐玄奘译《瑜伽师地论》卷八三《摄异门分》："显发者，谓自通达甚深义句，为他显示。"北宋智圆《维摩经略疏垂裕记》卷七《菩萨品》："言显发者，即于文字而达至理。"

⑬阿伽陀药：梵 agada，指一种能除一切病之药名。唐慧琳《一切经音义》卷二六："阿伽陀药，此云无病，或云不死药。有翻为普除去，谓众病悉除去也。"唐慧苑《新译大方广佛华严经音义》卷下："阿伽陀药，此云无病药也。谓有药处，必无有病也。"南宋法云《翻译名义集》卷三《什物篇》："阿伽陀，此云普去，能去众病，又翻圆药。《华严》云：'阿伽陀药，众生见者，众病悉除。'《律钞》云：'报命支持，勿过于药。药名乃通，要分为四：一、时药者，从旦至中，圣教听服，事顺法应，不生罪累；二、非时药者，诸杂浆等，对病而设，时外开服，限分无违；三、七日药者，约能就法，尽其分齐，从以日限，用疗深益；四、尽形药者，

势力既微，故听久服，方能除患。形有三种：一、尽药形，二、尽病形，三、尽报形。'" 唐般若译《大乘本生心地观经》卷八《发菩提心品》："如阿伽陀药，能疗诸病；若有病者，服之必差。其病既愈，药随病除；无病服药，药还成病。" 唐阿地瞿多译《陀罗尼集经》卷八《军荼利跋折啰总印》："若妇人患月水恒出，及男女人鼻孔血出者，取啰娑善那，人苋菜根，各取二两。粳米泔汁及蜜，共和为丸讫，诵前心咒二十一遍。分为小丸，大如梧子，如法服之，其病即差。此名阿伽陀药。" 唐提云般若译《大方广佛花严经修慈分》："其人后得阿伽陀药，治眼翳尽。"

⑭案北凉昙无谶译《优婆塞戒经》卷七《业品》："如除毒药，凡有三事：一者阿伽陀药，二者神咒，三者真宝。" 唐实叉难陀译《大方广佛华严经》卷一九《夜摩宫中偈赞品》："如阿伽陀药，能灭一切毒。" 唐般若译《大乘理趣六波罗蜜多经》卷六《安忍波罗蜜多品》："譬如世间阿伽陀药，能除自他一切毒病。"

⑮ "叶"，《资福藏》、《碛砂藏》、《普宁藏》、《洪武南藏》、《永乐南藏》、《永乐北藏》、《径山藏》、《清藏》本作"药"。

⑯实义：梵 bhūtārtha，指真实义。东晋慧远《大乘义章》卷二《四真实义》："真实义者，法绝情妄，名为真实。实深所以，目之为义。实义虚融，理无不在。" 南朝宋求那跋摩译《菩萨善戒经》卷一《菩萨地利益内外品》："真实义者，知烦恼性及对治门，以己乐具施于众生，志常修集无上正道。凡所求索以安众生，既得财物心无贪吝，能以供养佛、法、众僧、父、母、师长。于千万里求佛经典及菩萨藏，既得法已，广令流布，不生秘吝。虽解深义，不生高心。为生天上说持戒利，为转轮王说布施德，为二乘道说修三昧。为得世间大果报故，教令供养佛、法、僧宝，

广修福业。为贪心者而说贪事，为欺诳者说欺诳事，为非法人而作僮仆。菩萨摩诃萨作是事已，是名真实义。”

⑰正义：指真正如实之义。隋吉藏《仁王般若经疏》卷下六："正义者，即诸法实相也。”南朝梁宝亮《大般涅槃经集解》卷五二《德王品》："从因缘起，故名为有；体无自性，便说为无。若作如此之说，体万法虚，离有离无，是名正义。”

【译文】

此论是我僧伽斯那造，掺杂了很多嬉笑话语，

多少损害了正实之说，但看是否与法义相应。

如同将苦口辛烈之药，混合于甜的石蜜之中，

苦药是为了破除病痛，此论的目的也是这样。

若仅为在正法中戏笑，譬如吃令人发狂的药。

佛陀的正法是寂定的，正法光明普照于世间。

如同吃令人呕吐的药，再用酥油来滋润身体。

我现在就用这个道理，彰显阐发正法的寂定。

如同世间的阿伽陀药，用树叶将它包裹起来；

取药涂在有毒的地方，包药的树叶就该丢弃。

戏笑犹如裹药的树叶，真实法义就蕴涵其中；

智者取得真正实义后，戏笑的内容就应舍弃。

尊者僧伽斯那所撰集的《痴花鬘》就到此结束。

【跋语】

上面是作者为全书所写的跋偈。在跋偈中指出，作者是将深奥难懂的佛教教理，用简单通俗的譬喻讲出，这就是所谓的“如似苦毒药，和

合于石蜜”。而为什么要将苦药与甜蜜拌起来，就是为了让病人更好地吃下去。所以将说理配以笑话，人们读起来就更易于领悟其中的道理。吃药是为了治病，写这部论的目的也是为了治愈人们在思想认识上的病。

作者强调佛法是放之四海而皆准的真理，是“明照于世间”的。人们应该抛弃自身不好的东西，接受好的东西来补充自己。这就好像是“如服吐下药，以酥润体中”，先吐出腹内的脏物，再以好的酥油滋补身体。

譬喻的形式就好像用来裹药的树叶，当有病时就会取出药来用，而裹药用的叶子自然会被扔掉。所以有智慧的人看了此经，应当抛开譬喻故事的形式，抓住其中所蕴涵的深义。这就是作者撰集此经的目的，也是我译注此经的目的。

戏笑《痴华鬘》，频牵梦里人。

苦读十五载，参破几多真。

阅藏寻归处，缘空欲遣神。

无常空苦我，药叶尽浮尘。

菩萨戒优婆塞王孺童译注《百喻经》竟

二〇一二年三月六日书于北京木樨斋

附

《百喻经》之研究

《百喻经》为佛教“十二部经”中“譬喻部”之著名经典，因收录百篇譬喻而得名。下面，就《百喻经》本身的一些问题，作一厘清和阐释。

一、本名、别名

1. 本名

所谓“本名”，指本来之名。

据本经撰集者僧伽斯那，在经末之“跋偈”中所云：“尊者僧伽斯那造作《痴花鬘》竟。”可知此经原本之名当为《痴花鬘》。

“痴”，即愚痴，在此是指那些愚痴的人。

“花鬘”，又作“华鬘”。就是用丝线将香花串接起来，挂在颈上，用来装饰身体。这是印度的一种风俗。按照佛教戒律规定，出家比丘不能装饰花鬘，只能将花鬘挂于室内，或供养佛陀。

由于本经内容，是将一个个愚人所做愚痴之事汇编而成的，犹如将花连成花鬘，所以取名为《痴花鬘》。

2. 别名

所谓“别名”，指本名之外之名。此别名当为《痴花鬘》被译作汉文后，而定之名。

据现存文献所载，当有八个别名。

(1)《百喻经》

此为最普遍、最通行之别名。

(2)《佛说百喻经》

此名仅见于《赵城金藏》本之卷第二、卷第三之题名[①]。

(3)《百喻集》

唐道宣《大唐内典录》卷七[②]、卷九[③]，唐明佺《大周刊定众经目录》卷一〇[④]、卷一四[⑤]，隋法经《众经目录》卷六[⑥]，隋沙门及学士《众经目录》卷二[⑦]，唐静泰《众经目录》卷二[⑧]，唐玄应《一切经音义》卷二〇[⑨]，皆作此名。

又《佛说佛名经》卷一六：“南无《百喻集》。”[⑩]

---

① 案《赵城金藏》本《百喻经》，仅存第二卷和第三卷。见《中华大藏经》（汉文部分）第51册，北京：中华书局，1992年7月第1版，第424页中和第431页中。

② 《大正藏》第55卷，第301页下。

③ 《大正藏》第55卷，第325页中。

④ 《大正藏》第55卷，第436页中。

⑤ 《大正藏》第55卷，第471页中。

⑥ 《大正藏》第55卷，第144页中。

⑦ 《大正藏》第55卷，第161页中。

⑧ 《大正藏》第55卷，第196页上。

⑨ 《中华大藏经》第57卷，第59页下。

⑩ 《大正藏》第14卷，第248页上。

(4)《百喻集经》

隋费长房《历代三宝纪》卷一四《小乘修多罗有译录》:“《百喻集经》,四卷。”[①]

(5)《百句喻集》

唐明佺《大周刊定众经目录》卷一〇[②],作此名。

(6)《百句譬喻经》

南朝梁僧祐《出三藏记集》卷二[③]、卷九[④],唐智升《开元释教录》卷六[⑤],唐圆照《贞元新定释教目录》卷八[⑥]、卷三〇[⑦],南朝梁宝唱《经律异相》卷三六《杂行长者部》[⑧],清戒显、济岳《沙弥律仪毗尼日用合参》卷上[⑨],皆作此名。

(7)《百句譬喻集》

唐靖迈《古今译经图纪》卷四[⑩],作此名。

(8)《百句譬喻集经》

唐道宣《大唐内典录》卷四[⑪]、隋费长房《历代三宝纪》卷一一[⑫],皆作此名。

---

① 《大正藏》第49卷,第115页下。

② 《大正藏》第55卷,第436页中。

③ 《大正藏》第55卷,第13页下。

④ 《大正藏》第55卷,第68页下。

⑤ 《大正藏》第55卷,第536页中。

⑥ 《大正藏》第55卷,第834页中。

⑦ 《大正藏》第55卷,第1044页中。

⑧ 《大正藏》第53卷,第198页上。

⑨ 《卍续藏》第60卷,第341页上。

⑩ 《大正藏》第55卷,第363页下。

⑪ 《大正藏》第55卷,第262页下。

⑫ 《大正藏》第49卷,第96页上。

二、是否为经

通过上面对八个别名的列举，不难发现，其中三个称“经”，三个称“集”，两个“集经”并称。

在一般佛教信众的理解上，认为只有佛说的才可称之为“经”。而《百喻经》为尊者僧伽斯那造，并非佛说，且本名为《痴花鬘》，怎么能称之为“经”呢？

1. 称“经”的理由

根据南朝梁慧皎《高僧传》卷三[①]、南朝梁僧祐《出三藏记集》卷一四[②]、唐智升《开元释教录》卷六[③]、唐圆照《贞元新定释教目录》卷八《求那毗地传》[④]及南朝梁僧祐《出三藏记集》卷九《百句譬喻经记》[⑤]中之记载，可知《百喻经》为尊者僧伽斯那，从修多罗藏十二部经中，抄出一百个譬喻，集合而成的一部书。

每个譬喻故事都是佛在不同经典中讲说的，那么把它们聚合在一起，也自然可以称之为“经”。

2. 称“集”的理由

虽然《百喻经》是集合了佛所说的各种譬喻，但毕竟不是严格意义上的由佛所讲说的一部完整经典，所以只能称之为“集”。

3. 称“集经”的理由

① 《大正藏》第 50 卷，第 345 页中。
② 《大正藏》第 55 卷，第 106 页下。
③ 《大正藏》第 55 卷，第 536 页中。
④ 《大正藏》第 55 卷，第 834 页中。
⑤ 《大正藏》第 55 卷，第 68 页下。

“集经”显然是调和上述二说之称。

其实论争焦点只有一个，即：一部集合佛说之作，是否可以称“经”？要想从根本上解决这一问题，就要考察一下“经”的本义是什么，它到底指的是什么内容。

经，梵 sūtra，音译为修多罗。其本义有二，即“佛说”与“贯摄”。

所谓“佛说”，指释尊所演说的教理。

所谓“贯摄”，即“贯穿”、“摄持”之义。修多罗，本有“线条”之义，即将佛所说的教理教义，贯穿起来，使之不易散失隐没。而众生听到、看到这些“贯穿”起来的，佛所说教理教义，就会从中得到教化摄持，规范自己的身口意，避免流转到恶道中去。又据法救造、南朝宋僧伽跋摩译《杂阿毗昙心论》卷八《修多罗品》[①]所举“修多罗五义”，其中一义即为“结鬘”。

可见，“佛说”称为经，汇合“佛说”而成的经集，亦可称为“经”。“花鬘”既可释为“经集”，又可直接释为“经”。也就是说，“经”之一字，包含了“经”与“经集”两重意思。因此，《百喻经》确为名副其实的“经”。

三、分卷辨析

1. 分卷情况

关于《百喻经》的分卷，可以从两个系统来考察。

① 《大正藏》第 28 卷，第 931 页下。

(1) 藏经系统

所谓“藏经系统”，就是从目前现存的各版本《大藏经》中，考察其所收《百喻经》的分卷情况。

按照童玮《二十二种大藏经通检》[①]统计，《开宝藏》、《毗卢藏》、《圆觉藏》、《资福藏》、《赵城金藏》、《高丽藏》、《碛砂藏》、《普宁藏》、《洪武南藏》、《弘法藏》、《永乐南藏》、《永乐北藏》、《嘉兴藏》、《清藏》、《频伽藏》、《弘教藏》、《大正藏》，再加上《卍正藏》，共有十八部《大藏经》中收有《百喻经》。

由于在《大藏经》中保存的，都是完整的原经，所以呈现出来的分卷情况是最为直接和确实的。检阅余书斋所藏十种版本之《百喻经》，其中《碛砂藏》、《洪武南藏》、《永乐北藏》、《清藏》所收及金陵刻经处本为“二卷本”，而《金藏》、《高丽藏》、《频伽藏》、《大正藏》、《卍正藏》所收为“四卷本”。

(2) 经录系统

所谓“经录系统”，就是从历代经录文献的记载中，考察《百喻经》的分卷情况。

根据记载，《百喻经》大致有四种分卷情况：

①二卷本

唐明佺《大周刊定众经目录》卷一〇：“《百喻集》一部二卷，右南齐永明年，沙门求那毗地译，出《玄法寺录》。”[②]卷一四：“《百

① 童玮《二十二种大藏经通检》，北京：中华书局，1997年7月第1版，第113页左。

② 《大正藏》第55卷，第436页中。

喻集》一部二卷。”[①]

②四卷本

唐智升《开元释教录》卷六[②]、卷二〇[③]，唐圆照《贞元新定释教目录》卷八[④]、卷三〇[⑤]："《百喻经》四卷。"

隋费长房《历代三宝纪》卷一四："《百喻集经》四卷。"[⑥]

隋法经《众经目录》卷六[⑦]，隋沙门及学士《众经目录》卷二[⑧]，唐静泰《众经目录》卷二[⑨]，唐道宣《大唐内典录》卷七[⑩]、卷九[⑪]："《百喻集》四卷，僧伽斯那撰。"

唐玄应《一切经音义》卷二〇："《百喻集》第四卷。"[⑫]

唐明佺《大周刊定众经目录》卷一〇："《百喻集》一部四卷，僧伽私那撰，四十四纸，右南齐永明十年，沙门求那毗地译，出《内典录》。"[⑬]

---

① 《大正藏》第55卷，第471页中。
② 《大正藏》第55卷，第536页中。
③ 《大正藏》第55卷，第696页中，第721页上。
④ 《大正藏》第55卷，第834页中。
⑤ 《大正藏》第55卷，第1044页中。
⑥ 《大正藏》第49卷，第115页下。
⑦ 《大正藏》第55卷，第144页中。
⑧ 《大正藏》第55卷，第161页中。
⑨ 《大正藏》第55卷，第196页上。
⑩ 《大正藏》第55卷，第301页下。
⑪ 《大正藏》第55卷，第325页中。
⑫ 《中华大藏经》第57卷，第59页下。
⑬ 《大正藏》第55卷，第436页中。

③五卷本

唐智升《开元释教录》卷六[①]、唐圆照《贞元新定释教目录》卷八[②]："《百喻经》四卷，亦云《百句譬喻经》，或五卷。"

南朝梁僧祐《出三藏记集》卷二[③]、唐明佺《大周刊定众经目录》卷一〇[④]、唐道宣《大唐内典录》卷四[⑤]、隋费长房《历代三宝纪》卷一一[⑥]，皆记"或五卷"。

④十卷本

南朝梁僧祐《出三藏记集》卷二："《百句譬喻经》十卷，齐永明十年九月十日译出，或五卷。右一部，凡十卷。齐武帝时，天竺沙门求那毗地于京都译出。"[⑦]

唐智升《开元释教录》卷六[⑧]、唐圆照《贞元新定释教目录》卷八[⑨]："祐等并云'译成十卷'。"

唐明佺《大周刊定众经目录》卷一〇："《百句喻集》一部十卷。"[⑩]

唐道宣《大唐内典录》卷四[⑪]、隋费长房《历代三宝纪》卷

① 《大正藏》第55卷，第536页中。
② 《大正藏》第55卷，第834页中。
③ 《大正藏》第55卷，第13页下。
④ 《大正藏》第55卷，第436页中。
⑤ 《大正藏》第55卷，第262页下。
⑥ 《大正藏》第49卷，第96页上。
⑦ 《大正藏》第55卷，第13页下。
⑧ 《大正藏》第55卷，第536页中。
⑨ 《大正藏》第55卷，第834页中。
⑩ 《大正藏》第55卷，第436页中。
⑪ 《大正藏》第55卷，第262页下。

一一[①]："《百句譬喻集经》十卷。"

唐靖迈《古今译经图纪》卷四："《百句譬喻集》十卷。"[②]

3. 分卷流变

(1)"二卷本"与"四卷本"

通过以上对"藏经"与"经录"这两个分卷系统的考察，可有原经作为印证的是"二卷本"与"四卷本"。这两个版本的相异之处，主要是在分卷上，并不涉及原经内容的详略排序。

"二卷本"的分卷，是从第一"愚人食言喻"到第五〇"医治脊偻喻"为卷上，从第五一"五人买婢共使作喻"到第九八"小儿得大龟喻"为卷下。

"四卷本"的分卷，是从第一"愚人食言喻"到第二一"妇女欲更求子喻"为卷一，从第二二"入海取沉水喻"到第四一"毗舍阇鬼喻"为卷二，从第四二"估客驼死喻"到第六五"五百欢喜丸喻"为卷三，从第六六"口诵乘船法而不解用喻"到第九八"小儿得大龟喻"为卷四。

基于前面"藏经系统"的论述，由于《频伽藏》是依日本《弘教藏》翻印，而日本《弘教藏》、《大正藏》、《卍正藏》所据底本均为《高丽藏》本，故"四卷本"其实就是《金藏》、《高丽藏》所收本。那么，这就不难看出，目前现存的各版本《百喻经》中，"四卷本"应当早于"二卷本"。

① 《大正藏》第49卷，第96页上。

② 《大正藏》第55卷，第363页下。

(2)“五卷本”与“十卷本”

“五卷本”与“十卷本”，由于没有原经对照，就很难考察其具体的分卷情况。故唐智升《开元释教录》卷二〇[①]、唐圆照《贞元新定释教目录》卷三〇[②]：“《百喻经》四卷，或五卷，或（云）十卷，未详。”

为了对比方便，再把各经录中，有关“五卷本”和“十卷本”的记载，列出如下：

南朝梁僧祐《出三藏记集》卷二：“《百句譬喻经》十卷，齐永明十年九月十日译出，或五卷。右一部，凡十卷。齐武帝时，天竺沙门求那毗地于京都译出。”[③]

唐智升《开元释教录》卷六：“《百喻经》四卷，亦云《百句譬喻经》，或五卷。天竺僧伽斯那撰，永明十年九月十日译。见僧祐《录》。祐等并云‘译成十卷’，此之四卷，百事足矣。”[④]

唐圆照《贞元新定释教目录》卷八：“《百喻经》四卷，亦云《百句譬喻经》，或五卷。天竺僧伽斯那撰，永明十年九月十日译。见僧祐等并云‘译成十卷’，此之四卷，百事足矣。”[⑤]

唐道宣《大唐内典录》卷四：“《百句譬喻集经》十卷，外国僧伽斯那撰，永明十年九月出。此即第二译，或五卷，见僧祐

① 《大正藏》第55卷，第696页中。
② 《大正藏》第55卷，第1044页中。
③ 《大正藏》第55卷，第13页下。
④ 《大正藏》第55卷，第536页中。
⑤ 《大正藏》第55卷，第834页中。

《录》。”[①]

隋费长房《历代三宝纪》卷一一：“《百句譬喻集经》十卷，外国僧伽斯那撰，永明十年九月十日出。此即第三译，或五卷。见僧祐《录》。”[②]

唐明佺《大周刊定众经目录》卷一〇：“《百句喻集》一部十卷，第三译，或五卷，右南齐永明年，沙门求那毗地，杨州毗耶寺译，出长房《录》。”[③]

通过分析上面“经录”的记载，可以得出以下几个结论：

①长房《录》即指隋费长房《历代三宝纪》，可见“十卷本”之说，皆出自南朝梁僧祐之《出三藏记集》。

②“五卷本”与“十卷本”这两个本子，应当只是在分卷上存在差异。也就是说，“五卷本”很可能是将“十卷本”，两卷合为一卷而成。

③从“此之四卷，百事足矣”的记载来看，“四卷本”（包括“二卷本”）应当为“十卷本”（包括“五卷本”）在内容上的略出，也就是说这两个本子，不仅在分卷上存在差异，而且在内容上也有详略之分。

④从“十卷本”为“第二译”或“第三译”的记载来看，可推知“四卷本”当为“第一译”。所以，“四卷本”与“十卷本”虽然是略出的关系，但“四卷本”要早于“十卷本”译出。也就

① 《大正藏》第55卷，第262页下。
② 《大正藏》第49卷，第96页上。
③ 《大正藏》第55卷，第436页中。

是说，这不是在汉译本基础上的略出，而是在由梵转汉的翻译过程中，对梵文原本在取舍上的详略差异。

四、撰者、译者

1. 撰者

《百喻经》的撰者，为“尊者僧伽斯那”[①]，这在《百喻经》最后一句“尊者僧伽斯那造作《痴花鬘》竟”中，可以得出明确的结论。正因为该撰集者的名字，被融入了《百喻经》的正文，所以在很多版本中的经题下面，就不署其名，只署译者名号了。仅《赵城金藏》署“僧伽斯那撰”、《高丽藏》署“尊者僧伽斯那撰”[②]。

僧伽斯那除《百喻经》外，现存的还有其撰集的《菩萨本缘经》三卷。关于僧伽斯那的生平资料很少，仅见于其弟子，也是《百喻经》的译者求那毗地的传记中。

根据南朝梁慧皎《高僧传》卷三[③]、南朝梁僧祐《出三藏记集》卷一四[④]、唐智升《开元释教录》卷六[⑤]、唐圆照《贞元新定释教目录》

① 案南朝梁慧皎《高僧传》卷三、南朝梁僧祐《出三藏记集》卷一四作“僧伽斯”。

② 案《频伽藏》、《弘教藏》、《大正藏》、《卍正藏》所用皆为《高丽藏》本，故文中不列。

③ 《大正藏》第50卷，第345页上。

④ 《大正藏》第55卷，第106页下。

⑤ 《大正藏》第55卷，第536页中。

卷八《求那毗地传》[1]中的记载可知，僧伽斯那为“天竺大乘法师”，并“于天竺国，抄集修多罗藏十二部经中要切譬喻，撰为一部，凡有百事，以教授新学”。

2. 译者

《百喻经》的译者，诸版本经题下署名均为“萧齐天竺三藏求那毗地译”，即撰集者僧伽斯那的弟子。其生平资料主要见于《高僧传》、《出三藏记集》、《开元释教录》、《贞元新定释教目录》、《古今译经图纪》等五书之《求那毗地传》，所记大同小异，今皆列出如下：

南朝梁慧皎《高僧传》卷三：“求那毗地，此言安进，本中天竺人。弱年从道，师事天竺大乘法师僧伽斯。聪慧强记，勤于讽诵，谙究大小乘将二十万言。兼学外典，明解阴阳，占时验事，征兆非一。齐建元初来至京师，止毗耶离寺，执锡从徒，威仪端肃，王公贵胜迭相供请。初僧伽斯于天竺国，抄修多罗藏中要切譬喻，撰为一部，凡有百事，教授新学。毗地悉皆通，兼明义旨，以永明十年秋，译为齐文，凡有十卷，谓《百喻经》。复出《十二因缘》及《须达长者经》各一卷。自大明已后，译经殆绝，及其宣流，世咸称美。毗地为人弘厚，故万里归集，南海商人咸宗事之。供献皆受，悉为营法。于建邺淮侧，造正观寺居之，重阁层门，殿堂整饰。以中兴二年冬，终于所住。”[2]

南朝梁僧祐《出三藏记集》卷一四：“求那毗地，中天竺人

① 《大正藏》第55卷，第834页中。

② 《大正藏》第50卷，第345页上—中。

也。弱龄从道，师事天竺大乘法师僧伽斯。聪慧强记，勤于讽习，所诵大小乘经十余万言。兼学外典，明解阴阳。其候时逢占，多有征验，故道术之称，有闻西域。建元初来至京师，止毗耶离寺，执锡从徒，威仪端肃，王公贵胜迭相供请焉。初僧伽斯于天竺国，抄集修多罗藏十二部经中要切譬喻，撰为一部，凡有百事，以教授新学。毗地悉皆通诵，兼明义旨，以永明十年秋，译出为齐文，凡十卷，即《百句譬喻经》也。复出《须达长者》、《十二因缘经》各一卷。自大明以后，译经殆绝，及其宣流法宝，世咸美之。毗地为人弘厚，有识度，善于接诱，勤躬行道，夙夜匪懈。是以外国僧众万里归集，南海商人悉共宗事，供赠往来，岁时不绝。性颇蓄积，富于财宝，然营建法事，已无私焉。于建业淮侧，造正观寺，重阁层门，殿房整饰，养徒施化，德业甚著。以中兴二年冬卒。”①

唐智升《开元释教录》卷六②、唐圆照《贞元新定释教目录》卷八③："沙门求那毗地，齐言德进，中印度人。弱龄从道，师事天竺大乘法师僧伽斯。聪慧强记，勤于讽习，所诵大小乘经十余万言。兼学世典，明解阴阳。其候时逢占，多有征验，故道术之称，有闻西域。建元初来至江淮，止毗耶离寺，执锡从徒，威仪端肃，王公已下，竞相请谒。初僧伽斯于天竺国，抄集修多罗藏十二部经中要切譬喻，撰为一部，凡有百事，以教授新学。毗地悉皆通

① 《大正藏》第 55 卷，第 106 页下—107 页上。

② 《大正藏》第 55 卷，第 536 页中。

③ 《大正藏》第 55 卷，第 834 页中。

诵，兼明义旨，以武帝永明十年壬申秋九月，译为齐文，即《百喻经》也。复出《须达》及《十二因缘》。自宋大明已后，译经殆绝，及其宣流法宝，世咸美之。毗地为人弘厚，有识度，善于接诱，勤躬行道，夙夜匪懈。是以外国僧众万里归集，南海商人悉共宗事，供赠往来，岁时不绝。性颇畜积，富于财宝，然营建法事，已无私焉。于建业淮侧，造正观寺，重阁层门，殿房整饰，养徒施化，德业甚著。以中兴二年冬卒。"

唐靖迈《古今译经图纪》卷四："沙门求那毗地，此云德进，中印度人。弱年从道，强记洽文，诵大、小乘，凡二十万言。阴阳图谶，莫不穷究。执锡戒涂，威仪端肃。以齐武帝永明十年九月十日，于扬州毗耶离寺起译《百句譬喻集》十卷、《十二因缘经》一卷、《须达长者经》一卷，总三部合一十二卷。"①

3. 辨疑

《百喻经》之撰者、译者，本无异议。然在《百句譬喻经记》中的记述，却极易使人产生歧义。

南朝梁僧祐《出三藏记集》卷九《百句譬喻经记》："永明十年九月十日，中天竺法师求那毗地。出修多罗藏十二部经中，抄出譬喻，聚为一部，凡一百事。天竺僧伽斯法师，集行大乘，为新学者撰说此经。"②

凡涉及《百喻经》的书及文章，无有不以此"经记"为依据者。在引用时，皆将"中天竺法师求那毗地"与"出修多罗藏十二部

① 《大正藏》第55卷，第363页下。

② 《大正藏》第55卷，第68页下。

经中”这两句间，句读为“逗号”；要么不句读，连为一句[1]。照此读来，《百喻经》就成了“求那毗地从修多罗藏十二部经中，抄出譬喻，聚为一部，凡一百事”，而非“僧伽斯那”了。

故于本文中，将“经记”中“中天竺法师求那毗地”一句后句读为“句号”。其句义可补一“译”字来理解，即“永明十年九月十日，中天竺法师求那毗地（译）”。

五、译出时间

关于《百喻经》之译出时间，由略至详，有五种记述。

1. 永明年

唐道宣《大唐内典录》卷九：“《百喻集》四卷，四十四纸，僧伽斯那撰，南齐永明年，求那毗地于杨都译。”[2]

唐明佺《大周刊定众经目录》卷一〇：“《百句喻集》一部十卷，第三译，或五卷，右南齐永明年，沙门求那毗地，杨州毗耶寺译，出长房《录》。”“《百喻集》一部二卷，右南齐永明年，沙门求那毗地译，出《玄法寺录》。”[3]

2. 永明十年

隋法经《众经目录》卷六[4]、隋沙门及学士《众经目录》卷

---

① 周绍良《百喻经今译》，北京：中华书局，1993年9月第1版，第187页。

② 《大正藏》第55卷，第325页中。

③ 《大正藏》第55卷，第436页中。

④ 《大正藏》第55卷，第144页中。

二[①]、唐静泰撰《众经目录》卷二[②]:“《百喻集》四卷，僧伽斯那撰，南齐永明十年，求那毗地译。”

唐明佺《大周刊定众经目录》卷一〇：“《百喻集》一部四卷，僧伽私那撰，四十四纸，右南齐永明十年，沙门求那毗地译，出《内典录》。”[③]

3. 永明十年秋

南朝梁慧皎《高僧传》卷三《求那毗地传》:“以永明十年秋，译为齐文，凡有十卷，谓《百喻经》。”[④]

南朝梁僧祐《出三藏记集》卷一四《求那毗地传》：“以永明十年秋，译出为齐文，凡十卷，即《百句譬喻经》也。”[⑤]

4. 永明十年九月

唐智升《开元释教录》卷六[⑥]、唐圆照《贞元新定释教目录》卷八《求那毗地传》[⑦]:“以武帝永明十年壬申秋九月，译为齐文，即《百喻经》也。”

唐道宣《大唐内典录》卷四：“《百句譬喻集经》十卷，外国僧伽斯那撰，永明十年九月出。此即第二译，或五卷，见僧祐《录》。”[⑧]

---

① 《大正藏》第55卷，第161页中。
② 《大正藏》第55卷，第196页上。
③ 《大正藏》第55卷，第436页中。
④ 《大正藏》第50卷，第345页中。
⑤ 《大正藏》第55卷，第106页下—107页上。
⑥ 《大正藏》第55卷，第536页中。
⑦ 《大正藏》第55卷，第834页中。
⑧ 《大正藏》第55卷，第262页下。

5. 永明十年九月十日

南朝梁僧祐《出三藏记集》卷二："《百句譬喻经》十卷，齐永明十年九月十日译出。"①

隋费长房《历代三宝纪》卷一一："《百句譬喻集经》十卷，外国僧伽斯那撰，永明十年九月十日出。此即第三译，或五卷。见僧祐《录》。"②

唐智升《开元释教录》卷六："《百喻经》四卷，亦云《百句譬喻经》，或五卷。天竺僧伽斯那撰，永明十年九月十日译。见僧祐《录》。"③

唐圆照《贞元新定释教目录》卷八："《百喻经》四卷，亦云《百句譬喻经》，或五卷。天竺僧伽斯那撰，永明十年九月十日译。见僧祐等并云'译成十卷'，此之四卷，百事足矣。"④

唐靖迈《古今译经图纪》卷四《求那毗地传》："以齐武帝永明十年九月十日，于杨州毗耶离寺起译，《百句譬喻集》十卷。"⑤

"永明"为南朝齐武帝萧赜（440—493）的年号。永明十年，即公元492年。

通过对比上面记述，不难看出，最详细之译经时间，皆出自南朝梁僧祐之《出三藏记集》。除《出三藏记集》为确指译经时间外，其余均为泛指。若为泛指，即本经是于永明十年年内，或是秋季内，

① 《大正藏》第55卷，第13页下。
② 《大正藏》第49卷，第96页上。
③ 《大正藏》第55卷，第536页中。
④ 《大正藏》第55卷，第834页中。
⑤ 《大正藏》第55卷，第363页下。

或是九月内译出的。

若为确指，就有一个问题需要指出，即“九月十日”到底是一个什么日子呢？据《出三藏记集》的记载，“九月十日”为“译出”时间；而据《古今译经图纪》的记载，“九月十日”为“起译”时间。二说均可，莫衷一是。

六、佚失二喻

1. 当有百喻

《百喻经》，顾名思议，当有一百个譬喻故事。然现存之《百喻经》，仅有譬喻九十八个。对此，历来有两种解说：

（1）取整而言

此说认为，原经就是九十八个譬喻，取整而言“百”。

（2）合并而言

此说认为，原经九十八个譬喻，再加上经前“序品”和经末“跋偈”，合并而言“百”。

以上二说，皆认为《百喻经》原本就有“九十八喻”，而非“百”喻。然南朝梁慧皎《高僧传》卷三[①]、南朝梁僧祐《出三藏记集》卷一四[②]、唐智升《开元释教录》卷六[③]、唐圆照《贞元新定释教目录》

① 《大正藏》第50卷，第345页中。
② 《大正藏》第55卷，第106页下。
③ 《大正藏》第55卷，第536页中。

卷八《求那毗地传》[①]中皆云“凡有百事”,《百句譬喻经记》云“凡一百事”,唐智升《开元释教录》卷六[②]、唐圆照《贞元新定释教目录》卷八[③]皆云“百事足矣”。

清咫观《法界圣凡水陆大斋法轮宝忏》卷二:“一心奉请《百喻经》。萧齐中天竺沙门求那毗地译,设一百喻,喻道法邪正等事。末结云:‘尊者僧伽斯那造作《痴华鬘》竟。’”[④]

可见原经当为“百喻”,并非只有“九十八喻”。

另外,经前“序品”所述“佛为五百梵志,广说众喻”内容,与经末“跋偈”僧伽斯那“造作《痴花鬘》”之初衷不符,显然为后人附会所加。且《高丽藏》本根本没有“序品”,故也就无法“合并而言百”了。

2. 所佚二喻

既然《百喻经》原本当为一百喻,而现存只有九十八喻,显然结论只有一个,即佚失了二喻。那么,这佚失二喻的内容又是什么呢?解决了这一问题,就可以还《百喻经》之“百喻”原貌了。

(1) 求蜜堕井喻

南宋观复《遗教经论记》卷二:“《百喻经》云:昔有贪夫,于野求蜜。既得一树,举足前进,欲取蜂蜜,不觉草覆深井,因跌足而亡。”[⑤]

---

① 《大正藏》第55卷,第834页中。
② 《大正藏》第55卷,第536页中。
③ 《大正藏》第55卷,第834页中。
④ 《卍续藏》第74卷,第980页上。
⑤ 《卍续藏》第53卷,第643页中。

（2）五根喻

唐法琳《辩正论》卷一《三教治道篇》："《百句譬喻经》云：五根之祸，剧于毒龙，过于醉象。五根纳受，如海吞流，如火得薪，未尝厌足。五根如箭，意想如弓，思念如矢。以五戒仗，守护六根，如视逸马。"[①]

根据《百喻经》"前喻后理"的行文结构，可知《遗教经论记》所引为"譬喻"部分，而《辩正论》所引为"说理"部分。虽然二书没能全引二喻，但从仅存的内容来看，亦可窥知一斑了。

以上就是余十年来，对《百喻经》研读的一点心得体会，仅供参考。

（原载《法音》2007年第10期，总第278期）

① 《大正藏》第52卷，第495页上。

《百喻经》之再研究

余喜读《百喻经》已久矣，十五年间曾三番校注详释其文[①]，并于《法音》2007年第10期上发表《〈百喻经〉之研究》一文（后简称“初文”），遂于本经无意再作论述。近阅台湾印顺法师（1906—2005）所著《说一切有部为主的论书与论师之研究》，书中竟有专涉《百喻经》及作者之大段文字，细读之下，对其所得结论颇有疑义。故以为契机，就相关问题再作一厘清和阐释。

一、印公之说

先来看看印顺法师在书中是怎么说的：

《三法度论》的注释者，是僧伽斯那，意译为众军，就是慧远《序》所说的僧伽先。《三法度经记》说：“比丘释僧

① 前两番为：《譬喻中的智慧灵光——〈百喻经〉佛经故事通译》，北京：学苑出版社，1998年2月第1版；《〈百喻经〉释义》，北京：中国人民大学出版社，2007年9月第1版。

伽先，志愿大乘。”慧远《三法度序》却说：“有大乘居士，字僧伽先。”这位与大乘有关的僧伽斯那，传说有比丘与居士的异说。然从名字来推断，应是比丘。《出三藏记集·求那毗地传》，也说“大乘法师僧伽斯”。所以，居士或是“开士”的笔讹。

在中国佛教中，僧伽斯那不是太生疏的人。一、他是禅师，与世友、胁、马鸣等并列，如《出三藏记集》卷九《关中出禅经序》说：“其中五门，是婆须蜜、僧伽罗叉、沤波崛、僧伽斯那、勒比丘、马鸣、罗陀禅要之中，钞集之所出也。”二、他是论师，为婆素跋陀的《三法度论》造释论，是随顺犊子部义的。三、他是譬喻师——因此而被称大乘法师。梁僧祐《出三藏记集》卷一四《求那毗地传》说：“大乘法师僧伽斯……于天竺国，抄集修多罗藏十二部经要切譬喻，撰为一部，凡有百事，以教授新学。（求那）毗地悉皆通诵，兼明义旨。以永明十年（西元四九二）秋，译出为齐文，凡十卷，即《百句譬喻经》也。”

早在东晋太元十六年（西元三九一），译出僧伽斯那的《三法度论》，当时所作《三法度经记》就说：“比丘释僧伽先，志愿大乘，学三藏摩诃鞞耶伽兰，兼通一切书记。”

《摩诃鞞耶伽兰》(Mahāvyākaraṇa)，就是《大授记》，或《大记别》，为十二部经的一部。《求那毗地传》所说“十二部经要切譬喻”，也就是这个。在北传佛教中，授记、譬喻、因缘等，都是可通用的。说他“兼通一切书记”，分明是一位大文学家。

但求那毗地所译的十卷本的《百句譬喻经》，有否保存到现在呢？现存于《大藏经》的，题为求那毗地所译、僧伽斯那所造的，有《百喻经》四卷，或作二卷。《百喻经》的内容，确为百事，但与十卷本不合。《百喻经》末署："尊者僧伽斯那，造作《痴华鬘》竟。""痴华鬘"是这部书的原名。"鬘"，为佛典的文学作品。这部《百喻经》，确为通俗教化的成功作品，如《论》末说：

"此论我所造，和合喜笑语，多损正实说，观义应不应。如似苦毒药，和合于石蜜。药为破坏病，此论亦如是。正法中喜笑，譬如彼狂药。"

僧伽斯那以轻松谐笑的笔调写出佛法，而不取严肃的说教，以使正法的易于深入人心。"痴鬘"，正能表示这个意义。然《俱舍论（光）记》卷二说："鸠摩逻多，此云豪童，是经部祖师。于经部中，造《喻鬘论》、《痴鬘论》、《显了论》等。"

《痴鬘论》的作风，与譬喻师鸠摩逻多相近，所以后代传为鸠摩逻多所造。然依《百喻经》末署，显然为僧伽斯那的作品。《百喻经》是僧伽斯那所造的，也恰好为一百事，但四卷（或二卷）而不是十卷；是纯文学作品，杂采世俗的故事与寓言，而不是"大授记"，不是"抄修多罗切要譬喻"。所以，如以《百喻经》为《出三藏记集》所说的《百句譬喻经》（慧皎《高僧传》，作《百句喻经》），大有问题！考查经录，隋费长房的《历代三宝纪》，也说求那毗地译《百句譬喻经》十卷。此外，别出《百喻经》一卷，为支谦所译。

此后，隋《众经总录》、《众经目录》等，都以《撰集百缘经》十卷为支谦译；而求那毗地所译的，只是《百喻经》（四卷或二卷）了。从此，以讹传讹地错到现在。我相信，求那毗地所译《百句譬喻经》或《百句喻经》，正是误传为支谦译的《撰集百缘经》（或作《百缘经》）。该经第一品（十事），名《菩萨授记品》；第三品（十事）名《授记辟支佛品》，与僧伽斯那的"学三藏摩诃鞞耶伽兰"（大授记）相合；而分为十卷，共一百事，也与《百句譬喻经》相合。论文笔，也决非支谦所译。至于现存的《百喻经》（四卷或二卷），可能就是《历代三宝纪》所说的，支谦译的一卷本《百喻经》。《历代三宝纪》对于不明译者的经书，每任意地配属知名的古人；论文笔，这也不会是支谦译的。这应该是失译。以末题"僧伽斯那"，不作"僧伽先"、"僧伽斯"来说，与僧叡的《禅经序》相合。

此外，还有僧伽斯那撰的《菩萨本缘（集）经》，三卷或作四卷，从《历代三宝纪》以来，一致说是支谦译的。经说菩萨布施五缘，持戒四缘，似乎是全书的一部分。从译笔而论，也与支谦不同。每缘以"我昔曾闻"发端，与鸠摩罗什所译的《大庄严经论》一样。文字清顺流利，与《百喻经》相近。这二部，或是鸠摩罗什时代的译品。

《痴华鬘》（《百喻经》）、《百句譬喻经》（《撰集百缘经》）、《菩萨本缘经》，都是僧伽斯那的撰集。他有禅集，有赞美佛陀行果，通俗的譬喻文学，实与僧伽罗叉、马鸣、鸠摩逻多等一样。不过在论义方面，他在说一切有系中是倾向于犊子部的。他的禅集与撰述，从苻秦建元十八年（西元三八二）初译，一直到齐永明十年（西元四九二），不断传入中国。在禅师的次第上，僧叡把他序列于胁比丘以上。《三法度论》，为犊子部的初期论典；僧伽斯那的时代，约与马鸣等相近，是不会太迟的。梁《高僧传》说求那毗地"师事天竺法师僧伽斯"，是不可能的事。僧祐的《求那毗地传》只说"悉皆通利，兼明义旨"，并无直接师承的意味。[①]

根据印顺法师的论说，可就《百喻经》及其作者得出如下两个基本结论：

第一、四卷本《百喻经》与十卷本《百句譬喻经》，不是一个系统，即《百喻经》非《百句譬喻经》。

第二、《百喻经》的撰集者僧伽斯那，与马鸣等为同时代人，故不可能为该经译者求那毗地的老师。

如果这两个结论成立的话，可以说把千百年来有关《百喻经》及其作者的记载，全都推翻否定掉了，故而绝对有必要就此问题进行深入明确的辨析。

当然，本文并非仅针对印顺法师的观点进行驳论，而是就"初文"中未尽之义，对《百喻经》所作的再次研究。

① 印顺《说一切有部为主的论书与论师之研究》第九章《上座别系分别论者》第三节《被称为分别论者的犊子部》第二项"三法度论与僧伽斯那"，《印顺法师佛学著作全集》第15卷，北京：中华书局，2009年8月第1版，第390—394页。

二、再辨经、论

根据《百喻经》“跋偈”首句“此论我所造”及末署“尊者僧伽斯那造作《痴花鬘》竟”,可知《百喻经》之撰集者僧伽斯那,自谓此书为“论”,并且用了“造”这个动词。那么,本名为《痴花鬘》的《百喻经》,其全称就应该为《痴花鬘论》。

所谓《痴花鬘论》,又称《痴鬘论》,是小乘经量部譬喻师所造之论。譬喻师(梵 dārṣṭantika),又称“日出论者”,原属说一切有部(简称“有部”,梵 Sarvāsti-vādin),后因反对有部以论藏(梵 abhidharma-piṭaka)为正量,主张以经藏(梵 sūtrānta-piṭaka)为正量,故从有部分出而成“经量部(梵 Sautrāntika)”[①]。其代表人物,就是经量部本师鸠摩逻多(梵 Kumāralāta)。

唐窥基《异部宗轮论疏述记》:“此师唯依经为正量,不依律及对法。凡所援据,以经为证,即经部师。从所立以名经量部。”[②]

唐窥基《成唯识论述记》卷二本:“日出论者,即经部本师。佛去世后一百年中,北天竺怛叉翅罗国有鸠摩逻多,此言童首,造九百论。时五天竺有五大论师,喻如日出,明导世间。名日出者,以似于日,亦名譬喻师。或为此师造《喻鬘论》,集诸奇事,名譬喻师。经部之种族,经部以此所说为宗。当时犹未有经部,经

① 吕澂云:“此说并不完全正确。”参见《印度佛学源流略讲·附录》之《略述经部学》,《吕澂佛学论著选集》第 4 卷,山东:齐鲁书社,1991 年 7 月第 1 版,第 2382—2383 页。

② 《卍续藏》第 53 卷,第 577 页中。

部四百年中方出世故。”[①]

唐普光《俱舍论记》卷二《分别界品》：“鸠摩逻多，此云豪童，是经部祖师。于经部中造《喻鬘论》、《痴鬘论》、《显了论》等。经部本从说一切有中出，以经为量名经部，执理为量名说一切有部。”[②]

根据唐窥基、普光所记，可知鸠摩逻多造有《喻鬘论》和《痴鬘论》。“鬘（梵 kusumamālā）”，原指装饰用的花环，后引申为“庄严”义。由于鸠摩逻多为经量部祖师，故其从经藏中“集诸奇事”而成《喻鬘论》，即《譬喻庄严论》。《喻鬘论》今存有新疆库车克孜尔（Kizil）发现之梵本残篇，上记梵名有二：一为“Kalpanālamkrtīkāyām”，即譬喻庄严；一为“Dṛṣṭāntapaṅktyām”，即譬喻鬘。比对残篇内容，与后秦鸠摩罗什（梵 Kumārajīva）所译之马鸣（梵 Aśvaghoṣa）造《大庄严论经》（梵 Sūtrālaṃkāra-śāstra）相当，亦可为证“庄严”之义[③]。

鸠摩逻多所造的《喻鬘》、《痴鬘》二论，除了其本身所具的文献及理论价值外，更主要的是开创了一种崭新的阐释佛经、宣扬佛理的文体方法。而鸠摩逻多所造《痴鬘论》于今不存，若想了解其大致体例样貌，只能从僧伽斯那所造《痴华鬘》中一窥究竟。

---

① 《大正藏》第 43 卷，第 274 页上。

② 《大正藏》第 41 卷，第 35 页下。

③ 参见陈寅恪《童受喻鬘论梵文残本跋》，《金明馆丛稿二编》，北京：三联书店，2001 年 6 月第 1 版，第 234 页。吕澂《印度佛学源流略讲》第四讲《小乘佛学》第二节《经部和正量部的学说》，《吕澂佛学论著选集》第 4 卷，山东：齐鲁书社，1991 年 7 月第 1 版，第 2136 页。

这一点印顺法师也是同意的，故他说："《痴鬘论》的作风，与譬喻师鸠摩逻多相近。"

正如《百喻经》"跋偈"所云："和合喜笑语。"《痴鬘论》虽然也是各种"譬喻"的集合[①],但与《喻鬘论》之"集诸奇事"相比，其行文风格与形式更加灵活。故印顺法师也说："僧伽斯那以轻松谐笑的笔调，写出佛法，而不取严肃的说教，以使正法的易于深入人心。'痴鬘'，正能表示这个意义。"

那么，无论鸠摩逻多从经藏中"集诸奇事"，还是如《求那毗地传》中所云僧伽斯那从"修多罗藏十二部经"抄集譬喻，可见《痴鬘论》与《痴华鬘》一脉相承的内在创作关系。虽然二位作者都因"非佛说"的理由,而"本分"地称自己的作品为"论"，但从其"造论"手法及取材来源上,称"经"亦不为过,这在"初文"中已有论述。但印顺法师认为："如以《百喻经》为《出三藏记集》所说的《百句譬喻经》，大有问题！"其理由也正出在其"造论"手法及取材来源上。

印顺法师说："《百喻经》是僧伽斯那所造的，也恰好为一百事，但四卷（或二卷）而不是十卷；是纯文学作品，杂采世俗的故事与寓言，而不是'大授记'[②]，不是'抄修多罗切要譬喻'。"也就是说，他认为僧伽斯那所造《百喻经》的内容，不是从十二

① 吕澂云："《百喻经》亦名《痴华鬘》，可见'痴鬘'也是比喻的意思。"吕澂《印度佛学源流略讲》第四讲《小乘佛学》第二节《经部和正量部的学说》,《吕澂佛学论著选集》第4卷，山东：齐鲁书社，1991年7月第1版，第2136页。

② 印顺法师所谓的"大授记"，并不如他的解释那样"为十二部经的一部"，这在下文还将专门论述。

部经（梵 dvādaśāṅga-buddha-vacana）中取材抄出的，而是一种相对独立的文学创作。

这种判断未免过于主观和武断，考察《百喻经》之内容，还是可以发现一些譬喻是明显源于大乘经论的。今举一经一论，以为佐证。

南朝宋求那跋陀罗译《楞伽阿跋多罗宝经》卷二《一切佛语心品》："譬如群鹿，为渴所逼，见春时炎而作水想，迷乱驰趣，不知非水。"①

这就与《百喻经》第五"渴见水喻"开头"过去有人，痴无智慧，极渴须水，见热时焰，谓为是水，即便逐走至辛头河"之情节相同，只是把"群鹿"换成了"痴人"。

龙树造、后秦鸠摩罗什译《大智度论》卷一八《释初品中般若相义》："譬如田舍人，初不识盐，见贵人以盐著种种肉菜中而食，问言：'何以故尔？'语言：'此盐能令诸物味美故。'此人便念：'此盐能令诸物美，自味必多。'便空抄盐，满口食之，咸苦伤口。而问言：'汝何以言盐能作美？'贵人言：'痴人。此当筹量多少，和之令美，云何纯食盐？'"②

《百喻经》第一"愚人食盐喻"之"譬喻"部分，即与此同。且《大智度论》中亦称"痴人"，又可证"痴鬘"之名。

龙树造、后秦鸠摩罗什译《大智度论》卷九一《释照明品》："如山中有一佛图，彼中有一别房，房中有鬼来恐恼道人，故诸道

① 《大正藏》第16卷，第491页上。

② 《大正藏》第25卷，第194页上。

人皆舍房而去。有一客僧来，维那处分令住此空房，而语之言：‘此房中有鬼神，喜恼人，能住中者住。’客僧自以持戒力多，闻故言：‘小鬼何所能，我能伏之。’即入房住。暮，更有一僧来求住处，维那亦令在此房住，亦语有鬼恼人。其人亦言：‘小鬼何所能，我当伏之。’先入者闭户端坐待鬼，后来者夜暗打户求入。先入者谓为是鬼不为开户，后来者极力打户。在内道人以力拒之，外者得胜排户得入。内者打之，外者亦极力熟打。至明旦相见，乃是故旧同学，各相愧谢。众人云集，笑而怪之。众生亦如是，五众无我无人，空取相致斗诤。若支解在地，但有骨肉，无人无我。”①

《百喻经》第六十四“人谓故屋中有恶鬼喻”，不仅“譬喻”部分，就连“说理”部分，都与《大智度论》同。

可见，《出三藏记集》卷一四《求那毗地传》中所谓：“初，僧伽斯于天竺国抄集修多罗藏十二部经中要切譬喻，撰为一部。”并非虚言。

三、再辨撰者

印顺法师就《百喻经》所作的诸多结论，大都源于对该经撰集者的“三合一”判断。所谓“三合一”，是指印顺法师将《出三藏记集》中所记载的三个人，认为是同一个人。他们分别是：

① 《大正藏》第25卷，第705页上。

写过《禅经》的“僧伽斯那”，为《三法度论》作释的“僧伽先”，以及撰集《百句譬喻经》的“僧伽斯”。

1. 小乘有部僧伽斯那

南朝梁僧祐《出三藏记集》卷九僧叡《关中出禅经序》：“初四十三偈，是究摩罗罗陀法师所造；后二十偈，是马鸣菩萨之所造也。其中五门，是婆须蜜、僧伽罗叉、沤波崛、僧伽斯那、勒比丘、马鸣、罗陀禅要之中，抄集之所出也。”①

《出三藏记集》为南朝梁僧祐所撰，考察该书卷一二他自己所写之《萨婆多部记目录序》，可知除僧伽斯那外，僧叡《序》中所列其余六人，均为萨婆多部（即说一切有部）祖师。其中，婆须蜜（梵 Vasumitra，意译世友）、僧伽罗叉（梵 Saṃgharakśa，意译众护）、马鸣被称为“菩萨”（梵 bodhi-sattva），沤波掘（优波掘，梵 Upagupta，意译近护）、勒比丘（长老胁，梵 Pārśva）、究摩罗罗陀（梵 Kumāralāta）被称为“罗汉”（梵 Arhat）②。而究摩罗罗陀，即前文所述之经量部本师鸠摩逻多。

依僧叡《序》中所记，这六位有部的祖师都撰有阐述禅观的著作；而马鸣又撰有《大庄严论经》、《本生鬘论》③，鸠摩逻多又撰有《喻鬘论》、《痴鬘论》，可见他们大多具有两重身份，即：

① 《大正藏》第 55 卷，第 65 页上—中。

② 《大正藏》第 55 卷，第 88 页下—89 页下。

③ 《本生鬘论》（梵 Jātakamāla）四卷，圣勇（梵 Āryaśūra）造。依藏传佛教之说，圣勇，与马鸣、摩咥里制吒（梵 Mātṛceṭa）均为一人。参见多罗那它著、张建木译《印度佛教史》第十八章《阿阇梨马鸣等时代》，四川：四川民族出版社，1988 年 3 月第 1 版，第 104 页。

禅师与譬喻师。将僧伽斯那与六位有部祖师并列，仅见于僧叡《序》中，且现存有署名为“僧伽斯那撰”的《百喻经》、《菩萨本缘经》，这就不禁使人认为僧伽斯那也应该与其他六位祖师一样，同为有部的禅师与譬喻师[①]。

唐玄奘《大唐西域记》卷一二《朅盘陀国》条：“以其故宫为尊者童受论师建僧伽蓝，台阁高广，佛像威严。尊者呾叉始罗国人也，幼而颖悟，早离俗尘，游心典籍，栖神玄旨，日诵三万二千言，兼书三万二千字，故能学冠时彦，名高当世。立正法，摧邪见，高论清举，无难不酬，五印度国咸见推高。其所制论凡数十部，并盛宣行，莫不玩习，即经部本师也。当此之时，东有马鸣，南有提婆，西有龙猛，北有童受，号为四日照世。故此国王闻尊者盛德，兴兵动众伐呾叉始罗国，胁而得之，建此伽蓝，式昭瞻仰。”[②]

依唐玄奘《大唐西域记》所记，可知马鸣与鸠摩逻多（童受）为同时代人[③]。印顺法师也说：“僧伽斯那的时代，约与马鸣等相近，是不会太迟的。”那么，姑且不论僧叡《序》中之“僧伽斯那”，是否就是撰集《百喻经》之“僧伽斯那”。有一点是可以肯定的，

① 吕澂云：“有部的一群禅师们，像马鸣、僧伽斯那等，都有譬喻类的撰述。”吕澂《印度佛学源流略讲·附录》之《略述经部学》，《吕澂佛学论著选集》第4卷，山东：齐鲁书社，1991年7月第1版，第2384页。

② 《大正藏》第51卷，第942页上。

③ 吕澂云：“鸠摩逻多年代因为比较马鸣稍后，应该生在佛灭度后七百年（公元第二世纪）。”吕澂《印度佛学源流略讲·附录》之《略述经部学》，《吕澂佛学论著选集》第4卷，山东：齐鲁书社，1991年7月第1版，第2385页。

僧叡《序》中所记之“僧伽斯那”，应为有部的一位禅师，其生活之年代不应晚于马鸣与鸠摩逻多。

既然是有部的祖师，即属小乘佛教部派，为何又被称为“菩萨”呢？这主要是对他们在佛教中的重要地位，予以的一种礼敬之称。僧叡《序》，是为《关中禅经》所作。所谓《关中禅经》，是指后秦鸠摩罗什所译之《坐禅三昧经》（梵 Dhyāna-niṣṭhita-samādhi-dharmaparyāya-sūtra）。而与之同时期的佛陀跋陀罗（梵 Buddhabhadra，意译觉贤），应东晋慧远之请也译出了有部达摩多罗（梵 Dharmatrāta，意译法救）所撰写的禅经。在《达摩多罗禅经》（梵 Dharmatāra dhyāna-sūtra）中，婆须蜜、僧伽罗叉、优波崛（沤波崛）等又被统一冠称为“尊者”（梵 ayuṣmat）。

但“菩萨”毕竟是大乘佛教兴起后，最具代表性的称谓。能够将小乘有部及后来分化成经量部的祖师们称为“菩萨”，足以体现出其与大乘佛教的某种密切联系。吕澂就指出：“（经部）和大乘佛学的关系却异常的密切。”“经部有比成实论师更积极的法空理论根据，使它的地位和大乘佛学愈加靠拢。”“后世密教论书像《上师相承次第论议》（Bla-ma brgyud-āahi rim-nahi man-nag）等，也判经部为初级大乘。”[①]印顺法师也说：“这几位古代的譬喻大师，如法救、僧伽罗刹、僧伽斯那、马鸣，还有世友，中国都是尊称

① 参见吕澂《印度佛学源流略讲·附录》之《略述经部学》，《吕澂佛学论著选集》第4卷，山东：齐鲁书社，1991年7月第1版，第2382、2394、2399页。

为菩萨的。譬喻者与大乘，实有精神上、风格上的共通。”[①]

不管是与大乘佛教关系如何得“密切、靠拢、共通”，有部与经部譬喻师们的根本归属应当是判为小乘的。所以，印顺法师所谓“他是譬喻师——因此而被称大乘法师”的说法是不能成立的，这完全是为了迎合《出三藏记集》卷一四《求那毗地传》中所记“天竺大乘法师”，而作出的牵强之解。

2. 小乘犊子部僧伽先

南朝梁僧祐《出三藏记集》卷一〇慧远《三法度经序》：“《三法度经》者，盖出《四阿含》。《四阿含》则三藏之契经，十二部之渊府也。以三法为统，以觉法为道，开而当名，变而弥广。法虽三焉，而类无不尽；觉虽一焉，而智无不周。观诸法而会其要，辩众流而同其源，斯乃始涉之鸿渐，旧学之华苑也。有应真大人，厥号山贤，恬思闲宇，智周变通。感达识之先觉，愍后蒙之未悟，故撰此三法，因而名云。自《德品》暨于《所依》，凡三章九真度，斯其所作也。其后有大乘居士，字僧伽先，以为山贤所集，虽辞旨高简，然其文犹隐，故仍前人章句，为之训传。演散本文，以广其义，显发事类，以弘其美，幽赞之功，于斯乃尽。自兹而后，道光于世，其教行焉。”[②]

南朝梁僧祐《出三藏记集》卷一〇《三法度经记》：“比丘释

① 印顺《说一切有部为主的论书与论师之研究》第八章《说一切有部的譬喻师》第一节《譬喻者的学风与学说》第二项“学风及其影响”，《印顺法师佛学著作全集》第十五卷，北京：中华书局，2009 年 8 月第 1 版，第 390—394 页。

② 《大正藏》第 55 卷，第 73 页上。

僧伽先，志愿大乘，学三藏摩诃鞞耶伽兰，兼通一切书记。此《三法度》三品九真度，撰说出此经。持此福祐一切众生，令从苦得安，见谛解脱。”①

《三法度论》（梵 Tri-dharmika-śāstra）属小乘犊子部（梵 Vātsī-putrīya）论著，其作者为犊子系贤胄部（梵 Bhadrāyaṇīya）祖师婆素跋陀（梵 Vasubhadra，意译世贤）②。依慧远《序》中所记，僧伽先为该论作“训传”，其主要目的还是为了阐扬原论犊子部义旨。印顺法师也认为：“为婆素跋陀的《三法度论》造释论，是随顺犊子部义的。”所以，就此而言，僧伽先应属小乘犊子部。

(1) 身份不定

僧伽先之名，仅见于《出三藏记集》这两处记录。而就其身份，这仅有的两处记录也大为不同：一说为居士，一说为比丘。

唐智升《开元释教录》卷一三、唐圆照《贞元新定释教目录》卷二三《有译有本录中声闻三藏录》之“声闻对法藏”皆云：“此《三法度论》有本有释，本有三章九真度，释亦有九品。庐山远法师《序》云：‘本是尊者山贤造，释是天竺大乘居士僧伽先撰。’经后记云：‘大乘比丘释僧伽先撰。’二说少殊，未详孰正。”③

古人尚“未详孰正”，而印顺法师仅“从名字来推断，应是比丘”，进而谓“居士或是‘开士’的笔讹”，未免有失草率。

---

① 《大正藏》第 55 卷，第 73 页中。

② 参见吕澂《中国佛学源流略讲》第四讲《禅数学的重兴》；《吕澂佛学论著选集》第 5 卷，山东：齐鲁书社，1991 年 7 月第 1 版，第 2547 页。

③ 《大正藏》第 55 卷，第 621 页上，第 954 页下。

对于僧伽先之身份，就能出现“出家”与“在家”两种截然不同的记载，足见慧远《序》与“出经后记”所记之不严谨。这种记录之不严谨，还体现在对僧伽先“姓氏称谓”及“大乘归属”上。

（2）僧宝为姓

中国对于外国僧人的姓氏，一般有三种称谓方式：第一，以“三宝”为姓，如佛陀耶舍、达摩笈多、僧伽提婆等，就分别以佛（佛陀）、法（达摩）、僧（僧伽）“三宝”为姓；第二，以其所在国家的名称为姓，如康僧会、竺法兰、支娄迦谶、安世高等，就分别以康居、天竺、月支、安息等国名为姓；第三，以其出家前之本姓为姓，如帛尸梨蜜多罗，其为龟兹王子，本姓白[①]，“帛”通“白”，故沿之为姓。

在东晋之前，中国出家僧人的姓氏并没有一个统一的称谓，有沿用俗家姓氏的，如严佛调；也有随师父姓的，如支遁。有鉴于此，东晋道安提出凡出家僧尼，应当舍其俗家本姓，统一改以“释”为姓氏。

南朝梁慧皎《高僧传》卷五《释道安传》：“初魏晋沙门依师为姓，故姓各不同。安以为大师之本，莫尊释迦，乃以释命氏。后获《增壹阿含》，果称：‘四河入海，无复河名，四姓为沙门，皆称释种。’既悬与经符，遂为永式。”[②]

---

① 案北齐魏收《魏书》卷一〇二《西域传》之“龟兹国”：“其王姓白。”北京：中华书局，1974年6月第1版，第2266页。

② 《大正藏》第50卷，第353页上。

东晋僧伽提婆译《增壹阿含经》卷二一《苦乐品》第九经：“闻如是，一时，佛在舍卫国祇树给孤独园。尔时，世尊告诸比丘：‘今有四大河水从阿耨达泉出。云何为四？所谓恒伽、新头、婆叉、私陀。彼恒伽水，牛头口出向东流；新头南流，师子口出；私陀西流，象口中出；婆叉北流，从马口中出。是时，四大河水绕阿耨达泉已，恒伽入东海、新头入南海、婆叉入西海、私陀入北海。尔时，四大河入海已，无复本名字，但名为海。此亦如是，有四姓。云何为四？刹利、婆罗门、长者、居士种。于如来所，剃除须发，著三法衣，出家学道，无复本姓，但言沙门释迦子。所以然者？如来众者，其犹大海，四谛其如四大河；除去结使，入于无畏涅槃城。是故。诸比丘。诸有四姓，剃除须发，以信坚固，出家学道者，彼当灭本名字，自称释迦弟子。所以然者？我今正是释迦子，从释种中出家学道。比丘当知，欲论生子之义者，当名沙门释种子是。所以者何？生皆由我生，从法起，从法成。是故。比丘。当求方便，得作释种子。如是。诸比丘。当作是学。’尔时，诸比丘闻佛所说，欢喜奉行！”①

检阅南朝梁慧皎《高僧传》中所记出家人名，就可发现，凡外国僧人均以“三宝”、“国名”、“本姓”为姓，而中国僧人均以“释”为姓。“僧伽先”是典型的以“三宝”为姓，而《三法度经记》中作“释僧伽先”，显然是不明缘由的画蛇添足之谬。

（3）趣向大乘

---

① 《大正藏》第2卷，第658页中—下。

就其“大乘归属”，慧远谓之为“大乘居士”，而“出经后记”谓之“志愿大乘”。前者是“确为大乘”，后者是“趣向大乘”，这二者之间还是有本质区别的。根据僧伽先致力于注释弘扬《三法度论》，并希望“持此福祐一切众生，令从苦得安，见谛解脱”的记载来看，其应归属小乘，只是“志愿大乘”而已。印顺法师也认为：“不过在论义方面，他在说一切有系中是倾向于犊子部的。”

而慧远“大乘居士”之说，实因其误以《三法度论》所说为大乘佛理所致。吕澂就指出：

> 《三法度论》中胜义人我的主张传译过来之后，即对当时的学说产生了巨大的影响。从佛学初期传入中国以来，对于人我问题本来说得不大清楚，正如僧叡说的：“此土先出诸经，于识神性空，明言处少，存神之文，其处甚多。”因此有我论，占着优势，使轮回、报应等宗教麻醉剂，大为散播。甚至像接受了般若学性空之说的慧远，而于大乘是否说我尚存疑问；及至《三法度论》译出，他还把大乘也说成是讲有人我的了。他在序文中说，此书为“应真大人”（阿罗汉）所撰，“后有大乘居士”为之“训传”云云，足为例证。慧远原来受过鸠摩罗什的影响，与罗什既有书信往还，又为罗什所译《大智度论》写过序文，对龙树的中观和毕竟空的思想还是有过研究的，他直到晚年，还是坚信有我的。当时有人反对轮回之说，他即依据有我说著《明报应论》、《三报论》，大加提倡，因而更为宗教加强了麻醉的作用。他的根据，就

是《三法度论》。[①]

（4）大声明论

在这里，还要对《三法度经记》“比丘释僧伽先，志愿大乘，学三藏摩诃鞞耶伽兰，兼通一切书记”这段记述进行一下辨析。最为关键的，就是“摩诃鞞耶伽兰”其义所指的问题。

“摩诃鞞耶伽兰”，显然为梵文的音译。“摩诃”，为梵文 mahā 之音译，意译为大，这个比较明确。“鞞耶伽兰”，当为梵文 vyākaraṇa 之音译，其义有二：一为授记，一为声明。所谓授记，是指佛说十二部经之一。所谓声明，是指梵文 vyākaraṇa，又可音译为毗伽罗，意译为《声明记论》，为讲述印度梵文之语法书。

唐慧立本、彦悰笺《大唐大慈恩寺三藏法师传》卷三：“兼学婆罗门书、印度梵书，名为记论。其源无始，莫知作者。每于劫初梵王先说传授天人，以是梵王所说故曰《梵书》。其言极广，有百万颂，即旧译云《毗伽罗论》者是也。然其音不正，若正应云《毗耶羯剌諵》，此翻名为《声明记论》。以其广记诸法能诠故名《声明记论》。昔成劫之初梵王先说，具百万颂。后至住劫之初，帝释又略为十万颂。其后北印度健驮罗国婆罗门睹罗邑波腻尼仙，又略为八千颂，即今印度现行者是。近又南印度婆罗门为南印度王复略为二千五百颂，边鄙诸国多盛流行，印度博学之人所不遵习。此并西域音字之本。”[②]

① 吕澂《中国佛学源流略讲》第四讲《禅数学的重兴》;《吕澂佛学论著选集》第5卷，山东：齐鲁书社，1991年7月第1版，第2549—2550页。

② 《大正藏》第50卷，第239上。

梵文 vyākaraṇa 的意思已经明确，但在其前再加上“摩诃”之后，梵文 Mahāvyākaraṇa 到底又是什么意思呢？

印顺法师选择了将“摩诃”与“授记”相合，认为：“摩诃鞞耶伽兰（Mahāvyākaraṇa），就是大授记，或大记别，为十二部经的一部。”这种说法本身就是不成立的。因为“授记”或“记别”，原义是指对佛陀所说教义之问答分析解说，后指佛陀对弟子未来证果之预言。虽然大乘佛教中有八地以上菩萨为“大授记位”之说[①]，但就“十二部经”中并无大小之分。依南朝梁慧皎《高僧传》所记外国僧例，如卷一《维祇难传》：“受学三藏，妙善《四含》。”[②]卷三《浮陀跋摩传》：“习学三藏，偏善《毗婆沙论》。”[③]其义均为遍学三藏，并对其中某部教典尤为精通。“三藏”已包含十二部经，而且“授记”并不是独立的一部经或是比较系统的学说，其所指近于佛经中的一类叙说文体。所以，就算将“大授记”放回到“学三藏摩诃鞞耶伽兰”句中，其义也难通。

若将“摩诃”与“声明”相合，摩诃鞞耶伽兰（Mahāvyākaraṇa）的意思为“大声明论”，也就是指一种庞大而复杂的梵文语法学。依照印度“五明”（梵 pañca vidyā-sthānāni）的学术分类，“声明”（梵 śabda-vidyā）作为一个独立学术门类，历来为印度学术界所重视。印度现存最古老，也是最重要的一部梵文语法书，就是由古印度

① 无著造、唐波罗颇蜜多罗译《大乘庄严经论》卷一二《功德品》：“大授记者，谓在第八地中得无生忍时，由断自言我当作佛慢故，及断一切分别相功用故，得一切诸佛菩萨同一体故。”《大正藏》第 31 卷，第 652 页中。

② 《大正藏》第 50 卷，第 326 页中。

③ 《大正藏》第 50 卷，第 339 页上。

波你尼仙人（梵 Pāṇini）所编著的《八章书》（梵 Aṣṭa-dhyāyī），又俗称《波你尼经》（梵 Pāṇinisūtra），“是世界上没有匹配的一部奇书，它在将近四千句的代数公式般的歌诀中，包括了复杂的梵语变化的全部”①。要想系统学习并完全掌握该书内容，“连古代印度人都说要学十二年”②。

依唐义净《南海寄归内法传》卷四《西方学法》中所记，一个印度童子从六岁开始，有系统地次第勤学《悉昙章》（梵 Siddhirastu）三百余颂、波你尼造《苏呾啰》（梵 Sūtra）一千颂、《驮睹章》（梵 Dhātu）一千颂、《三弃攞章》（梵 Khila）三千颂、阇耶昳底（梵 Jayāditya）造《苾栗底苏呾啰》（梵 Vṛttisūtra）一万八千颂等五部声明论典，需要到二十岁才能“方解其义”，而且这还是以天资聪颖的“上根”之人作为标准的。

唐义净《南海寄归内法传》卷四《西方学法》：“神州之人，若向西方求学问者，要须知此，方可习余，如其不然，空自劳矣。斯等诸书，并须暗诵。此据上人为准，中、下之流以意可测。翘勤昼夜，不遑宁寝，同孔父之三绝，等岁精之百遍。牛毛千数，麟角唯一，比功与神州上明经相似。”③

若要继续深造，还需学习：钵颠社攞（梵 patañjali）造《朱你》（梵 Cūrṇi）二十四千颂，伐檄呵利（梵 Bhartṛhari）造《伐檄呵

① 金克木《梵语语法理论的根本问题》，《印度文化论集》，北京：中国社会科学出版社，1983 年 10 月第 1 版，第 227 页。

② 金克木《梵语语法《波你尼经》概述》，《印度文化论集》，北京：中国社会科学出版社，1983 年 10 月第 1 版，第 240 页。

③ 《大正藏》第 54 卷，第 228 页下。

利论》（梵 Bhartṛhari-tīkā）二十五千颂、《薄迦论》（梵 Vākyapadīya）七百颂及《释》七千颂、《荜拏》（梵 Prakīrnaka）三千颂[①]及护法（梵 Dharmapāla）《释》十四千颂[②]。

唐义净《南海寄归内法传》卷四《西方学法》："若人学至于此，方曰善解声明，与九经百家相似。斯等诸书，法俗悉皆通学，如其不学，不得多闻之称。"[③]

足见，如果一个人能够通晓"声明"的话，在印度绝对是一件值得称颂的了不起的事情。

唐玄奘《大唐西域记》卷二《健驮逻国》："娑罗睹逻邑，是制《声明论》波你尼仙本生处也。遂古之初，文字繁广，时经劫坏，世界空虚。长寿诸天，降灵道俗。由是之故，文籍生焉。自时厥后，其源泛滥。梵王、天帝作则随时，异道诸仙各制文字，人相祖述，竞习所传，学者虚功，难用详究。人寿百岁之时，有波你尼仙，生知博物，愍时浇薄，欲削浮伪，删定繁猥，游方问道，遇自在天，遂申述作之志。自在天曰：'盛矣哉，吾当祐汝！'仙人受教而退，于是研精覃思，捃摭群言，作为字书，备有千颂，颂三十二言矣。究极今古，总括文言，封以进上。王甚珍异，下令国中普使传习，有诵通利，赏千金钱。所以师资传授，盛行当世。故此邑中诸婆

① 案"荜拏"之音译，具体指哪部书，尚无定论。今从 J. Brough 之说。参见：王邦维《南海寄归内法传校注》，北京：中华书局，1995 年 4 月第 1 版，第 203 页。

② 参见唐义净《南海寄归内法传》卷四《西方学法》，《大正藏》第 54 卷，第 229 页上。

③ 《大正藏》第 54 卷，第 229 页中。

罗门硕学高才，博物强识。”①

根据玄奘所记，可知波你尼所著之书，最初亦泛称为《声明论》。所谓《八章书》，是后人就该书共分八章而名。所谓《波你尼经》，是后人就该书文体为修多罗（梵 sūtra），又合其作者而名。

唐义净《南海寄归内法传》卷四《西方学法》：“《苏呾啰》，即是一切声明之根本经也。译为《略诠意明》、《略诠要义》，有一千颂，是古博学鸿儒波尼你所造也。为大自在天之所加被，面现三目。”②

在波你尼之后，又相继出现释补波你尼《声明论》的著作，其中集大成者的就是波颠阇利（钵颠社攞）所著的《大疏》（梵 Vyākaraṇamahābhāṣya）。

唐义净《南海寄归内法传》卷四《西方学法》：“复有《苾栗底苏呾罗议释》，名《朱你》，有二十四千颂，是学士钵颠社攞所造。斯乃重显前经，擘肌分理，详明后释，剖折毫芒。明经学此，三岁方了，功与《春秋》、《周易》相似。”③

从《大疏》梵文名称看，也是 Vyākaraṇa 与 mahā 的组合，hāṣya 是“注疏”的意思，那么其字面意思就是“大声明论疏”。

波你尼为公元前四世纪末健驮逻国娑罗睹逻城（梵 śalātura）

① 《大正藏》第 51 卷，第 881 页下。

② 《大正藏》第 54 卷，第 228 页中。

③ 《大正藏》第 54 卷，第 229 页上。

人[①]，波颠阇利为公元前二世纪摩突罗国（梵 Mathurā）人[②]。

世友造、唐玄奘译《异部宗轮论》："次后于此第三百年，从犊子部流出四部：一、法上部，二、贤胄部，三、正量部，四、密林山部。"[③]

根据《异部宗轮论》所记，可知犊子系贤胄部形成于佛灭后三百年（公元前二世纪），那么作为贤胄部祖师婆素跋陀亦应为公元前二世纪人，其所作《三法度论》的年代应与波颠阇利所作《大疏》的年代相当。僧伽先在为《三法度论》作注释时，《声明论》与《大疏》早已流行印度，因为在古代印度研习声明的学风相当普遍。

摩诃鞞耶伽兰（Mahāvyākaraṇa）虽然不一定是指某部具体的声明著作，但它表示一部体系庞大之"声明学"的意思应该是比较明确的。那么《三法度经记》中那句话的完整意思就为：比丘僧伽先，志愿大乘，遍学三藏教典和"大声明论"，并兼通世间一切书记。所谓"一切书记"，是指世间外道之书。

新罗义寂《菩萨戒本疏》卷下本《不专异学戒》："若佛子有佛经律大乘法，正见正性正法身，而不能勤学修习，而舍七宝，反学邪见、二乘、外道俗典、阿毗昙、杂论、一切书记，是断佛性障道因缘，非行菩萨道。"[④]

---

① 季羡林《大唐西域记校注》，北京：中华书局，1985 年 2 月第 1 版，第 263 页。

② 段晴《波你尼语法入门·引用书缩略语说明》，北京：北京大学出版社，2001 年 8 月第 1 版，第 XV 页。

③ 《大正藏》第 49 卷，第 15 页中。

④ 《大正藏》第 40 卷，第 678 页上。

除了可能不知道梵文 vyākaraṇa 同时有“声明”的意思外，印顺法师选择“授记”这个义项，主要还是为了之后的另一个牵强论述作准备。他认为“摩诃鞞耶伽兰”就是“《求那毗地传》所说‘十二部经要切譬喻’”。但在“十二部经”中,“授记”与“譬喻”（梵 avadāna）是不同的两部，为了调和这一问题，印顺法师又进而说:“在北传佛教中，授记、譬喻、因缘等，都是可通用的。”这个论点实在不能让人信服与接受。

仍以南朝梁僧祐《出三藏记集》为例，其所记经录都是已经传入中国，并译成汉语了。那么，仅在其卷二《新集经论录》中，就记有“授记”类经一部:《观世音授记经》,“譬喻”类经三部:《譬喻三百首经》、《譬喻经》、《杂譬喻经》，“因缘”（梵 nidāna）类经四部:《十二因缘经》、《王子法益坏目因缘经》、《十二因缘观经》、《付法藏因缘经》。从经名上就将“授记”、“譬喻”、“因缘”区分得十分清楚，即便在内容上有所交叉，但决不是意味着可以相互取代，甚至消除其间的差异性。《求那毗地传》中原文为“抄集修多罗藏十二部经中要切譬喻，撰为一部”，明确指出是十二部经中的“譬喻”，并非“授记”。所以说，印顺法师将“授记”等同于“譬喻”的“通用”之说，纯属臆想之理由。

3. 大乘法师僧伽斯

南朝梁僧祐《出三藏记集》卷九《百句譬喻经前记》:“永明十年九月十日，中天竺法师求那毗地。出修多罗藏十二部经中抄出譬喻，聚为一部，凡一百事。天竺僧伽斯法师集行大乘，为新学者撰说此经。”[①]

南朝梁僧祐《出三藏记集》卷一四《求那毗地传》：“求那毗地，中天竺人也。弱龄从道，师事天竺大乘法师僧伽斯。聪慧强记，勤于讽习，所诵大小乘经十余万言。兼学外典，明解阴阳，其候时逢占，多有征验，故道术之称有闻西域。建元初，来至京师，止毗耶离寺，执锡从徒，威仪端肃，王公贵胜迭相供请焉。初，僧伽斯于天竺国抄集修多罗藏十二部经中要切譬喻，撰为一部，凡有百事，以教授新学。毗地悉皆通诵，兼明义旨。以永明十年秋，译出为齐文，凡十卷，即《百句譬喻经》也。”[②]

在两段记载中，对于僧伽斯为“大乘”法师并撰集《百句譬喻经》的描述，是一致而明确的。这也可以从南朝梁慧皎《高僧传》卷三、唐智升《开元释教录》卷六、唐圆照《贞元新定释教目录》卷八《求那毗地传》中，得到印证。没有任何一条记录，可以对僧伽斯的“大乘”身份产生质疑。仅就这一点，就可以把《百句譬喻经》的撰集者“大乘”僧伽斯，与“小乘”有部僧伽斯那、犊子部僧伽先区分开。

关于《百句譬喻经》撰集者之姓名，依南朝梁僧祐《出三藏记集》及南朝梁慧皎《高僧传》所记皆为“僧伽斯”。而在之后的记载中，就有了些许差异。唐智升《开元释教录》于卷六《求那毗地传》中记为“僧伽斯”，而至卷一三经录中就记为“僧伽斯那”，二名并存。隋费长房《历代三宝纪》卷一一、隋法经《众

① 《大正藏》第55卷，第68页下。

② 《大正藏》第55卷，第106页下—107页上。

经目录》卷六、隋彦琮《众经目录》卷二、唐静泰《众经目录》卷二、唐道宣《大唐内典录》卷四、唐明佺《大周刊定众经目录》卷一〇，以及唐智升后来所撰《开元释教录略出》卷四的经录中，都只记作“僧伽斯那”。唐圆照《贞元新定释教目录》卷八《求那毗地传》及卷二三经录中，均记为“僧伽斯那”。其中，隋费长房《历代三宝纪》、唐道宣《大唐内典录》又在记后注有“见僧祐《录》”，僧祐《录》即指《出三藏记集》，而其于《百句譬喻经》之撰集者并无“僧伽斯那”之记。这种由“僧伽斯”统一到“僧伽斯那”的流变过程，还受到另一部署名为“僧伽斯那”的经的影响。

《菩萨本缘经》（又作《菩萨本缘》、《菩萨本缘集》、《菩萨本缘集经》），僧伽斯那撰，三国吴支谦译，现存为三卷本。该经南朝梁僧祐《出三藏记集》不记，始见隋费长房《历代三宝纪》卷五，后隋法经《众经目录》卷六，隋彦琮《众经目录》卷二，唐静泰《众经目录》卷二，唐道宣《大唐内典录》卷二、卷七、卷九，唐明佺《大周刊定众经目录》卷一〇，唐智升《开元释教录》卷二、卷一三及《略出》卷四，唐圆照《贞元新定释教目录》卷三、卷二三均有著录，皆谓“僧伽斯那撰”。其中，隋费长房《历代三宝纪》、隋法经《众经目录》、隋彦琮《众经目录》、唐道宣《大唐内典录》卷二、唐智升《开元释教录略出》记为“四卷本”，唐道宣《大唐内典录》卷七、唐智升《开元释教录》卷二记为“二卷本”。

根据诸经录都将《百喻经》与《菩萨本缘经》连缀记录的形式看，足见基本是认定二经为同一人所撰。所记《菩萨本缘经》

之撰者均为“僧伽斯那”，没有异称；那么《百喻经》的撰者，也就自然而然从最初的“僧伽斯”统一为“僧伽斯那”了。当然，这并不是要否定二经同为僧伽斯那所撰，只是为以后之讨论作一伏笔。

通过上述梳理，对于写过《禅经》的“僧伽斯那”，为《三法度论》作释的“僧伽先”，以及撰集《百句譬喻经》的“僧伽斯”，是可以明确作出应为“不同三人”的结论的。他们分属不同年代、不同派别，所以印顺法师“三合一”之判断是不成立的，由此引出的其他结论也是不正确的。除了没有详细考察文献记录外，使印顺法师产生“三合一”判断的另一个重要原因，就是这三个人名字的相近性，从某种意义上讲就是重名。

僧伽斯那、僧伽先、僧伽斯，只是不同的音译，而梵文均为Saṃghasena，意译为众军。梵文Saṃgha，意译为众，音译为僧伽，没有异译；而梵文sena，意译为军，其音译就有了“斯那”、“先”、“斯”的不同。“斯那”是与梵文sena最为对应的音译，而其余两个似乎缺少了一个音节。这种感觉是由汉字古今读音的变化造成的，“先”、“斯”在古代的读音，其音末都有一个“ng”的浊鼻音。那么，虽然“先”、“斯”写出来看是一个字，但其正好对应了梵文sena的读音。为了便于理解，再举一例以作说明：梵文dāna，意译为布施，音译为檀、檀那。有的辞书说“檀”为“檀那”之略称[①]，这是不对的。檀，照现在汉语拼音读音为“tan”，其尾音

① 案《佛光大辞典》“檀那”条：“略作檀。”台湾：佛光出版社，1988年1月第1版，第6443页上。

亦为“n”，在古时读音比现在重，发“ng”的浊鼻音，故仅“檀”一字就可对应梵文 dāna 的读音。随着时间的推移，“ng”的浊鼻音逐渐变轻，如同现在“n”的读音，那么为了更好地对应梵文 dāna 的读音，就在“檀”后补一“那”字。所以，这也就从另一个方面解释了，《百喻经》撰者署名从“僧伽斯”到“僧伽斯那”变化的原因。

四、十卷《百句》

关于《百喻经》四卷本与十卷本的关系，在“初文”中已经作过论述，基本结论是：四卷本要早于十卷本，四卷本为十卷本之略出。这种先略后详的情况，在译经过程中是十分常见的，越是卷帙浩大的经论，其最先传译过来的都是某卷的单行本或是节略本。随着时间的推移，在各方面因缘条件都具足的情况下，才有可能完成全部的翻译。其中最具代表性的，当属“般若类”经典的翻译。

印顺法师认为四卷本《百喻经》，与《出三藏记集》中所记的十卷本《百句譬喻经》，不是同一部经；并以所谓“大授记”的理由，断定经录中所记十卷本《百句譬喻经》就是现存的十卷本《撰集百缘经》（梵 Avadāna-śataka）。当然，这个判断是不正确的，因为从《百句譬喻经》与《撰集百缘经》的经题就可看出，这两部经分属十二部经的“譬喻”与“因缘”。再结合《求那毗地传》中“抄集修多罗藏十二部经要切譬喻”的记述，以及考察现存《撰集百缘经》“十品”的具体内容，就更加一目了然了。另外，《撰集百缘经》梵本见存，亦有藏译本，梵、藏二本与汉译本相较，仅有六缘之差，且题名均为“撰集百缘”，而非“百句譬喻”。所以，印顺法师所犯的还是一个将“授记、譬喻、因缘”等同起来的错误。

由于十卷本《百句譬喻经》今不存，又恰好现存一部十卷本《撰集百缘经》，就难免容易使人把这二者联系起来；并在有了初步判断后，寻求一些材料作进一步的论证。这种思路也是很正常的，无非是看其论证方法和结论是否经得起推敲。其实，印顺法师对经录记载的质疑，倒不在于“四卷”与“十卷”的卷数差异上，主要是在《百喻经》与《百句譬喻经》的关系上。其实，这个问题经录记载比较明确，《百句譬喻经》与现存之《百喻经》就是“同本异译”的关系，但由于又出现卷数差异的干扰，使得本已清晰的结论又变得不确定了。那么，只要解决《百句譬喻经》与《百喻经》之相互对应的关系，并能实际找出十卷本《百句譬喻经》存在的文献证据，其他问题自然就会迎刃而解了。

1. 二经同一

根据“初文”所列，唐智升《开元释教录》卷六、唐圆照《贞元新定释教目录》卷八谓：“《百喻经》四卷，亦云《百句譬喻经》。”再比较南朝梁慧皎《高僧传》卷三、南朝梁僧祐《出三藏记集》卷一四、唐智升《开元释教录》卷六、唐圆照《贞元新定释教目录》卷八《求那毗地传》中记述，亦可得出《百句譬喻经》即《百喻经》的结论。

从他书引用情况看，大都所注出处为《百喻经》，而注明出处为《百句譬喻经》的仅见于南朝梁宝唱《经律异相》。该书引用《百句譬喻经》譬喻共五则，分别为：卷三六“痴子卖香迟烧之为炭以求速售”，卷四四“夫妇约不先语见偷取物夫能不言”、“妇人鼻丑夫割他好者以易之”、“有人为罪王令割肉五斤”、“诸劫分物不识好者”。考察其内容，即为《百喻经》之“入海取沉水喻”、“夫妇食饼共为要喻”、“为妇贸鼻喻”、“人说王纵暴喻”、“劫盗分财喻”。而《经律异相》所引其他譬喻类经典之内容，根据其所注明之出处核对，亦皆相符，且并无一则与《百喻经》交叉雷同。

所以，就现存文献而言，《百喻经》与《百句譬喻经》完全是一种相互对应的关系，不可能别指他经。

2. 十卷考证

虽然《百喻经》与《百句譬喻经》同属一系，但根据经录记载，毕竟一个是四卷、一个是十卷。是否真的独立存在一个十卷本《百句譬喻经》，而不像印顺法师所说的只是十卷本《撰集百缘经》的讹传呢？这就需从南朝梁宝唱的另一本著作《翻梵语》中来寻找答案。

《翻梵语》十卷，日本圆仁《入唐新求圣教目录》、日本安然《诸阿阇梨真言密教部类总录》卷下皆有著录，可知唐时就已传入日本。该书作者，日本慈云饮光《梵学津梁总目录》：“《翻梵语》，庄严寺宝唱撰，十卷。”[①]且书中存有今已佚之宝唱所撰《出要律仪》之内容，唐道宣《大唐内典录》卷一〇："梁杨都庄严寺沙门释宝唱，奉敕撰（中略）《出要律仪》二十卷，并《翻梵言》三卷。”[②]故当为宝唱所撰无疑。至于卷数差异，十卷本皆为日僧著录，可能为该书传入日本后，重抄整理所致。又《大正藏》第五十四卷所收本，前有日僧正贤贺题记云："今此书也，全部十卷，飞鸟寺信行之撰集，世所希也。”[③]此乃张冠李戴之误也。日本永超《东域传灯目录·弘经录》："《略集诸经律论等中翻梵语书》一卷，释僧行信撰。”[④]

在《翻梵语》中，宝唱亦多次引用《百句譬喻经》，现将引用情况抄列如下：

卷一《外道法名》："末伽梨论，译曰觅道。《百句譬喻经》第三卷。”[⑤]

卷二《比丘名》："因陀摩罗，应云因陀罗摩罗，译曰天主垢也。毗舒佉，译者曰里名也。因陀摩那，应云因陀罗摩那，译曰伏天主也。修罗斯梨，译曰勇体。《百句譬喻经》第六卷。”[⑥]

卷五《外道名》："讫梨舍，译曰瘦也。僧讫恶姤，译曰安。瞿舍卢，译曰名也。味迦梨子，译曰觅道。醯头摩纳，应云醯兜

① 《大正藏》第 84 卷，第 812 页上。
② 《大正藏》第 55 卷，第 331 页中。
③ 《翻梵语》，《大正藏》第 54 卷，第 981 页上。
④ 《大正藏》第 55 卷，第 1154 页下。
⑤ 《大正藏》第 54 卷，第 986 页上。
⑥ 《大正藏》第 54 卷，第 999 页下。

摩那婆，译曰醯兜者因、摩那婆者少年净行。《百句譬喻经》第八之内。萨支禅尼，应云萨遮阇尼，译曰萨遮者实、阇尼者生。第九卷。”①

卷五《长者名》：“难提长者，译曰欢喜。《百句譬喻经》第八卷。”②

卷七《神名》：“首罗那罗延神，译曰勇力。《百句譬喻经》第三卷。”③

卷七《鸟名》：“赊律椸鹦鹉，译曰实可畏也。钵叉鸟，应云博叉，译曰翅也。《百句譬喻经》第七卷。”④

卷八《国土名》：“阿毗罗国，译曰不精进也。《百句譬喻经》第四卷。私呵国，译曰胜也。《百句譬喻经》第三卷。”⑤

卷八《城名》：“头迦罗城，应云头和迦罗，译曰苦行。《百句譬喻经》第四卷。”⑥

卷九《山名》：“摩诃弥楼山，译曰光也。伊茀罗山，译曰仙人住住处。《百句譬喻经》第一卷。”⑦

卷九《树名》：“刹受利树，译曰埆也。《百句譬喻经》第一卷。婆吒树，译曰似菩提树。第四卷。”⑧

---

① 《大正藏》第54卷，第1015页中。

② 《大正藏》第54卷，第1016页下。

③ 《大正藏》第54卷，第1028页下。

④ 《大正藏》第54卷，第1032页中。

⑤ 《大正藏》第54卷，第1036页下。

⑥ 《大正藏》第54卷，第1038页下。

⑦ 《大正藏》第54卷，第1043页下。

⑧ 《大正藏》第54卷，第1048页中。

卷一〇《果名》："柯必他果，译曰梨也。《百句譬喻经》第二卷。"[①]

需要说明的是，依照《翻梵语》引书体例，若连续引用同一部书，大都于第一处注明书名卷数，而之后则省略书名而仅标明卷数。根据以上引文所标明《百句譬喻经》之卷数，除没有"第五卷"与"第十卷"外，基本呈现出一个十卷本的样貌。考察其所引用之内容，也决非出自《撰集百缘经》等其他譬喻类经典。

宝唱于《经律异相》中引书极为严谨，除标明卷数外，若遇重名之经，必予以区分，如《杂譬喻经》与《旧杂譬喻经》、《譬喻经》与《十卷譬喻经》等。《翻梵语》中虽无重名现象，但引书风格亦同《经律异相》，严格注明出处卷数。故二书出自一人之手，决不会在引用书目上出现错误，即引用的是他书内容，却注明出处为《百句譬喻经》。再说，又不是个别引用，是多次引用，故应该确认两书所引都出自《百句譬喻经》，只是版本不同而已。

《翻梵语》中所引《百句譬喻经》之内容，无一条能于《百喻经》中查到，由此可知确实有一个独立的十卷本《百句譬喻经》存在。而《经律异相》中所引《百句譬喻经》之内容，主体叙事结构与四卷本《百喻经》基本一致，只在细节上略有差异，且其标明所出卷数也未有超出四者。所以，细节的差异不能否定主体的一致，

① 《大正藏》第54卷，第1051页上。

即不能判定《经律异相》所引之《百句譬喻经》与四卷本《百喻经》为异本，二者之所以出现细节上的差异，是原于四卷本的自身流变造成的，这在下文还将专门论述。

根据宝唱二书所引之《百句譬喻经》可知，十卷本与四卷本于南朝梁时就已并存。于今论证十卷本之存在，只能以《翻梵语》所引为确据，而不能依《经律异相》所引之细节差异来妄断。

3. 详略差异

虽然说《百喻经》与《百句譬喻经》是一种相互对应的关系，但这种“二经同一”性并非指两者完全一样，而是一种“同本异译”的关系。在“初文”中已经指出，该经的翻译不止一次，不同译本之间的差异就在详略上，即：四卷本《百喻经》“略”，十卷本《百句譬喻经》“详”。但泛泛之言是没有说服力的，到底这种详略差异又具体表现在哪些地方呢？

（1）百与超百

从《百句譬喻经》经名来看，并不能直接表示“有一百个譬喻”的意思，而“百”也只是一个虚指。唐道宣《大唐内典录》卷一〇《历代道俗述作注解录》中就记载：“前齐太宰竟陵王萧子良撰注经史义等二十余部，将三百卷。”[1]其中萧子良抄撮《法句譬经》而成三十八卷，名为《抄百喻经》[2]。

由于受到《求那毗地传》中“凡有百事”及《百喻经》经名

---

① 《大正藏》第55卷，第330页下。

② 唐道宣《大唐内典录》卷一〇《历代道俗述作注解录》：“《抄百喻经》，三十八卷，一云《法句譬经》。”《大正藏》第55卷，第330页下。

的影响，想当然地认为该经原本就应该有“一百则”譬喻，这是不正确的。

唐智升《开元释教录》卷六《总括群经录》、唐圆照《贞元新定释教目录》卷八《总集群经录》：“《百喻经》四卷，亦云《百句譬喻经》，或五卷。天竺僧伽斯那撰，永明十年九月十日译。见僧祐《录》。祐等并云‘译成十卷’，此之四卷，百事足矣。”[①]

二《录》所谓“百事足矣”，是指该经曾“译成十卷”，而此四卷本《百喻经》的内容，也具足一百事了。显然，这“百事”之说仅是针对《百喻经》而言。

结合之前“十卷考证”的内容，有理由认为该经之本名就为《百句譬喻经》，先后数次翻译，不论四卷略本，还是十卷详本，其名均为《百句譬喻经》。由于四卷略本内容具足百事，故后又称之为《百喻经》。因之反推，十卷详本之内容，就应超过百事。

（2）梵汉差异

根据《翻梵语》所引内容可知，十卷详本多存梵语音译；而四卷略本在翻译上尽可能采取了意译，虽然少量保留了部分必要之音译，但从总体行文上不会给阅读者造成障碍。比如“梨”这种水果，中国与印度都有，依《翻梵语》卷一〇《果名》所记，在《百句譬喻经》第二卷中就采用音译作“柯必他果”（梵 kapittha），不懂梵文的读者若不借助像《翻梵语》这样的工具书，恐怕就不知所谓了；而在《百喻经》第一“以梨打头破喻”中，

① 《大正藏》第55卷，第536页中，第834页中。

就直接意译作“梨”。当然,像《百喻经》第七〇“尝庵婆罗果喻”,由于庵婆罗果（梵 Āmrātaka）只产于印度，中国没有此物种，无有直接对应之翻译，也就只好保留音译了。此即唐玄奘所说“五种不翻”之“此方所无，故不翻”[①]。

五、四卷《百喻》

十卷本《百句譬喻经》毕竟没有留存至今,《翻梵语》中的只言片语也不能提供更多的信息，而今完整保留并影响广泛的，还是四卷本《百喻经》。虽然四卷本《百喻经》已是在梵本原经的基础上，删繁就简略译出来的，但就其汉译本自身，也是经过数番修饰加工，才形成了如今的定本。

从“初文”及之前的讨论中，可知略本《百喻经》最初翻译过来是四卷本，而二卷本是在四卷本基础上的分卷合并，所以之后的讨论仍以四卷本《百喻经》为研究对象。

1. 目次编排

现存各种版本《百喻经》，除在分卷上略有不同外（二卷本或四卷本），在文字内容上基本没有什么差异，而且九十八个譬喻的编排顺序也是一致的。但是，四卷本《百喻经》在最初翻译完成时，其譬喻的编排却不是现在的顺序。

根据南朝梁宝唱《经律异相》转引五则譬喻后注明之所出卷

① 参见南宋法云《翻译名义序》。《大正藏》第 54 卷，第 1055 页上。

数，就与四卷本《百喻经》中之所在卷数不同。列简表如下：

《经律异相》	所出卷数	《百喻经》	所在卷数
痴子卖香迟烧之为炭以求速售	卷一	入海取沉水喻	卷二
夫妇约不先语见偷取物夫能不言	卷二	夫妇食饼共为要喻	卷四
妇人鼻丑夫割他好者以易之	卷一	为妇贸鼻喻	卷二
有人为罪王令割肉五斤	卷三	人说王纵暴喻	卷一
诸劫分物不识好者	卷一	劫盗分财喻	卷四

又日本寿灵《华严五教章指事》卷上末，引有《百喻经》卷二之“送美水喻”，但其所注出处为“《百喻经》第一卷”[①]。

可见，四卷本《百喻经》在翻译完成后，其譬喻的编排顺序是经过调整的，并非最初就是现在这个样子。

2. 标题设置

现存四卷本《百喻经》各譬喻之小标题，每则都以“喻”字作结，这种较为整齐划一的效果，显然是经过整理设置的。

前列《经律异相》所引五则譬喻之小标题，就与《百喻经》不同。又唐道世《法苑珠林》卷五三《愚戆篇》第五十九《杂痴部》，也引有《百喻经》譬喻八则，其小标题依次为：“造楼”、“磨刀”、“卖香”、“赌饼”、“畏妇”、“掩米”、“效眴”、“怖树”[②]；其对应《百喻经》之小标题为：“三重楼喻”、“就楼磨刀喻”、“入海取沉水喻”、

① 《大正藏》第72卷，第223页中。案该页下校勘记云：“‘一’，甲本（建久年间高辨写高山寺藏本）作‘二’。”

② 《大正藏》第53卷，第687页下—688页下。

“夫妇食饼共为要喻”、“为二妇故丧其两目喻”、“唵米决口喻”、“人效王眼瞤喻”、“野干为折树枝所打喻”。又日本安澄《中论疏记》卷三末中，引有《百喻经》“子死欲停置家中喻”，但谓作“《百喻经》‘担死人譬’”①，其小标题末乃是用“譬”字作结。

考察现存比丘道略所集《杂譬喻经》与《众经撰杂譬喻》体例，每则譬喻仅以“数字”排序，并无小标题。故可推知《百喻经》在最初翻译完成时，也可能仅用“数字”排序，未必就设有小标题。当然，其他三部《杂譬喻经》也是如此②。之所以强调道略所集本，是因为其与《百喻经》有着更为密切的内在联系，这在后面会专门论述。

3. 文辞修饰

单从“分卷”和“小标题”的变化，还不足以证明《百喻经》有过一个流变的过程，这还需要从经文本身入手。

从《百喻经》在他书中的引用情况看，不论是全引、还是意引，基本譬喻的构成要素与叙事结构，都是与原经相同的。也就是说，在主要譬喻人物与情节上，引用的内容应该与原经一致。但在比对南朝梁宝唱《经律异相》所引的一则譬喻后，就会发现实际情况并不完全如此。

南朝梁宝唱《经律异相》卷四四《男庶人部》上“诸劫分物不识好者”：“昔者众商人，经由险道值劫，大失衣物。中有一衣，

---

① 《大正藏》第65卷，第88页上。

② 案《杂譬喻经》一卷，后汉支娄迦谶译；《杂譬喻经》二卷，失译；《旧杂譬喻经》二卷，吴康僧会译。

是鹿胎毛细软滑泽织持作衣，其价百倍，而色紫黑，不悦人眼。劫不赏别，用持作帊，以盛粗衣。他处共分，各取杂物，谓是奇好；余此一帊，未展分张。劫群中有困弱人，独不与分，苦论共以帊，乞即自卖之。时大贵人知是好物，依限雇直，比于余劫所得等分。诸劫闻之，大生耻恼。”①

《百喻经》卷四“劫盗分财喻”：“昔有群贼，共行劫盗，多取财物，即共分之。等以为分，唯有鹿野钦婆罗色不纯好，以为下分，与最劣者。下劣者得之恚恨，谓呼大失。至城卖之，诸贵长者多与其价。一人所得倍于众伴，方乃欢喜踊悦无量。”②

南朝梁宝唱《经律异相》所引“譬喻”，与现存《百喻经》“大同”而“小异”。所谓“大同”，是指在譬喻的叙事结构上基本一致，二者都讲的是一个“盗贼分赃不均，原以为吃亏者，实际获利最大”的故事。所谓“小异”，是指在人物、情节等细节设置上有明显差异。现将主要差异列表如下：

《经律异相》	《百喻经》
昔者众商人，经由险道值劫，大失衣物	无
鹿胎毛细软滑泽织持作衣	鹿野钦婆罗
而色紫黑，不悦人眼	色不纯好
用持作帊，以盛粗衣	无
劫群中有困弱人	下劣者
比于余劫所得等分	一人所得倍于众伴
诸劫闻之，大生耻恼	无

① 《大正藏》第53卷，第234页下。

② 《大正藏》第4卷，第556页中。

从中可以发现，现存《百喻经》比南朝梁宝唱《经律异相》所引，显得行文更加简洁，故事主线也更加清晰。这则譬喻本来就是以“盗贼分赃”为主要故事背景，像之前再加个“商人遇险被劫”的情节，就显得有些多余。再有，只要说明那块衣料珍贵，但众贼均不识货即可，也不必又增加一个将其“作包裹布”的情节。

由于南朝梁宝唱《经律异相》所引是出自《百喻经》，这个在前面已经论证过了。既然是引用，就不会自行在结构和细节上作大的改动，因为其所引的另外四则譬喻，在结构与细节上都与《百喻经》一致。那么，致使出现这些细节差异的原因只有一个，即南朝梁宝唱《经律异相》所引用的《百喻经》原本如此。也就是说，南朝梁宝唱《经律异相》所引用的《百喻经》，与现存《百喻经》在文本上存在着一定的细节差异，这些细节差异正好可以说明现存《百喻经》的文本是被修饰加工过的。

4. 妄增“序品”

关于《百喻经》所收譬喻的数量问题，在“初文”中已经作过论述。历代藏经所收《百喻经》均为九十八则譬喻，但根据经录及《求那毗地传》的记载，应当有一百则。可见，《百喻经》在勘定入藏后，一直就是“不足百喻”的。古人虽然也发现这一问题，但并没有像“初文”中那样，找到佚失的两喻，而是采取了另外一种“补足”方法，即增添“序品”和“跋偈”以成百数。

《百喻经》之“序品”，《高丽藏》本无[①]。该“序品”三百余字，记五百异学梵志（梵 brahmacārin）与佛在王舍城鹊封竹园（梵 Veṇuvana kāraṇḍaka nivāpa）问答要义，心开意解，受戒证果，后佛为说此经。若依“序品”所述，《百喻经》乃佛为五百异学梵志“广说众喻”，与“跋偈”所谓“此论我所造”义不符，显然为后人所加。像这种肆意“添品”的行为，在中国佛教历史上是屡见不鲜的。这虽然有碍于对原经本义的把握，但由于“序品”的妄增，也正好从另一个角度说明《百喻经》是被加工过的。

对于“跋偈”，目前还没有证据证明也是被后人妄增的，故可以承认其真实性。不过对于最后的署名形式，还是值得怀疑的。

5. 尊者署名

前文所谓“伏笔”处，已经论及“僧伽斯”与“僧伽斯那”这两名之间的异同关系。简而言之：若从梵文本身来看，二名没有区别，均可通用。若就《百喻经》之署名，最为标准的应作“僧伽斯”，因为最初记载如此。后来变为署作“僧伽斯那”，除补足梵文音节的因素外，就是与《菩萨本缘经》的署名相统一。所以，对《百喻经》撰者署名为“僧伽斯那”，是没有任何疑义的。但在《百喻经》“跋偈”末，谓此经为“尊者僧伽斯那造”，这就有问题了。

“尊者”在汉传佛教典籍中，一般都是对解脱圣人、证道祖

① 《高丽大藏经》第 54 册，北京：线装书局，2004 年 1 月第 1 版，第 117 页上。案《赵城金藏》仅存卷二、卷三，缺卷一、卷四。《中华大藏经》（汉文部分）第 51 册，北京：中华书局，1992 年 7 月第 1 版，“目录”第 5 页下—7 页上。

师的尊称，而且多冠于外国人名之前。根据诸经录及《求那毗地传》中相关记述，僧伽斯只是一位“天竺大乘法师”，而非圣者祖师。而且所有记录，也都谓《百句譬喻经》（或《百喻经》）是由“僧伽斯（那）”撰集，并无“尊者”之称。足见“尊者”二字，也为后人“加笔”。导致这种“加笔”行为的原因，大致有二：第一，为了抬高撰集者的身份，以增加本经的证信力。如同现存很多佛教典籍，假托某位菩萨所造一样。第二，与小乘有部“僧伽斯那”相混，因其与马鸣、胁比丘并列，故称“尊者”。印顺法师即是如此。

不要小看“尊者”这两个字的加笔，由于“跋偈”属于该经的正文部分，所以偈末那句“尊者僧伽斯那造作《痴花鬘》竟”，也就顺理成章被当作经文看待。既然经中都说是“尊者僧伽斯那造”的，那经题下面的署名也应遵照修改。所以，除《赵城金藏》署作“僧伽斯那撰”[①]外，其余版本《百喻经》凡有署撰集人名者，皆作“尊者僧伽斯那撰”。这又将本已与《菩萨本缘经》统一的署名，区别开了。

因此，可以确定略本《百喻经》在被求那毗地最初汉译出来后，是经过对分卷、标题、文本、序品及署名等诸多方面的数次修饰与加工，才形成如今之定本的。

---

① 《中华大藏经》（汉文部分）第51册，北京：中华书局，1992年7月第1版，第424页中，第431页中。

六、传译渊源

在讨论其他问题时，已经不止一次提到，《百句譬喻经》（或《百喻经》）是“抄集修多罗藏十二部经中要切譬喻”编撰而成的。但根据现存《百喻经》所收譬喻，要想再反溯其渊源时，却基本收效甚微。在《大藏》经论之中，能够与《百喻经》譬喻相类似符合者，寥寥无几，仅吾所见，也就之前所列三条[①]。不过在同为比丘道略所撰集的两部“杂譬喻”经典中，却有五则几乎完全与《百喻经》相符的譬喻。现列简表如下：

《百喻经》	“杂譬喻”经典
二、愚人集牛乳喻	《众经撰杂譬喻》第六喻
二七、治鞭疮喻	《杂譬喻经》第二三喻
五四、蛇头尾共争在前喻	《杂譬喻经》第二五喻
五七、蹋长者口喻	《杂譬喻经》第一四喻
六〇、见水底金影喻	《众经撰杂譬喻》第四二喻

这并不是一个偶然的现象，隆莲法师也曾指出：“它们在源流上可能有些关系。”[②]《杂譬喻经》、《众经撰杂譬喻》和《百喻经》一样，同为撰集譬喻类经典。也就是说，道略和僧伽斯一样，都

① 案僧伽斯那撰、三国吴支谦译《菩萨本缘经》卷中《善吉王品》中，有与《百喻经》第七十二“唵米决口喻”同者，然二经皆为一人撰集，故不属讨论之列。

② 《中国佛教》第四辑，中国佛教协会编，北京：知识出版社，1989 年 5 月第 1 版，第 10 页。

是从经藏中抄集出各种譬喻，然后再编撰成书的，这在手法上是一致的。道略所集两部“杂譬喻”经典与《百喻经》之相类似处，主要还体现在道略所集的每则譬喻，也分“譬喻”和“说理”两个部分，形成如《百喻经》一样“前喻后理”的行文结构；其“说理”部分所归佛法意趣，也与《百喻经》大同。再有现存《杂譬喻经》经末题名作“佛说杂譬喻经”[1]，这与《赵城金藏》本《百喻经》题名作“佛说百喻经”[2]形式一致。

《杂譬喻经》与《众经撰杂譬喻》所收譬喻多有重复，几乎一字不差；又《众经撰杂譬喻》署为“姚秦三藏法师鸠摩罗什译”，故知二经本为一经，均为比丘道略集、鸠摩罗什译。后经传抄流传，删减重编，故有二分。在上述诸多相类的前提下，若要说《百喻经》之译文风格与鸠摩罗什相类，其关联理由应当在此。

印顺法师虽然也提出《百喻经》“或是鸠摩罗什时代的译品”，但他从《菩萨本缘经》之“每缘以‘我昔曾闻’发端，与鸠摩罗什所译的《大庄严经论》一样”；又因《菩萨本缘经》为僧伽斯那所撰，故同为僧伽斯那所撰之《百喻经》，亦应与鸠摩罗什所译的《大庄严经论》相近，“文字清顺流利”。由此得出《百喻经》与《菩萨本缘经》“这二部，或是鸠摩罗什时代的译品”之结论，未免过于委曲。而且返观其论，并不能看出《百喻经》之翻译与鸠摩罗什有什么直接的关系。

---

① 《大正藏》第4卷，第531页中。

② 《中华大藏经》（汉文部分）第51册，北京：中华书局，1992年7月第1版，第424页中。

印顺法师所谓求那毗地不可能“师事天竺大乘法师僧伽斯”，这是将《百喻经》的撰集者误认为是小乘犊子部僧伽斯那所导致的。他又说：“僧祐的《求那毗地传》，只说‘悉皆通利，兼明义旨’，并无直接师承的意味。”这确为因读书不严谨而犯的错误，因为南朝梁僧祐《出三藏记集》卷一四《求那毗地传》开篇即言：“求那毗地，中天竺人也。弱龄从道，师事天竺大乘法师僧伽斯。”

道略的个人生平无从查考，但可以肯定他也是一位外国比丘，生活年代要早于大乘法师僧伽斯那。从《杂譬喻经》、《众经撰杂譬喻》与《百喻经》的比较中，可以看出无论从材料的选择，还是行文的手法，以及编撰的目的，都是具有相当一致性的。道略所集譬喻中，多有赞叹菩萨行者，如《杂譬喻经》第一喻、《众经撰杂譬喻》第一八喻：“发菩萨心，其功德胜满三千世界成就罗汉。”僧伽斯所集譬喻中，亦有如来一乘法之教，《百喻经》卷二《送美水喻》：“如来法王有大方便，于一乘法，分别说三。”故足以看出“譬喻师”从“小乘”向“大乘”之转化。

七、再论“序品”

前已谓《百喻经》之“序品”，乃后人妄增。然佛教经论作伪，又能忝列《大藏》之作，绝非凭空杜撰，大多依真经真论变造而成。此妄增之“序品”，亦是如此。现将原文引之如下：

闻如是，一时，佛在王舍城，在鹊封竹园，与诸大比丘、菩萨摩诃萨及诸八部三万六千人俱。是时，会中有异学梵志五百人俱，从座而起，白佛言："吾闻佛道洪深，无能及者，故来归问，唯愿说之。"佛言："甚善。"问曰："天下为有为无？"答曰："亦有亦无。"梵志曰："如今有者，云何言无？如今无者，云何言有？"答曰："生者言有，死者言无，故说或有或无。"问曰："人从何生？"答曰："人从谷而生。"问曰："五谷从何而生？"答曰："五谷从四大火风而生。"问曰："四大火风从何而生？"答曰："四大火风从空而生。"问曰："空从何生？"答曰："从无所有生。"问曰："无所有从何而生？"答曰："从自然生。"问曰："自然从何而生？"答曰："从泥洹而生。"问曰："泥洹从何而生？"佛言："汝今问事，何以尔深？泥洹者，是不生不死法。"问曰："佛泥洹未？"答曰："我未泥洹。""若未泥洹，云何得知泥洹常乐？"佛言："我今问汝，天下众生，为苦为乐？"答曰："众生甚苦。"佛言："云何名苦？"答曰："我见众生死时，苦痛难忍，故知死苦。"佛言："汝今不死，亦知死苦，我见十方诸佛，不生不死，故知泥洹常乐。"五百梵志心开意解，求受五戒，悟须陀洹果，复坐如故。佛言："汝等善听，今为汝广说众喻。"①

在这段"序品"中，有以下几点值得注意：(1)"六成就"中，"闻成就"在"信成就"前；(2)"六成就"中，"处成就"先谓在王舍城，后言在鹊封竹园；(3)向佛问道者为"异学梵志"；

① 《大正藏》第4卷，第546页上—中。

（4）问答内容的递进次序，是从“有无—生死—人—五谷—四大—空—无所有—自然—泥洹”；（5）梵志问“泥洹从何而生”，佛斥梵志“汝今问事何以尔深”；（6）梵志归佛求戒。

该“序品”当源出东晋瞿昙僧伽提婆译《中阿含经》卷四〇《梵志品》中之第八经《阿伽罗诃那经》，现将全文引之如下：

> 我闻如是，一时，佛游舍卫国，在胜林给孤独园。尔时，阿伽罗诃那梵志中后彷徉，往诣佛所，共相问讯，却坐一面，白曰：“瞿昙。欲有所问，听乃敢陈？”世尊告曰：“恣汝所问。”梵志即便问曰：“瞿昙。梵志经典何所依住？”世尊答曰：“梵志经典依于人住。”梵志即复问曰：“瞿昙。人何所依住？”世尊答曰：“人依稻麦住。”梵志即复问曰：“瞿昙。稻麦何所依住？”世尊答曰：“稻麦依地住。”梵志即复问曰：“瞿昙。地何所依住？”世尊答曰：“地依水住。”梵志即复问曰：“瞿昙。水何所依住？”世尊答曰：“水依风住。”梵志即复问曰：“瞿昙。风何所依住？”世尊答曰：“风依空住。”梵志即复问曰：“瞿昙。空何所依住？”世尊答曰：“空无所依，但因日月，故有虚空。”梵志即复问曰：“瞿昙。日月何所依住？”世尊答曰：“日月依于四王天住。”梵志即复问曰：“瞿昙。四王天何所依住？”世尊答曰：“四王天依三十三天住。”梵志即复问曰：“瞿昙。三十三天何所依住？”世尊答曰：“三十三天依焰摩天住。”梵志即复问曰：“瞿昙。焰摩天何所依住？”世尊答曰：“焰摩天依兜瑟哆天住。”梵志即复问曰：“瞿昙。兜瑟哆天何所依住？”世尊答曰：“兜瑟哆天依化乐

天住。”梵志即复问曰：“瞿昙。化乐天何所依住？”世尊答曰：“化乐天依他化乐天住。”梵志即复问曰：“瞿昙。他化乐天何所依住？”世尊答曰：“他化乐天依梵世住。”梵志即复问曰：“瞿昙。梵世何所依住？”世尊答曰：“梵世依于大梵住。”梵志即复问曰：“瞿昙。大梵何所依住？”世尊答曰：“大梵依于忍辱温良住。”梵志即复问曰：“瞿昙。忍辱温良何所依住？”世尊答曰：“忍辱温良依涅槃住。”梵志即复问曰：“瞿昙。涅槃何所依住？”世尊告曰：“梵志。意欲依无穷事。汝今从我受问无边，然涅槃者无所依住，但涅槃灭讫，涅槃为最。梵志。以此义故，从我行梵行。”梵志白曰：“世尊。我已知。善逝。我已解。世尊。我今自归于佛、法及比丘众，唯愿世尊受我为优婆塞，从今日始，终身自归，乃至命尽。”佛说如是。阿伽罗诃那梵志闻佛所说，欢喜奉行。[①]

参照“序品”六点注意，《阿伽罗诃那经》：(1)“闻成就”在“信成就”前；(2)“处成就”，先谓“游舍卫国”，后言“在胜林给孤独园”；(3) 向佛问道者为“梵志”；(4) 问答内容的递进次序，是从“梵志经典—人—稻麦—地水风火—空—日月—诸天—大梵—忍辱温良—涅槃”；(5) 梵志问“涅槃何所依住”，佛斥梵志“意欲依无穷事”；(6) 梵志归于三宝，求受优婆塞。二相比对，其义大同，可证源出之说。

又“序品”所谓“鹊封竹园”，仅见西晋若罗严译《佛说时

① 《大正藏》第1卷，第681页下—682页中。

非时经》:“佛在王舍城鹊封竹园。”[1]据丁福保《佛学大辞典》“鹊园”条:“案经论中不见鹊园之语，是阿输迦王之鸡雀寺，一称为雀园，故取其音之同似造为鹊者与。鹊园即竹林也。”[2]“序品”列众谓“与诸大比丘、菩萨摩诃萨及诸八部三万六千人俱”，此乃为显大乘而杂糅之语。

八、三学八正

现存《百喻经》所收九十八则譬喻，其“说理”部分所涉及的佛教教理,不出“三学”、“八正道”范畴。而僧伽斯通过撰集“譬喻”来讲说佛教教理，确实有利于初学佛法者的接受与理解，以达到“教授新学”的目的。

当然，这些“譬喻”全都是一些“反面教材”，都是愚痴之人做出的愚蠢之事。所以,前“譬喻”部分先举“八邪行”,后“说理”部分再予批驳以彰显“八正道”。现将《百喻经》九十八则譬喻，配以“三学”、“八正道”，列表如下：

① 《大正藏》第 17 卷，第 738 页中。

② 丁福保《佛学大辞典》下册，上海：上海书店，1991 年 12 月第 1 版，第 2862 页中。

<table>
<tr><td rowspan="9">戒学</td><td colspan="2">正语（邪语）</td><td>九、叹父德行喻，二六、人效王眼瞤喻，三二、估客偷金喻，九六、诈称眼盲喻</td></tr>
<tr><td rowspan="6">正业（邪业）</td><td>悭不布施</td><td>二、愚人集牛乳喻，一六、灌甘蔗喻，二〇、人说王纵暴喻，三一、雇借瓦师喻，三六、破五通仙眼喻，六五、五百欢喜丸喻，七〇、尝庵婆罗果喻，八五、妇女患眼痛喻，八七、劫盗分财喻</td></tr>
<tr><td>丧失善行</td><td>一四、杀商主祀天喻，一七、债半钱喻，七一、为二妇故丧其两目喻，八一、为熊所啮喻，九七、为恶贼所劫失氎喻</td></tr>
<tr><td>贪瞋三毒</td><td>六八、共相怨害喻，八三、猕猴喻，八四、月蚀打狗喻，九一、贫儿欲与富等财物喻，九二、小儿得欢喜丸喻</td></tr>
<tr><td>杀生饮酒</td><td>一三、说人喜瞋喻，三九、见他人涂舍喻，四二、估客驼死喻，七三、诈言马死喻</td></tr>
<tr><td>毁破禁戒</td><td>五、渴见水喻，一八、就楼磨刀喻，二三、贼偷锦绣用裹氀褐喻，三三、斫树取果喻，三七、杀群牛喻，五四、蛇头尾共争在前喻，七五、驼瓮俱失喻，八二、比种田喻，八八、猕猴把豆喻，九五、一鸽喻</td></tr>
<tr><td>覆藏所犯</td><td>六、子死欲停置家中喻，四六、偷牦牛喻，七二、唵米决口喻</td></tr>
<tr><td colspan="2">正命（邪命）</td><td>三、以梨打头破喻，七、认人为兄喻，一一、婆罗门杀子喻，二八、为妇贸鼻喻，三〇、牧羊人喻，四五、奴守门喻，五〇、医治脊偻喻，六七、夫妇食饼共为要喻，七四、出家凡夫贪利养喻，八九、得金鼠狼喻</td></tr>
<tr><td colspan="2">正精进（邪方便）</td><td>一〇、三重楼喻，二二、入海取沉水喻，四三、磨大石喻，四七、贫人作鸳鸯鸣喻，五五、愿为王剃须喻，六九、效其祖先急速食喻，九〇、地得金钱喻</td></tr>
</table>

续表

<table>
<tr><td rowspan="2">定学</td><td>正念（邪念）</td><td colspan="2">二五、水火喻，三八、饮木筒水喻，四八、野干为折树枝所打喻，七六、田夫思王女喻</td></tr>
<tr><td>正定（邪定）</td><td colspan="2">一五、医与王女药令卒长大喻，二七、治鞭疮喻，六六、口诵乘船法而不解用喻，八〇、倒灌喻</td></tr>
<tr><td rowspan="6">慧学</td><td rowspan="5">正见（邪见）</td><td>身见</td><td>三五、宝箧镜喻，四〇、治秃喻，五一、五人买婢共使作喻，五二、伎儿作乐喻，六〇、见水底金影喻，六三、伎儿著戏罗刹服共相惊怖喻，六四、人谓故屋中有恶鬼喻，七九、为王负机喻</td></tr>
<tr><td>边见</td><td>五九、观作瓶喻，六一、梵天弟子造物因喻，六二、病人食雉肉喻，九四、摩尼水窦喻</td></tr>
<tr><td>邪见</td><td>二一、妇女欲更求子喻，二九、贫人烧粗褐衣喻，七七、搆驴乳喻，九八、小儿得大龟喻</td></tr>
<tr><td>见取见</td><td>四、妇诈称死喻，八、山羌偷官库喻，一九、乘船失釪喻，三四、送美水喻，四九、小儿争分别毛喻，五六、索无物喻，五三、师患脚付二弟子喻，五八、二子分财喻，八六、父取儿耳珰喻，九三、老母捉熊喻</td></tr>
<tr><td>戒禁取见</td><td>一、愚人食盐喻，一二、煮黑石蜜浆喻</td></tr>
<tr><td>正思惟（邪思惟）</td><td colspan="2">二四、种熬胡麻子喻，四一、毗舍阇鬼喻，四四、欲食半饼喻，五七、蹋长者口喻，七八、与儿期早行喻</td></tr>
</table>

以上就是继“初文”之后，对《百喻经》再次研读的一点心得体会，仅供参考。

（原载《佛学研究》2011 年总第 20 期）